Das Buch

Es ist die schnellste und schlüssigste Reaktion auf die aktuelle Entwicklung des Finanzmarktes. Und es ist nicht nur das erste Buch über den Finanzcrash, sondern auch das einer Fachfrau, die sich schon immer auf Marx bezog, welcher inzwischen selbst im bürgerlichen Lager wieder als aktuell gilt. Sahra Wagenknecht macht deutlich: Finanzblasen sind nicht das Werk entlaufener Insassen der Irrenanstalten aller Länder, sondern klar und scharf kalkulierender Spekulanten, die durch Computer unterstützt werden. Doch diese Software ist, bei aller mathematischen Finesse im Detail, im Kern just darauf programmiert, bei steigenden Preisen zu kaufen und bei fallenden zu verkaufen, also genau das zu tun, was Otto Normalverbraucher im täglichen Leben als ziemliche Idiotie empfinden würde. Aber anders als Letzterer können Finanzjongleure, die diesem Prinzip folgen, sehr reich dabei werden. Am Ende ihrer Analysen kommt die Autorin zum zwingenden Schluss: »Es gab selten ein System, das so wenige Profiteure und so viele Verlierer hatte wie der heutige Kapitalismus. Es gibt keinen Grund, sich mit ihm und in ihm einzurichten.«

Die Autorin

*Sahra Wagenknecht, Jahrgang 1969, geboren in Jena, Abitur in Berlin, Studium der Philosophie und der Neueren Deutschen Literatur von 1990 bis 1996 in Jena, Berlin und Groningen. Abschluss mit einer Arbeit über Hegel und Marx. Derzeit Arbeit an der Dissertation in Volkswirtschaftslehre an der Universität Potsdam.
Von 1991 bis 1995 und von 2000 bis heute erneut Mitglied des Bundesvorstandes der PDS bzw. der Linkspartei.
2004 Wahl in das Europa-Parlament, dort tätig im Ausschuss »Wirtschaft und Währung«.*

Sahra Wagenknecht

Wahnsinn mit Methode

Finanzcrash und Weltwirtschaft

ISBN 978-3-360-01956-1

3., korr. Auflage

© 2009 (2008) Das Neue Berlin, Berlin
Umschlaggestaltung: www.buchgut.com
unter Verwendung eines Fotos von Helga Paris
Druck und Bindung: CPI Moravia Books GmbH

Ein Verlagsverzeichnis schicken wir Ihnen gern:
Das Neue Berlin Verlagsgesellschaft mbH
Neue Grünstr. 18, 10179 Berlin
Tel. 01805/30 99 99
(0,14 Euro/min. aus dem deutschen Festnetz,
abweichende Preise für Mobilfunkteilnehmer)

Die Bücher des Verlages Das Neue Berlin
erscheinen in der Eulenspiegel Verlagsgruppe.

www.das-neue-berlin.de

Inhalt

Vorwort 7

1. Kapitel. Der große Reibach 14
   Überschuldete Häuslebauer – die US-Hypothekenkrise 15
   Firmenfressen auf Kredit – die Heuschreckenplage 24
   Der Verbriefungstrick 30
Résumé 58

2. Kapitel. Rationaler Überschwang 59
   Kleine Historie des Spekulationswahns 60
   Finanzblasen und Kredit 76
   Sind wir alle irre? 82
Résumé 92

3. Kapitel. Geldschaum ohne Ende 93
   Zentralbanken – die vermeintlichen Geldschöpfer 94
   Von den Euromärkten zum globalisierten
   Weltfinanzmarkt 103
   Fiktive Einkommen und virtuelle Vermögen 127
   Die großen Cash-Jongleure 139
   Balancieren am Abgrund 159
Résumé 184

4. Kapitel. Kreditblase und Profit 186
   Kapitalismus und Krisen – das Problem
   der profitablen Nachfrage 187
   Schulden für Rendite 199
   Wo ist das Geld geblieben? – Die stillen Profiteure . . . 229
Résumé 239

Ausblick 241

Glossar 249

*Um die Preise zu halten, [...] musste der Staat die Preise zahlen,
die vor dem Ausbruch der Handelspanik galten,
und Wechsel diskontieren, die nichts anderes mehr repräsentierten
als ausländische Bankrotte. Mit anderen Worten,
das Vermögen der gesamten Gesellschaft, welche die Regierung
vertritt, hat die Verluste der privaten Kapitalisten zu vergüten.
Diese Art Kommunismus, wo die Gegenseitigkeit völlig einseitig
ist, erscheint den europäischen Kapitalisten ziemlich anziehend.*
Karl Marx, »Die Finanzkrise in Europa«, 1857

*Statt wie ein Pendel, haben die Finanzmärkte in letzter Zeit eher
wie eine Abrissbirne funktioniert: Eine Wirtschaft nach der
anderen haben sie zusammenbrechen lassen.*
George Soros, Milliardär und Hedgefonds-Manager

*Wir haben schon öfter gesagt, wir sehen Licht am Ende
des Tunnels. Und dann mussten wir korrigieren,
dass es doch entgegenkommende Züge waren.*
Eric Strutz, Finanzvorstand der Commerzbank

*Wir versuchen zu verstehen, was los ist.
Aber das ist eine sehr, sehr große Herausforderung.*
Jean-Claude Trichet, Präsident der Europäischen Zentralbank

Die Grunddaten unserer Wirtschaft sind stark.
George W. Bush, US-Präsident, August 2007

Alle Märkte befinden sich zur Zeit in einer gesunden Verfassung.
Charles E. Mitchell, Vorsitzender der National City,
einer der damals größten US-Banken, am 15. Oktober 1929

Vorwort

Nichts gilt mehr, und alles ist auf einmal anders. Banker, Politiker und sogenannte Wirtschaftsexperten, die uns über Jahre mit eifernder Borniertheit das Loblied freier Märkte vorgesungen haben und noch gestern den Staat zu wirtschaftlicher Abstinenz und Demut verdammen wollten, nehmen denselben Staat heute ohne auch nur ein Gefühl von Peinlichkeit in die Pflicht. Der Ruf nach Deregulierung, Privatisierung und Marktorientierung, das Mantra des Neoliberalismus, wirkt plötzlich so altbacken und unzeitgemäß wie in den 90er Jahren die Forderung nach Verstaatlichung zentraler Wirtschaftsbereiche, die damals nur wenige Linke noch vorzutragen wagten.

Zu den ersten Renditefreunden, die die Zeichen der neuen Zeit erkannt hatten, gehörte der Deutsche-Bank-Chef Josef Ackermann, der schon im März 2008 die Öffentlichkeit mit der Bemerkung aufstörte, er glaube nicht mehr an die Selbstheilungskräfte des Marktes und fordere daher »eine konzertierte Aktion von Notenbanken, Anlegern und Regierungen, um dieses Zusammenschmelzen von Werten endlich zu beenden«.[1]

Ackermann war nicht der einzige, der die ungezügelten Märkte auf einmal gar nicht mehr heilsam fand. Ins gleiche Horn blies wenige Zeit später der Lobbyverband der europäischen Banken, die European Banking Federation, der die EU-Institutionen im April um eine »public policy action« anschnorrte, weil die Märkte »sich nicht mehr allein helfen« könnten[2]. Ganz im Trend propagiert seither auch das *Handelsblatt*, dass »der Kapitalismus […] zurzeit nur mit Hilfe des Staates überleben« könne und »die Vorstellung, dass Märkte alles regeln können […], Lügen gestraft« werde.[3]

Der Kapitalismus ist sichtlich in schlechter Verfassung. Stolze Brokerhäuser mit über hundert Jahren Tradition und Vermögenswerten von mehr als einer halben Billion Dollar brechen zusammen wie Kartenhäuser, in die plötzlich der Wind hineinweht. Von den fünf großen Investmentbanken, die über Jahrzehnte das Geschehen an den internationalen Finanzmärkten mitbestimmt haben, waren als eigenständige Institute im Oktober 2008 gerade noch zwei übrig, und auch die waren keine Investmentbanken mehr. Der Pleitegeier kreist und sucht sich immer neue Opfer. Versicherungsriesen, Hedgefonds, Hypothekenfinanzierer, Banken, große, kleine. Sie straucheln, fallen, sterben – oder retten sich in den warmen Schoß von Mutter Staat.

Denn inzwischen ist Josef Ackermann am Ziel. Mit lässiger Geste, als ginge es um Peanuts, schnüren Politiker diesseits und jenseits des Atlantik billionenschwere Carepakete, um ein manisch-depressiv gewordenes Finanzsystem vor dem Selbstmord zu bewahren. Rettungsschirme werden aufgespannt, giftige Papiere auf Steuerzahlers Rechnung eingekauft, morbide Banken durch Kapitalspritzen und Einlagegarantien wieder hochgepäppelt. In Musterländern des ungezügelten Kapitalismus, den USA und Großbritannien, werden zentrale Bereiche des Finanzsektors kurzerhand verstaatlicht. Der französische Präsident Sarkozy fordert sogar, was mancher noch vor kurzem im Programm der Linken lieber nicht haben wollte: Staatseigentum in Schlüsselindustrien. Der geschmähte Staat wird zum letzten Rettungsanker der Finanzpaläste und Vermögensmilliarden. »Privat vor Staat« hat ausgedient. Um die ungenießbare Suppe auszulöffeln, die die Finanzhaie und Renditejäger sich und der Welt eingebrockt haben, ist die öffentliche Hand allemal noch gut genug.

Dass ein außer Rand und Band geratenes Finanzsystem Wachstum und Wohlstand schädigt und zerstört, liegt freilich nicht erst seit Beginn der aktuellen Krise auf der Hand. Infolge der Deregulierung gab es in den letzten zwei Jahrzehnten mehr Finanzblasen und ihnen folgende Zusammenbrüche als in den zwei Jahrhunderten zuvor. Anstelle der unsichtbaren Hand »effizienter Märkte«, die die globale Ersparnis mit weiser Voraussicht in die nützlichsten Verwendungen lenkt, spielten und spielen Hedgefonds und Investmentbanker im globalen Finanzkasino Russisch Roulette. Hyperliquide Finanzinvestoren erpressen Entlassungen, Dumpinglöhne, längere Arbeitszeiten und die Einschränkung von Investitionen, um ihren Anteilseignern immer unverschämtere Summen ins Portefeuille zu schütten. Kreditgepanzerte *Private Equity*-Piraten filetieren vormals gesunde Unternehmen und zwingen ihnen unerträgliche Schulden auf. Neue Formen der Spekulation und hochkomplexe Derivate, deren Struktur selbst ihre Schöpfer nicht mehr verstehen, sorgen seit Jahren für Schlagzeilen.

Aber so lange sich mit all dem viel Geld verdienen ließ, lohnte das Spiel, und die grenzenlose Freiheit der Märkte beziehungsweise derer, die sich auf ihnen austoben dürfen, galt als heilig. Erst seit der freie Markt dazu übergegangen ist, die Profite und Vermögen mit gleicher Brutalität wieder zu vernichten, mit der er sie einst hervorgebracht hatte, ist sein Ansehen rapide gesunken.

Zumal nicht nur die Finanzhaie kränkeln. Auch um die reale Wirtschaft ist es schlecht bestellt. Deutsche Autobauer kündigen Massenentlassungen an und schicken ihre Beschäftigten in ungewollte Ferientage. Auch andere Branchen melden ernste Krisensymptome. Aufträge brechen ein, Kredite werden rar und teuer. Angst geht um: Vor einem Absturz, der tiefer ist als alles, was die heutigen Generationen an Einbrüchen und Krisen bisher in ihrer Lebenszeit erfahren haben. Schon als sich vor den Schaltern des britischen Bankhauses Northern Rock lange Schlangen verängstigter Kunden bildeten, kamen dunkle Erinnerungen auf. Erinnerungen an Bilder aus Geschichtsbüchern, deren Möglichkeit zur Wiederkehr die Ideologen der Markteffizienz ein halbes Jahrhundert lang erfolgreich verdrängt hatten.

Zwar melden sich, sobald einige Wochen ohne größere Katastrophen vergehen, seit Beginn der Krise im Sommer 2007 in schöner Regelmäßigkeit die Gesundbeter zurück, die unverzagt vorhersagen, dass das Schlimmste überstanden sei und die internationale Finanzwelt sich auf dem Wege der Gesundung befinde. Aber ein solches Pfeifen im Walde kennt man ja. Erinnert sei an die unsterbliche Prognose der renommierten Harvard Economic Society vom November 1929, »dass eine ernsthafte Depression außerhalb des Bereichs des Möglichen liegt. Wir haben auch nicht mit anhaltenden Liquidationen [auf dem Aktienmarkt] zu rechnen.«[4] Ein Jahr später befand sich die Weltwirtschaft im Würgegriff der bis dahin verheerendsten Krise in der Geschichte des Kapitalismus, die Aktienkurse waren ins Bodenlose gefallen und auch die Harvard Economic Society befand sich in Liquidation, zumindest letzteres verdientermaßen.

Vielleicht um dieses Schicksal nicht dereinst teilen zu müssen, verbreiten gegenwärtig auffallend wenige Wirtschaftsinstitute

Optimismus. Die seriöseren stimmen die Öffentlichkeit darauf ein, dass das alles wahrscheinlich erst der Anfang war und es so glimpflich wie nach den letzten Krisen – etwa dem Platzen der Internet-Blase – diesmal nicht abgehen wird. Der IWF korrigierte seine Schätzung der erwartbaren Verluste aus dem Finanzdesaster schon dreimal nach oben: Ausfälle in der Größenordnung von 1.400 Milliarden Dollar werden jetzt erwartet. Selbst damit liegt der IWF längst nicht am oberen Ende. Die Bank of England prognostiziert inzwischen globale Verluste aus der Finanzkrise in Höhe von 2.800 Milliarden Dollar. Das ist mehr, als die gesamte deutsche Wirtschaft in einem Jahr an Gütern und Leistungen produziert. Bleibt es dabei, ist der Verlust, den irgendjemand am Ende ausbaden muss, immerhin so groß, als hätten alle Beschäftigten in Deutschland sich über ein Jahr lang auf die faule Haut gelegt. Und wohlgemerkt: Hier geht es nicht um realwirtschaftliche Folgeschäden, sondern nur um faule Kredite und wertlos gewordene Finanzpapiere.

Unversehens sind die 20er und 30er Jahre des letzten Jahrhunderts in die Tageszeitungen und Talkshows zurückgekehrt. Dass wir heute auf eine globale Wirtschaftskrise vergleichbaren Ausmaßes zusteuern, wird zwar nur von wenigen Ökonomen vorhergesagt, aber von bedenklich vielen immerhin für möglich gehalten. Tatsächlich gibt es zwischen den 20er Jahren und den Entwicklungen der jüngeren Vergangenheit beunruhigende Parallelen. Damals wie heute war die Einkommensverteilung in den Industrieländern über die Jahre immer ungleicher geworden und hatte schließlich perverse Ausmaße erreicht. 1929 wurde in den USA ein Drittel aller Einkommen von 5 Prozent der Bevölkerung eingestrichen. Die reichsten 1 Prozent besaßen 36 Prozent des gesamten Geldvermögens. Heute liegt deren Vermögensanteil bei etwa der Hälfte und auch die Konzentration der Einkommen ist annähernd so hoch wie damals.

Weil wenige sehr viel mehr verdienten, als sie konsumieren konnten, und viele weit weniger, als sie gern konsumiert hätten, lohnte es in den 20er Jahren kaum noch, in die Ausweitung der Produktion realer Güter zu investieren. Stattdessen rollte eine Welle von Unternehmens-Fusionen und Zusammenschlüssen, in deren Ergebnis immer größere und marktmächtigere Trusts und Kartelle entstanden. Deren satte Gewinne wie auch das Geld der immer reicheren Oberschicht fluteten die Wall Street. Auch damals war der globale Kapitalverkehr unreguliert und unkontrolliert. Geld aus aller Herren Länder war am Aufblähen der riesigen Spekulationsblase auf dem amerikanischen Aktienmarkt kräftig beteiligt, und ein internationaler Strom von Gold und Silber half außerdem, immer größere weltwirtschaftliche Ungleichgewichte für eine gewisse Zeit zu überbrücken.

Natürlich gibt es auch gravierende Unterschiede zwischen der Gegenwart und der Zeit vor achtzig Jahren. Die Kapitalströme rasen heute per Knopfdruck als digitale Ziffern in Computern von Kontinent zu Kontinent, und sie haben Größenordnungen erreicht, die das Vorstellungsvermögen der damaligen Finanzjongleure weit überstiegen hätten. Auch verschifft heute niemand mehr Ladungen von Gold- und Silberbarren, um Defizite in der Leistungsbilanz auszugleichen. Die globale Wirtschaft ist ungleich vernetzter und verflochtener als ein Jahrhundert zuvor. Im Vergleich zu den Umsätzen der Weltkonzerne unserer Zeit waren die amerikanischen Trusts der 20er Jahre kleinwüchsige Zwerge.

Aber eine wichtige Übereinstimmung bleibt: Damals wie heute sind Finanzblasen nicht einfach das Werk unmoralischer Spekulanten oder angelsächsischer Investmentmethoden, die zu beklagen inzwischen wieder populär geworden ist. Der endlose Finanzschaum quillt vielmehr aus den Lebensadern eines Wirtschaftssystems, in dem nur produziert und investiert wird, wenn die Rendite für die Kapitalgeber stimmt.

Anliegen dieses Buches ist es, die Rolle und Funktionsweise der Finanzmärkte im Kapitalismus der Gegenwart offenzulegen und damit auch die wirklichen Hintergründe und Ursachen der jetzigen Krise. Wir werden untersuchen, zu welchem Zweck und über welche Kanäle die gigantische Vermögens- und Schuldenblase aufgepumpt wurde, die heute wie ein Alb auf den Ökonomien dieser Erde lastet und steten Tribut verlangt. Wir werden den Motiven nachspüren, denen die großen Finanzströme unserer Tage folgen, und die wichtigsten Cash-Jongleure unter die Lupe nehmen, die seltsamen Produkte, die sie erzeugen, und die beliebtesten Finanzwetten, mit denen sie ihr Geld vermehren. Wir werden zeigen, warum es in der Logik der Finanzspekulation völlig rational sein kann, gänzlich wertlose Papiere zu irrwitzigen Preisen nachzufragen oder andere weit unter Wert zu verkaufen. Am Ende wird verständlich werden, weshalb die Zahlungsprobleme amerikanischer Hausbesitzer sich in Windeseile zur globalen Finanzkrise auswachsen konnten, warum die Liquiditätsnöte von US-Hedgefonds den japanischen Unternehmen Toyota und Mitsubishi die Bilanzen verhageln können und wo die Milliardensummen geblieben sind, die die Zentralbanken seit Sommer 2007 in den Markt gepumpt haben.

Außerdem werden wir der Frage nachgehen, wie die finanzgetriebene Blasenökonomie unserer Zeit entstanden ist, welche ökonomischen Entwicklungen und welche politischen Entscheidungen zu ihren Geburtshelfern gehören, welche realwirtschaftlichen Folgen sie hat und wer von ihr am Ende wirklich profitiert. Es wird nachvollziehbar werden, warum die Vereinigten Staaten von Amerika seit Jahrzehnten ungleich mehr konsumieren können als sie produzieren, während die Entwicklungsländer sich Exporterlöse abhungern müssen, sollen ihre Währungen im Londoner Devisenhandel nicht jeden Wert verlieren. Wir werden uns in diesem Zusammenhang auch mit den wichtigsten Tricks auseinandersetzen, mit denen die Mainstream-Ökonomie den Hang unkontrollierter Finanzbewegungen zu extremen Schwankungen, Spekulationsblasen und immer neuen Crashs in ihren Modellen wegdefiniert und so die Deregulierung der globalen Finanzmärkte seit den 70er Jahren begleitet und gerechtfertigt hat.

Das Buch endet mit einem Ausblick auf mögliche Szenarien, denen die Entwicklung in den nächsten Jahren folgen könnte. Ein denkbares Szenario ist die Kreation der nächsten Finanzblase und damit die erneute Verlagerung und Vergrößerung der Probleme.

Das zweite – wahrscheinlichere – Szenario ist der wirtschaftliche Verfall der Industrieländer, der eine lange Periode ökonomischer Stagnation und Destruktion nach sich ziehen oder irgendwann in den ganz großen Crash einmünden kann.

Das einzig progressive Szenario wäre die Überwindung der Diktatur der Finanzhaie durch öffentliches Eigentum am Finanzsystem und in den Kernbereichen der Wirtschaft. Und zwar nicht als Rettungsanker für die Vermögen der oberen Zehntausend, sondern als Hebel zur Neuorientierung der Wirtschaft, zu ihrer Ausrichtung am Gemeinwohl anstelle blinder Renditediktate sowie zur Durchsetzung demokratischer Kontrolle und umfassender

Mitentscheidungsrechte der Belegschaften. Zu diesem vierten Szenario gehört eine radikale Umverteilung der Einkommen und Vermögen von oben in die Mitte und nach unten sowie eine grundlegende Veränderung, nicht Aufhebung, der Anreizsysteme für Manager und leitende Angestellte.

Der Kapitalismus hat abgewirtschaftet. Eine grundlegende Alternative ist möglich.

Sahra Wagenknecht,
Oktober 2008

Fußnoten

1 *Handelsblatt,* 19. März 2008
2 EBF's general policy overview on the Financial Crisis, publiziert am 3. April 2008
3 *Handelsblatt,* 19. März 2008
4 Zit. nach: John Keneth Galbraith, Der große Crash 1929, München 2007, S. 89

1. Kapitel
Der große Reibach

Andererseits aber kompliziert sich teils durch einfache Wechselreiterei, teils durch Warengeschäfte zum Zweck der bloßen Wechselfabrikation der ganze Prozess so sehr, dass der Schein eines sehr soliden Geschäfts und flotter Rückflüsse noch ruhig fortexistieren kann, nachdem die Rückflüsse in der Tat schon längst nur noch auf Kosten teils geprellter Geldverleiher,
teils geprellter Produzenten gemacht worden sind. Daher erscheint immer das Geschäft fast übertrieben gesund gerade unmittelbar vor dem Krach.

Karl Marx

Überschuldete Häuslebauer – die US-Hypothekenkrise

Katzenjammer allerorten. Die großen Finanzpaläste, die sich jahrelang mit immer verrückteren Gewinnmeldungen überboten und ihre Anleger im Dividenden-Regen badeten, müssen plötzlich ganz kleine Brötchen backen. Wettlauf um Rekordmargen war gestern, heute ist Kampf ums Überleben angesagt. Dabei gilt schon jedes Geldhaus als hochrespektabel, das nur 10 oder 12 Milliarden in den Sand gesetzt hat und nicht 20 oder 30. Oder mehr, wie etwa die Citigroup, die nach nur einem Jahr Finanzkrise feststellen musste, dass der Wert ihres Anlageportefeuilles sich um satte 55 Milliarden Dollar vermindert hatte. Nicht viel besser erging es Merrill Lynch mit einem Abschreibungsbedarf von 52 Milliarden Dollar.

Selbst die gern als seriös und gediegen angesehenen Eidgenossen versinken im Krisensumpf. Finanzpapiere im Wert von 44 Milliarden Dollar, welche die schweizerische UBS in ihren Büchern führte, haben sich zwischen Sommer 2007 und September 2008 in Luft aufgelöst.

Über 500 Milliarden Dollar haben die Finanzinstitute insgesamt im ersten Jahr der Kreditkrise abgeschrieben. Ein Großteil der Gewinne, die sie in den Boom- und Party-Jahren seit 2004 eingefahren haben, ist ihnen auf diese uncharmante Weise wieder abhanden gekommen.

Dass in solchem Umfeld allenthalben Köpfe rollen, nimmt nicht Wunder. Nur wenige größere Finanzhäuser haben heute noch den gleichen Chef wie im Sommer 2007. Auch sonst ist Rausschmiss angesagt. Fast 100.000 Banker haben allein in den USA seit Beginn der Krise ihren Job verloren.

Unmittelbarer Auslöser dieses ganzen Ungemachs waren Finanzpapiere, die mit US-Hypothekarkrediten besichert waren und deren Ursprünge und Geburtsumstände wir uns im folgenden genauer ansehen wollen.

Die Subprime-Party – Schulden ohne Hoffnung

Dass es im Geschäft mit amerikanischen Baudarlehen kriselt, war spätestens im April 2007 augenscheinlich geworden, als einer der großen US-Hypothekenanbieter, das Unternehmen New Century, Konkurs anmelden musste. Anfang August folgte der zehntgrößte amerikanische Finanzierer von Hauskrediten, American Home Mortgage Investment. In jenen Tagen haben die Nachrichtenzuschauer weltweit ein neues Wort gelernt: Subprime-Hypotheken.

Mit diesem eleganten Terminus werden Darlehen umschrieben, die an Familien vergeben werden, deren Einkommensverhältnisse von vornherein ahnen lassen, dass sie die Zins- und Tilgungslasten nicht schultern können. Da diese Familien in der Regel auch keine Ersparnisse haben, wird das Eigenheim meist zu 100 Prozent kreditfinanziert. Um das Angebot attraktiv erscheinen zu lassen, sind die Zinsen oft am Anfang niedrig und ziehen erst später an. Denn wer würde schon einen Kredit aufnehmen, dessen Zins und Tilgung bereits im ersten Monat das Anderthalbfache des Einkommens beträgt? So droht das dicke Ende, das den Traum vom Eigenheim in einen Albtraum verwandelt, meist erst nach einigen Monaten oder Jahren. *Ninja-Anleihen* werden solche Darlehen im zynischen Jargon der Banker genannt. Ninja steht für: No income, no job, no asset, also: kein Einkommen, kein Arbeitsplatz, kein Vermögen. Und das dürfte die Lebenssituation eines nicht geringen Teils der Kreditnehmer, denen Hypotheken im Wert von mehreren hunderttausend Dollar aufgeschwatzt wurden, gar nicht so falsch beschreiben.

Als Nischenmarkt hat es Subprime-Kredite immer gegeben: zu hohen Zinsen, angeboten von zweifelhaften Kredithaien, die aus der Not von Familien, denen keine anständige Bank mehr einen Cent zu leihen bereit war, in skrupelloser Weise Gewinn zu schlagen suchten. An der Skrupellosigkeit hat sich nichts geändert. Das Neue besteht nur darin, dass es seit Ende der 90er Jahre die vermeintlich anständigen Banken selbst waren, die die Vergabe von Hausdarlehen an einkommensschwache oder bereits hoch verschuldete Haushalte als einen ihrer wachstumsträchtigsten Geschäftszweige entdeckten. Waren im Jahr 1995 Subprime-Hypotheken im Wert von gerade mal 35 Milliarden Dollar auf dem Markt, verzwanzigfachte sich ihr Volumen bis 2005 auf

625 Milliarden. Der Gipfel der Party wurde 2006 gefeiert, als amerikanischen Hausbesitzern in nur einem Jahr noch einmal 600 Milliarden Dollar solcher Darlehen regelrecht hinterhergeworfen wurden. Das waren über 20 Prozent aller Hypotheken, die 2006 vergeben wurden.

Und wie immer, wenn eine Geschäftsidee viel Geld verspricht, fanden sich auch diesmal Politiker und Kommentatoren, die dumm oder korrupt genug waren, die Explosion der Subprime-Kredite auch noch zur sozialen Wohltat hochzuloben. Dank der neuen Lässigkeit beim Geldverleihen könnten sich endlich auch Geringverdiener den Traum von den eigenen vier Wänden erfüllen, hieß es. Immer mehr amerikanische Familien würden so zu neuem Wohlstand gelangen. Das alte Lied, dass innovative Märkte für unser aller Wohl sorgen, wenn man sie nur läßt, wurde, wie so oft, besonders laut gesungen, als der Absturz kurz bevor stand.

Trotz robuster Konjunktur gerieten schon 2006 immer mehr amerikanische Hausbesitzer in Zahlungsschwierigkeiten. Jeder fünfte Inhaber einer Subprime-Hypothek war am Jahresende in Zahlungsverzug. Die Ursachen lagen auf der Hand. Für die in den Vorjahren vergebenen Hypotheken war die Schonfrist mit niedrigen Zinsen und Tilgungen in der Regel abgelaufen. Zudem waren die Marktzinsen jetzt deutlich höher als in den Jahren zuvor, da die amerikanische Zentralbank Federal Reserve (Fed) den US-Leitzins zwischen 2004 und 2006 von ein auf stolze 5 Prozent hochgeschleust hatte. Das bekamen die neuen Hauseigentümer in drastisch erhöhten Monatsraten zu spüren. Gerade für gering Verdienende war damit schnell das Ende der Fahnenstange erreicht.

Nun mag es seltsam erscheinen, dass trotz immer offensichtlicherer Rückzahlungsprobleme gerade 2006 die Subprime-Kredite noch einmal boomten wie nie zuvor. Aber dafür gab es einen schlichten Grund: Noch prosperierte der US-Immobilienmarkt, und solange das so war, gab es für Hausbesitzer in Zahlungsschwierigkeiten eine einfache Lösung: Sie konnten ihr Eigenheim verkaufen. Da dessen Wert in der Regel höher war als die Hypothek – weil die Hauspreise Jahr für Jahr stiegen –, konnte der Kredit einschließlich Strafgebühren, Extrazinsen und was immer die Banken bei der Gelegenheit noch so kassieren, in jedem Fall abbezahlt werden. Und solange das so blieb, war das Hypothekengeschäft mit armen Familien zumindest für die Kreditgeber hoch-profitabel.

Ein Mann namens Kal El-Sayed, der neun Jahre lang für den Subprime-Finanzierer New Century gearbeitet und vermutlich einigen tausend Familien die am Ende unbezahlbaren Baudarlehen angedreht hat, brüstete sich noch im März 2007, einen Monat vor dem Konkurs des Unternehmens, in der *New York Times*. »Wir konnten gar nicht glauben, wie viel Geld wir gemacht haben. Und wir mussten nichts dafür tun. Nur erscheinen.«

Die zehn größten Hypothekenfirmen in den USA wussten schon, warum sie in den Jahren vor 2007 etwa 185 Millionen Dollar in die Lobbyarbeit investiert hatten: damit ihnen bloß keine politische Regulierung der Kreditstandards das flotte Geld-einstreichen verderben möge.

Die US-Immobilienblase

Der Handel mit Häusern – neuen und vor allem auch gebrauch-ten – florierte. Hatten im Jahr 1990 gerademal 3,7 Millionen Ein-familienhäuser den Besitzer gewechselt, waren es 2005 bereits 8,3 Millionen und 2006 noch mehr. Dabei kannte der Preis amerika-nischer Immobilien nur noch eine Richtung: steil nach oben.

Vor allem nach der Jahrtausendwende, als die Internet-Blase am amerikanischen Aktienmarkt platzte und viele Milliarden Dollar nach lukrativer Anlage suchten, kam das Rad so richtig in Schwung. In der Region um Los Angeles etwa hatten sich die Häu-serpreise in der Zeit zwischen 2000 und 2006 annähernd verdrei-facht. Wer zur Millenniumsfeier ein Einfamilienhaus für 200.000 Dollar in Santa Monica erworben hatte, konnte es also nur sechs Jahre später für fast 600.000 Dollar weiterverkaufen. Er konnte al-lerdings auch seine einstige Hypothek um 50.000 oder 100.000 Dollar aufstocken, um so vergleichsweise zinsgünstiges Kreditgeld für die Annehmlichkeiten des täglichen Lebens zu erhalten oder seine Kreditkartenschulden loszuwerden. Oder er konnte, sofern bereits in Zahlungsverzug und von den Banken mit Mahnungen gequält, in der Hoffnung auf bessere Zeiten mit dem zusätzlichen Geld die rückständigen Zins- und Tilgungszahlungen leisten.

So oder so, je höher der Marktwert der Immobilie, desto größer war die Darlehenssumme, die die Banken bereitwillig zur Verfügung stellten. Und desto leichter waren solche Darlehen verfügbar, selbst für Familien, die noch wenige Jahre zuvor aufgrund ihrer Einkommenslage und Kredithistorie kühl aus den Bankfilialen hinauskomplimentiert worden wären. Eine amerikanische Studie über »Credit Booms und Lending Standards« vom Januar 2008 bestätigt, dass die Kreditvergabe tatsächlich in jenen Regionen der USA am lässigsten und gewissenlosesten war, in denen die Immobilienpreise am stärksten stiegen.[5]

Scheinbar hatten die amerikanischen Banken ein Perpetuum mobile geschaffen, das sich selbst antrieb und mit dem sich prächtig Geld verdienen ließ. Immobilien- und Hypothekenblase stützten sich wechselseitig. Die stetig ansteigenden Häuserpreise gaben den Hypothekenanbietern die Sicherheit, ihr Geld einschließlich Zinsen in jedem Fall zurückzubekommen, auch wenn jeder rational kalkulierende Banker wusste, dass viele der großzügig mit Kredit bedachten Familien die Rückzahlungen auf Dauer nicht stemmen konnten. Und die laxe Kreditvergabe sorgte dafür, dass die Nachfrage nach Häusern – neuen und eben auch den schon gebrauchten – nicht erlahmte und die Preise weiter in den Himmel wachsen konnten.

Aber wie jede Blase musste auch die am US-Immobilienmarkt irgendwann platzen. Denn mit dem Volumen der vergebenen Darlehen wuchs auch das Heer der säumigen Schuldner. Und damit die Anzahl der Häuser, die – freiwillig oder per Zwangsversteigerung – erneut auf den Markt gelangten. Immerhin hatte das Volumen der Subprime-Hypotheken Ende 2006 knapp 1.300 Milliarden Dollar erreicht. Ein Fünftel säumiger Schuldner steht damit für rund 260 Milliarden Dollar, die durch Hausverkäufe wieder eingespielt werden müssen. Aber je mehr Häuser erneut auf den Markt kamen, desto gefährdeter war der Trend steigender Preise. Zumal es angesichts steigender Zinsen immer schwieriger wurde, Kreditnehmer für die immer größeren Darlehen zu finden. Gegen Ende 2006 wurde offensichtlich, dass der von manchem für eine ewige Lebenstatsache gehaltene Boom bei den US-Hauspreisen sich seinem Ende näherte.

Als die Schwächezeichen am US-Immobilienmarkt unübersehbar wurden und wegen stagnierender, bald sogar fallender Häuserpreise die Refinanzierung der immer teureren Hypotheken über den Hausverkauf nicht mehr gesichert war, ging die

Party zu Ende. Seither kriecht das Gespenst der Subprime-Krise um die Welt und bricht Finanzinstituten unterschiedlichster Couleur das Genick. Im Juni 2007, als die US-Investmentbank Bear Stearns öffentlich eingestand, wegen riesiger Verluste im Handel mit Hypotheken-basierten Kreditderivaten zwei Hedgefonds schließen zu müssen, hatte die Krise die Wall Street erreicht. Von da aus ging es quer über den Globus.

Die Mechanismen, die für diese extrem schnelle Internationalisierung des Desasters verantwortlich sind, werden wir später genauer untersuchen. Für die US-Häuslebauer und jene, die es vielleicht noch werden wollten, hatte die beginnende Krise zunächst die Konsequenz, dass die Neigung der Banken, Familien von zweifelhafter Bonität mit Geld zu überschütten, spürbar erkaltete. Umschuldungen wurden damit sehr viel schwieriger, Zahlungsausfälle nahmen zu, Zwangsversteigerungen wurden immer häufiger. Ab Mitte 2007 begannen die Hauspreise in den USA flächendeckend zu fallen und die US-Hypothekenfinanzierer kämpften mit wachsenden Verlusten, die viele von ihnen mittlerweile die Existenz gekostet haben.

Im Juli 2008 musste der größte unabhängige Baufinanzierer der USA, Indymac, der noch 2007 Hypotheken im Wert von 77 Milliarden Dollar vergeben hatte, Insolvenz anmelden. Die wichtigsten Spieler am Markt, die US-Hypothekenriesen Fannie Mae und Freddie Mac, die jedes zweite Darlehen auf ein amerikanisches Einfamilienhaus halten oder garantieren, wurden Anfang September 2008 verstaatlicht und mit sehr viel Steuergeld vor dem ansonsten sicheren Bankrott bewahrt.

Überschuldete Hausbesitzer – der steile Abstieg

Die hohen Verluste resultieren bei weitem nicht allein aus den fleißig vergebenen Subprime-Hypotheken. Vielmehr schossen 2007 auch die Ausfallraten bei normalen Hausdarlehen bedenklich nach oben. Hier hatten sich in den Jahren zuvor nämlich ebenfalls immer mehr Familien eine variable Verzinsung aufschwatzen lassen. Auch diese Hypotheken verteuerten sich also mit steigendem Marktzins, und auch die finanziellen Kapazitäten dieser Haushalte sind nicht unerschöpflich. Allein 2008 standen in den USA automatische Zinserhöhungen bei Hypotheken

20

im Volumen von 362 Milliarden Dollar an. In der Regel springen die Zinsen dabei von 7 auf 9,5 Prozent, was für die betreffende Familie bei normalen Hypotheken eine monatliche Mehrbelastung zwischen 300 und 500 Dollar bedeutet. Zusätzliche Ausgaben in dieser Größenordnung stecken auch Mittelklassehaushalte nicht ohne Probleme weg, zumal in einer Zeit, in der vieles teurer wird.

Als besonders gefährdet gelten vor allem sogenannte Alt-A-Hypotheken, die, obwohl an Haushalte von nicht ganz zweifelsfreier Bonität vergeben, nicht zum Subprime-Markt zählen. Die Grenzlinie zwischen schlechten und guten Hausdarlehen ist also keineswegs scharf, sondern äußerst verschwommen. Ganz abgesehen davon, dass ein Wirtschaftsabschwung mit steigender Arbeitslosigkeit bei der nahezu völligen Abwesenheit sozialer Auffangnetze in den USA aus gutsituierten Mittelklassefamilien über Nacht überschuldete Subprime-Kreditnehmer machen kann.

2007 nahmen die Zwangsversteigerungen um 75 Prozent gegenüber dem Vorjahr zu. Insgesamt 2,2 Millionen Wohnhäuser kamen unter den Hammer, Tendenz steigend. Im Juni 2008 waren es schon 8.000 Eigenheime pro Tag, die auf diese unfreiwillige Art den Besitzer wechselten. Schuldenberatung und das Organisieren von Butterfahrten zu solchen zum Zwangsverkauf stehenden Immobilien sind heute in den USA boomende Gewerbe. Und viele Familien, die ihr Dach über dem Kopf verlieren, sind finanziell so ruiniert, dass sie sich auch kein kleineres Haus mehr leisten können. Immer mehr finden selbst als Mieter kein neues Zuhause. Sie überbrücken den sozialen Absturz, indem sie in Wohnmobilen oder sogar in normalen Personenwagen leben, bis sie ganz unten ankommen.

Die Entwicklung der Obdachlosenzahlen in den USA seit Beginn der Hypothekenkrise läßt das Ausmaß dieser menschlichen Tragödien ahnen. Ende 2007 lag die Wohneigentumsquote in den Vereinigten Staaten bereits wieder unterhalb des Niveaus von 2003, als der Subprime-Wahn gerade begonnen hatte.

Soviel zu der schönen Mär, dass die lässige Kreditvergabe die Wohnsituation geringverdienender Familien verbessert habe. In Wahrheit stehen die Betroffenen am Ende meist noch sehr viel ärmer und verzweifelter da als vor ihrem Ausflug in die Welt der Eigenheimbesitzer.

Das gesamte Volumen an Eigenheimhypotheken in den USA liegt derzeit bei sagenhaften 12 Billionen Dollar. Im Jahr 2000, als der Immobilien-Irrsinn gerade in Fahrt kam, waren es 4,8 Billionen. Zwar wurden in der Zwischenzeit auch neue Häuser gebaut, aber zum allergrößten Teil geht das gestiegene Hypothekenvolumen auf die fiktive Wertsteigerung bereits bestehender Immobilien zurück. Da sich diese zunehmend in Luft auflöst, überstieg bereits im Frühsommer 2008 bei zehn Millionen amerikanischen Familien die Hypothek den Wert des Hauses. Und noch sind die Hauspreise um gerade mal 17 Prozent gefallen. Ein Einbruch um weitere 15 Prozent könnte diese Zahl mehr als verdoppeln. Knapp die Hälfte aller Hausbesitzer mit Hypothek wären dann in der Situation, eine Hypothek zurückzahlen zu müssen, deren Volumen deutlich höher ist als der aktuelle Wert des Hauses, das sie einst mit dieser Hypothek gekauft oder beliehen haben.

Wenn der Einbruch bei den US-Immobilienpreisen sogar 25 oder 30 Prozent erreicht, wird die große Mehrzahl der US-Hypothekenkredite nicht mehr durch den Wert der Wohnhäuser abgedeckt sein. Im Falle eines Zahlungsverzugs heißt das: der Kredit wird faul. Er ist, zumindest in der vergebenen Höhe, nicht mehr einzutreiben.

Zwar gab der US-amerikanische Senat im Frühsommer 2008 grünes Licht für ein Hilfspaket, mit dem Immobilienkredite von 400.000 angeschlagenen Hausbesitzern in festverzinsliche Hypotheken umgewandelt werden sollen. Viele Milliarden Dollar öffentliche Gelder sollen in diese Stützungsaktion fließen. Angesichts des Ausmaßes an Überschuldung dürfte aber selbst das wenig mehr als der berühmte Tropfen auf den heißen Stein sein. Auch dass die Fed, die US-Notenbank, seit Sommer 2007 den Leitzins in schnellen Schritten wieder von über 5 auf 1 Prozent (am 29. Oktober 2008) abgesenkt hat, dürfte mehr den Banken als den Häuslebauern helfen. Denn die Hausdarlehen werden sich so schnell nicht verbilligen, zumindest nicht als Werk des freien Marktes. Eher werden die Banken die Zinsdifferenz nutzen, um ihre schütteren Bilanzen zu sanieren.

Was noch kommen kann, zeigt eine einfache Rechnung. Wenn auf Hypothekenschulden auch nur 7 bis 8 Prozent Zinsen fällig werden (und tatsächlich liegen die Zinsen für viele

Hypotheken höher), ergibt das eine Zinsbelastung allein aus Hauskrediten von etwa 1 Billion Dollar im Jahr, welche die US-Haushalte in den nächsten Jahren aus ihrem laufenden Einkommen schultern müssten. Hinzu kommen die anstehenden Tilgungen. Und das alles an der Schwelle einer schweren Rezession, die die verfügbaren Mittel vieler Familien ohnehin empfindlich verringern wird.

Zu bedenken ist auch, dass Hypotheken keineswegs die einzigen Schulden sind, die den US-Konsumenten das Einkommen wegfressen. Auch andere Arten von Krediten sind in den letzten Jahren mit legerer Großzügigkeit vergeben worden, und auch da gibt es längst bedenkliche Zeichen nachlassender Zahlungsfähigkeit. So ist die Zahl der Kreditkartenausfälle zwischen August 2007 und August 2008 um knapp 50 Prozent nach oben geschnellt. Das hat auch damit zu tun, dass der bis dahin bewährte Mechanismus der Ablösung von Kreditkartenschulden durch aufgestockte Hypothekendarlehen nicht mehr funktionierte. Die gesamten Kreditkartenschulden amerikanischer Haushalte liegen mit knapp 1 Billion Dollar übrigens auf ähnlicher Höhe wie die Subprime-Hypotheken, und die Aussichten auf Rückzahlung dürften angesichts steigender Arbeitslosigkeit ebenfalls immer trüber werden.

Auch bei Autokrediten und anderen Konsumentenschulden steigen die Säumnisraten. »Es ist sichtbar geworden«, stellte das *Handelsblatt* schon im Herbst 2007 fest, »dass die Erosion in der Kreditqualität sich von Immobilien auf andere Bereiche ausweitet wie Autos und Kreditkarten«. Es sieht also ganz so aus, als ob der über Jahre mit Zins und Tilgung abgemolkene US-Verbraucher irgendwann einfach keine Milch mehr geben kann.

Firmenfressen auf Kredit – die Heuschreckenplage

Die Kreditkrise hat aber noch eine weitere Dimension, die mit den Zahlungsnöten amerikanischer Hausbesitzer nichts zu tun hat. Hochproblematisch, um nicht zu sagen faul, sind nämlich auch viele Firmenschulden, die auf sogenannte Leveraged Buyouts zurückgehen. Leveraged Buyouts (LBOs) sind Unternehmens-Übernahmen, die zum größten Teil über Kredite finanziert werden. Auch bei den LBOs handelte es sich zunächst um ein äußerst lukratives Geschäft, das mit dem Hypothekenwahn zumindest das gemein hat, dass es die allgemeine Wohlfahrt nicht mehrt, sondern mindert. Der Kick des Ganzen besteht in diesem Fall allerdings darin, Firmen statt Familien in die Überschuldung hineinzutreiben.

Abt. Mergers & Executions

In den Jahren vor Ausbruch der Finanzkrise boomte der Handel mit Unternehmen und Unternehmensteilen wie nie zuvor und flutete die Kassen der Investmenthäuser mit leicht verdienten Provisionseinnahmen. Der Höhepunkt war im ersten Halbjahr 2007 erreicht, als das Volumen der weltweiten Firmenaufkäufe auf die einsame Rekordsumme von 2.700 Milliarden Dollar kletterte. Angetrieben wurde dieser Prozess vor allem von sogenannten *Private Equity*-Firmen, deren grandiose Geschäftsidee darin besteht, möglichst gesunde und ertragsstarke Unternehmen kreditfinanziert aufzukaufen, ihnen die Schulden für den Kauf in die Bilanz zu drücken, alles Verwertbare rauszuholen und nach Möglichkeit zu versilbern, und das Unternehmen selbst nach einigen Jahren mit halbierter Belegschaft und hoher Schuldenlast an den nächsten Glücksritter weiterzureichen.

Für den *Private Equity*-Hai lohnt sich das Geschäft sogar dann, wenn von dem Opfer am Ende nur eine überschuldete Konkursmasse übrig bleibt. Denn das eingesetzte Kapital plus Rendite holt er sich über Sonderausschüttungen, für die dem Unternehmen weitere Schulden aufgebrummt werden, in der Regel bereits nach kurzer Zeit zurück. Die Jahresrendite, die derlei Raubzüge bringen, liegt für die Investoren bei 20 bis 30 Prozent und manchmal auch noch höher. »Das Geld fließt in Strömen«, betitelte das *Handelsblatt* im Herbst 2006 einen Artikel über die Umtriebe der Firmenpiraten[6]. Gemeint waren hier sowohl die Anlage- und Kreditgelder, die den *Private Equity*-Häusern zufließen, als auch die Gewinne, die sie bei ihren Geschäften absahnen. Leidtragende sind die Beschäftigten, die, so sie am Ende überhaupt noch in Lohn und Brot stehen, sich in der Regel mit drastisch gekürzten Löhnen und schlechteren Arbeitsbedingungen abzufinden haben. Aber auch die Allgemeinheit zahlt mit, denn ein Teil der hohen Profite stammt aus Steuervorteilen, die die Finanzinvestoren im Unterschied zu normalen Unternehmen genießen und die durch geschicktes Steuerdumping ausgebaut werden.

Weltweit wurden allein im ersten Halbjahr 2007 Unternehmen im Wert von 644 Milliarden Dollar von *Private Equity*-Firmen aufgekauft, soviel wie im ganzen Jahr 2006 und das Doppelte des Jahreswertes von 2005. Und die Banken standen Schlange, um dieses Treiben mit billigem Kreditgeld in Gang zu halten – immerhin werden in der Regel 80 Prozent des Kaufpreises über Kredit finanziert. Öffentlich wurden die *Private Equity*-Häuser anfangs als Wagniskapitalgeber gefeiert, die jungen innovativen Unternehmensgründern das dringend benötigte Kleingeld beschaffen, das diese weder an der Börse noch bei den Banken bekommen. Allmählich fiel aber doch auf, dass die *Private Equity*-Piraten sich weit weniger für junge kapitalschwache Start-Ups interessierten als für eigenkapitalstarke Unternehmen mit hohen Gewinnen, wobei diese Unternehmen nach dem Überfall nicht nur weniger Beschäftigte, Investitionen und Forschungsaktivitäten auswiesen, sondern vor allem sehr viel höhere, oft existenzgefährdende Schulden.

In Deutschland ist die *Private Equity*-Branche dank Franz Müntefering unter dem Namen »Heuschrecken« populär geworden. Zu den bekannten Beispielen von Unternehmen, die von ihr in den Untergang getrieben wurden oder ihm nur knapp entgingen, gehört die Bundesdruckerei, deren Privatisierung und Übernahme durch den *Private Equity*-Piraten APAX in einem Desaster endete. Wenig besser erging es Celanese, einer Tochter der ehemaligen Hoechst AG, die 2004 von der Heuschrecke Blackstone geschluckt wurde. 2003 hatte Celanese noch einen Nettogewinn von 78 Millionen Dollar erwirtschaftet, der sich nach der Übernahme in Verluste von 10 Millionen Dollar auflöste. Geschuldet war dieser Umschwung den saftigen Beträgen, die für die »Dienstleistungen des Investors«, wie es im Geschäftsbericht von Celanese hieß, fällig wurden.

Ein ähnliches Schicksal widerfuhr der Tochtergesellschaft des Düsseldorfer Henkel-Konzerns, Cognis, die ebenfalls von einer Heuschrecke verspeist und durch die hohen Zins- und Tilgungszahlungen aus einem eigenkapitalstarken, gewinnbringenden Unternehmen in eine hochverschuldete, zeitweilig stark defizitäre Firma verwandelt wurde. Das einstige Familienunternehmen Grohe und die Ex-Tochter des Bosch-Konzerns Tenovis sowie unzählige andere gingen den gleichen Leidensweg.

Die von SPD- und sogar CDU-Politikern gern und laut geäußerte Empörung über das *Private-Equity*-Unwesen steht dabei in seltsamem Missverhältnis zu ihrer Untätigkeit, den kreditgepanzerten Raubrittern auch nur einige ihrer Privilegien zu nehmen. Auch die Europäische Zentralbank äußerte in einer Studie vom Frühjahr 2007 Zweifel, ob das von den Heuschrecken gepflegte Geschäftsgebaren tatsächlich die Leistungsfähigkeit einer Volkswirtschaft erhöhe oder nicht eher dazu beitrage, die Unternehmensführung »exzessiv an der kurzen Frist« auszurichten. Selbstredend war auch das nicht mit einer – und sei es noch so zaghaften – Initiative verbunden, den Heuschrecken durch europaweite Regeln womöglich den Appetit zu verderben.

Im Schnitt wurden aufgekaufte europäische Unternehmen im 1. Halbjahr 2006 von den *Private Equity*-Räubern mit dem mehr als Sechsfachen ihres Gewinns vor Steuern, Zinsen und Abschreibungen (EBITDA) verschuldet. Es ist offensichtlich, dass solche Unternehmen einen auch nur kurzzeitigen Umsatzeinbruch kaum überleben können. Damit eine Heuschrecke selbst solche Firmen immer noch zu einem stattlichen Preis an die nächste weiterverkaufen kann, wurde extra ein neuer Kredittyp entwickelt: ein Firmenkredit für Unternehmen mit schlechter Kreditwürdigkeit, *Cov-lite* genannt, also eine Art Äquivalent zu den Subprime-Darlehen am US-Hypothekenmarkt. Hier wie dort lag der Zinssatz für solche hochriskanten Kredite zunächst nur wenig höher als der von sicheren Darlehen, und die Banken versenkten mit Lust Milliarden und Abermilliarden in diese aberwitzigen Finanzierungen.

Weil alles so gut lief, wurden die aufgekauften Unternehmen immer größer und die Preise immer exklusiver. Einer der spektakulärsten Coups war die Übernahme des 80-Prozent-Anteils am Autokonzern Chrysler durch die US-Heuschrecke Cerberus für 12 Milliarden Dollar. Im Frühsommer 2007 waren bereits Kaufverträge in der Größenordnung von je fast 50 Milliarden Dollar für den US-amerikanischen Energieversorger TXU, den kanadischen Telefonkonzern Bell Canada und den Kreditkartenabwickler First Data unterschrieben.

Dann allerdings kam die Finanzmarktkrise, die den Firmenpiraten kräftig das Geschäft vermasselte.

Ohne Moos nix los

Nur noch 59 Unternehmenskäufe im Gesamtwert von mageren 12 Milliarden Dollar wurden von den *Private Equity*-Häusern im Oktober 2007 abgewickelt. Das ist kaum ein Viertel des Einsatzes, mit dem sie noch im Mai des selben Jahres herumspielen konnten. Selbst bereits abgemachte Deals wie die genannten oder der Aufkauf der US-Getränkesparte von Cadbury Schweppes für 8 Milliarden Pfund durch ein *Private Equity*-Konsortium lagen erst mal auf Eis. Neue Großprojekte werden seither kaum noch eingefädelt. Sogar der Chrysler-Kauf stand zwischenzeitlich auf der Kippe, weil die Finanziers kalte Füße bekamen. Cerberus musste eine Kreditlinie des Verkäufers Daimler in Anspruch nehmen, mit den Banken nachverhandeln und deutlich tiefer in die eigene Tasche greifen. Plötzlich drängte sich nämlich kein Finanzhaus mehr, die immer gewagteren Fresszüge der Heuschrecken mit billigem Geld zu alimentieren. Im ersten Quartal 2008 lag das Transaktionsvolumen der Firmenpiraten bei 63,1 Milliarden Dollar. Das ist zwar immer noch viel zu viel, aber immerhin im Vergleich zum Jahr davor ein Einbruch um fast 70 Prozent.

Das »Private« in *Private Equity* kommt übrigens daher, dass diese Firmen ihr Beteiligungskapital im Normalfall nicht öffentlich – also über die Börse – einwerben, sondern auf privaten Märkten.

Hauptanleger sind Banken, Pensionsfonds, Hedgefonds, Stiftungen, Versicherungen, aber auch superreiche Privatanleger, die oberhalb von 5 Millionen Dollar einsteigen. Allerdings gingen 2007 einige große *Private Equity*-Häuser doch dazu über, sich an der Börse zusätzliches Kapital zu beschaffen, um im Unternehmens-Roulette ein noch größeres Rad drehen zu können. Der spektakulärste Börsengang war der des *Private Equity*-Giganten Blackstone, der im Sommer 2007 rund 12 Prozent seiner Anteile an die Börse brachte, die ihm dank hoher Nachfrage einen Spitzenpreis von insgesamt 4 Milliarden Dollar einspielten. Sehr zum Vorteil der beiden Gründer, die allein im Zuge des Börsengangs 2,33 Milliarden Dollar einstreichen konnten, und zum Unglück der Neuaktionäre sammelte Blackstone das Geld just auf dem Gipfel des LBO-Booms ein. Seither geht es bergab, mit den Superrenditen und damit natürlich auch mit den Aktienkursen.

Tatsächlich gibt es einige Parallelen zwischen dem Boom am US-Hypothekenmarkt und der explosiven Ausweitung des Volumens an Leveraged Loans zur Finanzierung von Firmenübernahmen. So wie die immer höheren Hypotheken durch die steigenden Hauspreise in den USA abgesichert schienen, so waren die stetig steigenden Preise für Unternehmen die Rückversicherung, die eine Rückzahlung der Kredite für Firmenaufkäufe zu gewährleisten schien. Denn spätestens wenn der *Private Equity*-Pirat die übernommene Firma – ausgeschlachtet, verschlankt und auf maximale Rendite getrimmt – zu einem höheren Preis weiterverkaufen konnte, als er selbst gezahlt hatte, waren die ersten Kredite einschließlich Zinsen getilgt.

Wie im US-Häusermarkt waren es allerdings auch hier allein die von den Banken bereitwillig zur Verfügung gestellten wachsenden Kredite, die für die anhaltende Nachfrage im Firmenmonopoly sorgten und dadurch den Preisanstieg bewirkten. Das heißt, außer dem Cash Flow der betroffenen Unternehmen, der in vielen Fällen zur Tilgung der gewaltigen Schulden so wenig ausgereicht hätte wie das Einkommen der Subprime-Kreditnehmer zur Rückzahlung ihrer Hausdarlehen, waren es vor allem die immer größeren Neukredite der Banken, die für Zins und Tilgung der älteren Kredite sorgten.

Im Kern folgen solche Finanzierungen also einem klassischen Schneeballsystem, bei dem die später Beteiligten mit ihren Einzahlungen die Gewinne der früheren Mitspieler finanzieren, und das eben deshalb nur unter der Voraussetzung funktioniert, dass es eine immer größere Dimension erreicht.

Hier freilich haben wir es mit einem Schneeballsystem zu tun, das Tausende Milliarden umverteilt und das Gesicht ganzer Volkswirtschaften verändert. Denn so wie zum Fallout des Hypothekenbooms eben nicht nur faule Hausdarlehen, sondern auch Millionen in den Ruin getriebene und im schlimmsten Fall obdachlos gewordene Familien gehören, hat das Firmenmonopoly nicht allein einen Berg fragwürdiger Firmenkredite produziert, sondern zugleich Hunderttausende Menschen arbeitslos gemacht, die Lohnspirale nach unten getrieben und einst produktive Unternehmen in eine Lage hineingezwungen, in der sie jeden verdienten Cent für Zins und Tilgung verausgaben müssen statt in Forschung oder neue Anlagen investieren zu können.

Der Verbriefungstrick

Zu den bisher nicht beantworteten Fragen gehört vor allem eine: Was hat große Banken, die normalerweise jeden Mittelständler verkniffen durchleuchten, ehe der auch nur einen Euro oder Dollar als Firmenkredit zu sehen bekommt, dazu getrieben, Milliarden und Abermilliarden in abenteuerliche Finanzierungen zu versenken, von denen eigentlich jeder wissen musste, dass sie irgendwann platzen werden? Denn wer konnte schon im Ernst den Preisboom am US-Immobilienmarkt oder im Handel mit Unternehmen für ein ehernes Naturgesetz halten, das in alle Ewigkeit fortwirken würde?

Zumal es zwischen der Kreditblase und einem Schneeballsystem zumindest einen wichtigen Unterschied zu geben scheint: Während bei dem Schneeballsystem auf jeder Stufe unterschiedliche Mitspieler ihre Einzahlungen machen und die, die früh genug eingestiegen sind, bei dem Ganzen wirklich gewinnen, haben viele Banken, die mit den später vergebenen Krediten ihre eigenen Gewinne aus den vorangegangenen finanzierten, allem Anschein nach mit sich selbst gespielt. So, als würde ein Verrückter sich stets von einem Konto auf ein anderes Geld überweisen und glauben, er würde dadurch reicher. Und selbst wenn man annimmt, dass die Entscheidungszentralen der großen Geldhäuser mit solchen Verrückten bevölkert waren, oder einfach nur mit Zynikern, die das ganze Spiel spielten, weil es sich jedenfalls auf ihrem persönlichen Konto auszahlte, bleibt die Frage: Wo kamen die Unsummen her, die eine solche Ausweitung des Kreditvolumens erst ermöglicht haben?

Allein am US-Hypothekenmarkt wurden in den wenigen Jahren seit der Jahrtausendwende zusätzliche Darlehen im Gesamtwert von über 7 Billionen Dollar vergeben. Insgesamt stieg die Verschuldung amerikanischer Firmen und Privathaushalte vor 2007 in nur zehn Jahren um sagenhafte 13,6 Billionen Dollar[7]. Zum Vergleich: Die Spareinlagen auf den Konten aller amerikanischen Geschäftsbanken zusammengenommen hatten im September

2006 einen Umfang von gerade mal 9,6 Billionen. Und mit Krediten überhäuft wurden ja durchaus nicht nur US-amerikanische Haushalte und Firmen.

Wo also stand die Geldmaschine, die es den Banken gestattete, solche irrwitzigen Beträge unter die Leute zu streuen?

Das klassische Kreditgeschäft

Tatsächlich wäre eine derartige Kreditschwemme noch vor zwanzig Jahren undenkbar gewesen. Sie wurde möglich durch die nahezu vollständige Deregulierung der legal handelbaren Finanzkonstrukte und die weitgehende Liberalisierung des globalen Kapitalverkehrs. Der klassische Kreditmechanismus bestand bekanntlich darin, dass eine Geschäftsbank Spareinlagen einsammelte, die sie auf der Passivseite ihrer Bilanz verbuchte, und einen Großteil dieses Geldes dann an interessierte Kreditnehmer – also Unternehmen oder auch Hausbesitzer – weitergab. Aus der Differenz zwischen der Verzinsung der Einlagen und dem Zinssatz auf Kredite zog die Bank ihren Gewinn. Weil Bankkredite allerdings mit einem gewissen Volumen an Eigenkapital unterlegt sein müssen, war die Kreditgewährung in jenen alten Tagen nicht nur durch die Einlagen, sondern auch durch das eigene Kapital begrenzt, über das die betreffende Bank verfügte.

Mitte des 19. Jahrhunderts lag die Eigenkapitalquote amerikanischer Banken noch bei 50 Prozent. Eine Bank mit einem Eigenkapital von 1 Milliarde Dollar konnte also maximal ein Kreditrad im Umfang von 2 Milliarden Dollar drehen. Dieser relativ hohe Anteil hatte auch damit zu tun, dass das Eigenkapital der Banken damals die einzige Form der Einlagensicherung war und niemand gern sein Geld einer Bank anvertraut hätte, bei der man befürchten musste, dass sie schon beim Platzen von ein, zwei größeren Krediten in die Zahlungsunfähigkeit trudelt. Bis zu den späten 20er Jahren des letzten Jahrhunderts sank die Deckung der Verbindlichkeiten durch eigene Kapitalbestände dann auf etwa 12 Prozent, was für viele Banken bekanntlich nicht ausreichte, um die Folgen des Börsencrashs von 1929 zu überleben.

Dennoch sind Eigenkapitalquoten von 12 oder 13 Prozent auch heute der übliche Wert, genauer: Sie waren es, bevor die gegenwärtige Krise ihre Verheerungen in den Bankbilanzen anzurichten begann. Nach dem Baseler Akkord im Jahr 1988 wurden die Banken in den meisten Ländern gesetzlich verpflichtet, in jedem Fall mindestens 8 Prozent ihrer risikogewichteten Kredite durch eigenes Kapital zu unterlegen. Dabei wurden nach den *Basel I* genannten Regelungen Kredite an Unternehmen und Privatkunden zu 100 Prozent gewichtet, Hypotheken zu 50 Prozent, Kredite an Banken zu 20 Prozent und Kredite an den Staat gar nicht. Mit dem vor kurzem in Kraft getretenen Folgeabkommen *Basel II* wird das Gewichtungsraster flexibler, aber die Eigenkapitalanforderung von mindestens 8 Prozent bleibt erhalten.

Da auf diese Weise das maximale Kreditvolumen einer Bank begrenzt ist und sie das volle Ausfallrisiko für die vergebenen Kredite trägt, hat sie eigentlich ein großes Interesse, sich ihre Kreditnehmer genau anzusehen und ihr Geld nur an zahlungsfähige Leute weiterzureichen. Eine Kreditexplosion, wie wir sie in den letzten Jahren erlebt haben, erscheint in diesem Rahmen als ein Ding der Unmöglichkeit.

Inzwischen allerdings sind gerade die großen Banken bestrebt, nur noch als Arrangeure der Kredite zu fungieren und die Risikopositionen möglichst schnell weiterzuverkaufen. Das ermöglichen sogenannte *Asset Backed Securities* (ABS), also verbriefte Kreditpakete, die durch einen wirklichen oder vermeintlichen Vermögenswert (asset) gesichert sind. Eine Untergruppe davon sind die *Mortgage Backed Securities* (MBS). In letzteren werden Hausdarlehen unterschiedlicher Risikoklassen zu einem Bündel zusammengeschnürt. Wie der Käufer einer Aktie Anspruch auf einen Anteil am Unternehmensgewinn erhält, so erwirbt der Käufer solcher Schuldverschreibungen Anspruch auf einen Anteil an den Zins- und Tilgungszahlungen. Der Fundamentalwert eines solchen Papiers richtet sich also nach den erwarteten Erträgen, die wiederum nicht nur von der Höhe der gebündelten Darlehen und dem Zinssatz abhängen, sondern auch von dem Prozentsatz fauler Kredite, die im Pool versteckt sind. Letzteren kennt keiner genau, und darin liegt das Risiko.

Fannie Mae und Freddie Mac

Mortgage Backed Securities (MBS) und forderungsbesicherte Wertpapiere im allgemeinen sind in den 80er Jahren in Mode gekommen, haben sich seit Mitte der 90er Jahre immer mehr verbreitet und seit der Jahrtausendwende explosionsartig zugenommen. Zu den wichtigsten Emittenten amerikanischer MBS gehören zwei Hypothekenriesen mit knuddeligen Namen, die es wegen der Finanzkrise mittlerweile zu internationaler Berühmtheit gebracht haben: Fannie Mae und Freddie Mac.

Vor allem Fannie Mae ist ein Institut mit langer Tradition. Im Jahr 1938 wurde im Zuge des *New Deal* und mit dem Ziel, mehr amerikanische Familien in Wohneigentümer zu verwandeln, die Federal National Mortgage Association gegründet. Fannie Mae, wie das Institut bald abgekürzt genannt wurde, war damals das, was es heute wieder ist: ein staatliches Unternehmen. Das Institut vergab selbst keine Hauskredite, sondern hatte die Aufgabe, den Banken Hypothekenforderungen abzukaufen und so deren Kreditspielraum zu erhöhen. Eine verkaufte Hypothek verschwindet aus der Bilanz einer Bank, bindet also kein Eigenkapital mehr. Vielmehr erhält die Bank das verliehene Geld zurück und kann es für neue Darlehen nutzen. Ihr entgehen auf diesem Wege zwar die langfristigen Zinseinnahmen, die der Kredit während seiner Laufzeit bringt. Stattdessen macht sie aber einen kurzfristigen Gewinn, weil sie die Hypothek natürlich zu einem höheren Preis weiterverkauft, als sie dem Häuslebauer tatsächlich geliehen hat.

Von Fannie Mae wurden die den Banken abgekauften Hypotheken zunächst in den eigenen Büchern gehalten und über die Ausgabe kurz- und langfristiger Schuldverschreibungen refinanziert. Da hinter dem Institut der amerikanische Staat stand, der die Bonität dieser Schulden garantierte, lag der Zinssatz der von Fannie Mae emittierten Schuldtitel nicht wesentlich höher als der von Staatsanleihen. Der Hypothekenfinanzierer konnte sich also billig Geld verschaffen und den Banken die Hypotheken daher mit einem guten Aufschlag abkaufen. Auf diese Weise wurde der amerikanische Hypothekenmarkt mit Liquidität versorgt, die Häuslebauer bekamen mehr und günstigere Hausdarlehen, als der freie Markt bereitstellen konnte, und die Banken machten ein gutes und risikofreies Geschäft mit der Vergabe und dem Weiterverkauf dieser Kredite.

Allerdings konnte das System nur funktionieren, weil durch strikte Regeln vermieden wurde, dass Fannie Mae und damit die öffentliche Hand am Ende auf einem Berg fauler Hypotheken sitzen blieb. Daher wurden ursprünglich nur Hausdarlehen, die bestimmte gesetzlich festgelegte Kriterien erfüllten, von Fannie Mae aufgekauft. Diese Kriterien sollten sicherstellen, dass nur solche Familien in die eigenen vier Wände umziehen, die es sich auch leisten konnten, und dass die Höhe des Darlehens in einem vernünftigen Verhältnis zum persönlichen Einkommen steht. Es gab neben den von Fannie Mae aufgekauften Hypotheken natürlich immer auch solche, welche die Banken in ihren eigenen Büchern behielten. Aber da sie hier auch das volle Ausfallrisiko trugen beziehungsweise sich dieses durch höhere Zinsen bezahlen ließen, war auch dieser Markt begrenzt und übersichtlich.

Der Übergang zum neoliberalen Zeitalter kündigte sich drei Dekaden später, im Jahr 1968, mit der Privatisierung des Hypothekenfinanzierers an. Fannie Mae blieb aber auch danach ein Institut mit besonderem staatlichem Schutz, und an dem zugrundeliegenden Geschäftsmodell – einschließlich der erforderlichen Qualitätsstandards für Hausdarlehen – änderte sich zunächst nichts. Allerdings wurde der liberalen Wettbewerbsideologie dadurch Genüge getan, dass dem Institut ein zweites, ebenfalls staatlich gestütztes als Konkurrent gegenübergestellt wurde: die Federal Home Loan Mortgage Corporation, kurz Freddie Mac. Freddie Mac hatte genau die gleichen Aufgaben wie Fannie Mae, und auch die von ihm aufgekauften Hausdarlehen unterlagen strengen Kriterien.

Seit Beginn der 80er Jahre gingen Fannie Mae und Freddie Mac dazu über, die aufgekauften Hypotheken nicht mehr allein über die Emission eigener Anleihen zu refinanzieren, sondern sie in größere Bündel zusammenzufassen und in handelbare Wertpapiere zu verwandeln. Sie begannen also, Mortgage Backed Securities zu schaffen, die sie an andere Investoren weiterverkaufen konnten. Dabei standen Freddie und Fannie für die Bonität dieser Wertpapiere gerade, was ihre Verzinsung reduzierte und so den erlösten Preis erhöhte. Diese Garantie schloss natürlich ein, bei Zahlungsausfällen der verbrieften Hypotheken mit eigenem Geld die den Investoren zugesagten Einnahmen auszugleichen.

Auch das Geschäft mit den garantierten MBS war natürlich nur durchführbar, weil die aufgekauften und verbrieften Hypotheken zunächst weiterhin strengen Kriterien genügen mussten.

Das Grundprinzip, nach dem der Markt mit den Mortgage Backed Securities funktionierte, ist leicht zu verstehen. Angenommen, der Hypothekenzins liegt bei 10 Prozent. Ein Bündel von Hausdarlehen im Wert von 1 Million Dollar generiert damit, wenn es keine Zahlungsausfälle gibt, allein aus den Zinsen eine jährliche Einnahme von 100.000 Dollar. Nehmen wir nun an, die Bank, die diese Hypotheken für 1 Million Dollar vergeben hat, verkauft sie für 2 Millionen Dollar an Fannie Mae. Sie macht damit einen hübschen Gewinn von 1 Million Dollar, der für die entgangenen Zinseinnahmen der Folgejahre gut und gern entschädigen dürfte und, vor allem, sie hat die 2 Millionen sofort wieder zur Verfügung, um neue Kredite zu vergeben.

Fannie Mae verwandelt dieses Kreditbündel daraufhin in Mortgage Backed Securities. Die Zinsen für amerikanische Staatsanleihen mögen vielleicht gerade bei 3,5 Prozent liegen. Da den von Fannie Mae emittierten MBS-Papieren aufgrund der Garantieleistung des staatsnahen Unternehmens über all die Jahre kein wesentlich höheres Ausfallrisiko zugeschrieben wurde als den Schatzwechseln des Staates, würden sie mit einer Verzinsung von 4 Prozent zweifellos freudige Abnehmer finden.

Fannie Mae kann das betreffende Hypothekenbündel also für 2,5 Millionen Dollar weiterverkaufen. Denn die 100.000 Dollar jährlicher Zinseinnahmen, die das Päckchen verspricht, sind genau 4 Prozent von 2,5 Millionen. Mit den bei dem Verkauf gewonnenen 500.000 Dollar könnte Fannie dann ein Polster bilden, um für den Fall, dass doch einige Kredite faul und damit Garantieleistungen fällig werden, gerüstet zu sein. Natürlich sind die Zahlen in diesem Beispiel fiktiv. Zum einen bringen Hypotheken eben nicht nur Zinsen ein, sondern auch Tilgungen, und die Preisberechnung ist damit wesentlich komplizierter, weil sie auch von der Laufzeit abhängt. Zum anderen lagen die Gewinnmargen der Geschäftsbanken gewiss nicht bei 100 Prozent und der Aufschlag von Fannie Mae war vermutlich ebenfalls niedriger. Aber im Grundsatz funktionierte das Ganze so wie beschrieben.

Tatsächlich lag die Ausfallquote der von Fannie Mae übernommenen Hypotheken über Jahrzehnte bei extrem niedrigen 1 Prozent, im Vergleich zu 2 bis 3 Prozent am Gesamtmarkt für normale (nicht Subprime) Hypotheken. Die von Fannie Mae und Freddie Mac emittierten MBS-Papiere waren daher ebenso wie ihre Schuldverschreibungen eine biedere und sichere Anlagevariante für Pensionsfonds, Versicherungen, Investmentbanken oder wer immer sonst sein Geld mit moderater Verzinsung, dafür aber sicher, mehren wollte.

Heute verwalten Fannie Mae und Freddie Mac zusammen ein Hypothekenvolumen von 5 Billionen Dollar. Annähernd die Hälfte aller US-Hauskredite befindet sich in ihrem Portefeuille oder wird von ihnen garantiert. Wer diese garantierten Papiere gekauft hat, hat erst einmal kein Problem. Er kann im Falle von Verlusten bei Freddie oder Fannie vorstellig werden, die dann für den Schaden einspringen müssen. Wären die zur Geburtsstunde der beiden Institute gültigen Anforderungen an Baukredite beibehalten worden, würde dieses Modell sicher auch heute noch funktionieren. Allerdings hätten sich dann wohl kaum Hypothekenkredite in dem gigantischen Volumen von 5 Billionen Dollar in ihren Büchern aufgehäuft. Das war nur möglich, weil Fannie Mae und Freddie Mac zunehmend zweifelhafteren Hausdarlehen ihr Garantiesiegel aufgeprägt haben.

Vor allem in den Jahren seit 2004 sind die beiden Hypothekenfinanzierer dazu übergegangen, kräftig in Subprime-Hypotheken und sogenannte Alt-A-Hypotheken zu investieren. Nach Angaben der US-Aufsichtsbehörde Ofheo (*Office of Federal Housing Enterprise Oversight*) entfallen gegenwärtig etwa 9 Prozent des Hypothekenvolumens der beiden Institute auf Subprime-Kredite. Der Anteil von Krediten problematischer Bonität wird mit 15 Prozent angegeben. Genau wissen kann das natürlich auch Ofheo nicht.

Daher folgte, was folgen musste. Bereits im ersten Jahr der Hypotheken-Krise summierten sich die Verluste der beiden Hypothekenfinanzierer auf über 14 Milliarden Dollar. Bei Freddie Mac überstiegen die Abschreibungen die Vermögenswerte schon im ersten Quartal 2008 um etwa 5,2 Milliarden Dollar. Nur wenig besser sah es bei Fannie Mae aus. Dabei steht den gesamten Verbindlichkeiten der beiden Giganten in Höhe von 5.000 Milliarden Dollar ein Eigenkapitalpolster von lächerlichen 83 Milliarden

Dollar gegenüber[8]. Um den sonst unvermeidlichen Bankrott abzuwenden, stellte der amerikanische Staat Anfang September 2008 ein Rettungspaket in Höhe von 200 Milliarden Dollar bereit und übernahm im Gegenzug 80 Prozent der Aktien. »Freddie und Fannie waren zu groß, um sie umfallen zu lassen«, begründete der amerikanische Finanzminister Henry Paulson diesen Schritt.[9] Too big to fail – zu groß, um zu scheitern –, diese Begründung sollten die Steuerzahler in aller Welt in den Folgemonaten noch oft zu hören bekommen.

Die beiden Hypothekenriesen untergehen zu lassen, hätte wohl tatsächlich bedeutet, dem US-Immobilienmarkt auf Jahre den Garaus zu machen. Denn inzwischen sind die beiden Institute fast die einzigen, die in den USA überhaupt noch Hausdarlehen vergeben. Wäre dieses Angebot auch noch weggebrochen, wären die Immobilienpreise wohl in den freien Fall übergegangen und die Bauwirtschaft endgültig zusammengebrochen.

Aber das noch größere Problem waren die Folgewirkungen einer Pleite auf das internationale Finanzsystem. Denn die von Fannie und Freddie emittierten MBS und Schuldverschreibungen befinden sich in den Portefeuilles internationaler Geldhäuser, Fonds und sogar Zentralbanken von Moskau über Peking bis Tokio. Bei den von Freddie Mac emittierten Anleihen beispielsweise bilden Zentralbanken mit einem Anteil von 43 Prozent sogar die größte Anlegergruppe. Investmentfonds halten knapp 30 Prozent, Banken 13 Prozent und Pensionsfonds und Versicherungen immerhin 6 Prozent. Die Investorenstruktur von Fannie Mae sieht ähnlich aus. Ein Konkurs der beiden Hypothekengiganten hätte eine Verlustwelle in der internationalen Finanzwelt nach sich gezogen, die dem Weltfinanzmarkt vermutlich den Rest gegeben hätte. Zum Vergleich: Das Geschäftsvolumen des Hedgefonds LTCM, dessen Kollaps die amerikanische Fed im Jahr 1998 in einer konzertierten Aktion verhinderte, weil er nach ihrer Einschätzung das globale Finanzgebäude hätte zum Einsturz bringen können, lag bei wenig über 1 Billion Dollar. Bei Freddie Mac und Fannie Mae reden wir über das Fünffache.

Also fließt Steuergeld, um die beiden Institute, koste es, was es wolle, am Leben zu erhalten. Natürlich weiß niemand genau, wie viele der von Fannie Mae und Freddie Mac garantierten Hypotheken tatsächlich faul werden. Aber es spricht viel dafür, dass die jetzt bereitgestellten 200 Milliarden noch nicht das letzte Wort gewesen sind. Paulson selbst hat vorsichtshalber schon einmal angekündigt: »Wir wissen nicht, was es den Steuerzahler kosten wird.«[10]

Hinzu kommt, dass sich die Zahlen durch das gegenwärtige Geschäft der beiden Unternehmen nicht gerade verbessern. Erst im März 2008 hatte die amerikanische Regierung die für sie geltenden Kapitalanforderungen weiter verwässert, damit Fannie und Freddie im großen Stil Hypotheken aufkaufen und so den eingefrorenen US-Immobilienmarkt wieder flüssiger machen konnten. Hunderte Milliarden Dollar sollten auf diese Weise in den Markt gepumpt werden, um strauchelnde Hausbesitzer bei der Refinanzierung ihrer Hypotheken zu unterstützen. Insbesondere dadurch ist der Anteil der beiden Riesen an den neu vergebenen Immobiliendarlehen auf mittlerweile 80 Prozent hochgeschnellt.

Gegen das Anliegen, durch Refinanzierungsmöglichkeiten die Zahl der Zwangsversteigerungen zu verringern, ist natürlich nichts einzuwenden. Das Problem ist nur, dass diese Steuergelder natürlich nicht nur den Hausbesitzern helfen, sondern vor allem den Banken, die sich dadurch elegant von Problemkrediten trennen können, die sie in ihren Büchern haben.

Kreditverkäufe und Kreditexplosion – Das Geschäft mit den ABS

Zurück zur Ausgangsfrage. Ein gewisser Teil der beispiellosen Kreditausweitung läßt sich also mit dem Wirken der Hypothekenriesen Fannie Mae und Freddie Mac erklären. Dass die von ihnen emittierten Papiere, unabhängig von der Qualität der zugrunde liegenden Hypotheken, interessierte Abnehmer fanden, verwundert nicht. Immerhin waren sie dank der Garantie der beiden Institute eine nahezu risikofreie Investition.

Aber so groß die beiden Baufinanzierer sind, beim Aufblähen der Kreditblase waren sie eher Trittbrettfahrer als eine treibende Kraft. Weder erklärt die Geschichte von Fannie und Freddie die explosive Ausweitung der Subprime-Hypotheken und der sonstigen US-Konsumentenkredite, noch lassen sie sich für die Expansion des Leveraged-Loan-Marktes für Firmenkredite verantwortlich machen, mit dem sie schon gar nichts zu tun haben.

Kredite zu verbriefen und weiterzuverkaufen, wurde vielmehr auch jenseits des staatlich regulierten Teils des Hypotheken-

38

marktes eine seit den 80er Jahren immer beliebtere Praxis der Banken. Zum einen lagen die Margen in diesem Geschäft deutlich höher als bei der traditionellen Kreditvergabe, die in der Regel weniger als 10 Prozent Rendite brachte, und zum anderen konnte das Kreditvolumen auf diese Weise weit über die Grenzen des Eigenkapitals der betreffenden Bank ausgedehnt werden. Da die Gewinne der Bank mit jedem vergebenen Kredit weiter anschwollen und das Ausfallrisiko ja auf die Käufer der Kreditpapiere überging, waren die Baufinanzierer fortan verständlicherweise bestrebt, so viele Darlehen wie möglich an wen auch immer zu vergeben.

Weil aber nun die Zahl der Familien begrenzt ist, die sich ein Eigenheim wirklich leisten können, und die miserable Lohnentwicklung in den Vereinigten Staaten seit Ende der 70er Jahre auch nicht gerade dazu beigetragen hat, diese Zahl zu erhöhen, lag es im natürlichen Geschäftsinteresse der Banken, immer größere Bevölkerungskreise zum Hauskauf oder zur Beleihung ihres Hauses zu überreden, auch wenn diese zur Rückzahlung der Darlehen absehbar nicht in der Lage waren. Sobald der Kredit verkauft war, war das ja nicht mehr das Problem der Bank. Wie die bereits zitierte US-Studie über »Credit Booms and Lending Standards« zeigt, gibt es einen direkten Zusammenhang zwischen der Verlotterung der Standards bei der Hypothekenvergabe in den einzelnen Regionen der USA und dem Anteil der Kredite, den die Baufinanzierer jeweils verbriefen und weiterverkaufen konnten. Je höher dieser Anteil, desto gedankenloser wurde Geld in Subprime-Hypotheken versenkt.

Zwar behielten die Arrangeure der Subprime-Kredite ein Restrisiko in Form der Verpflichtung, im Falle eines frühzeitigen Zahlungsverzugs Kredite zurückzukaufen und bis zu einer vereinbarten Höhe für die Verluste geradezustehen. Aber da die Subprime-Hypotheken an den Finanzmärkten so gefragt waren und entsprechend teuer verkauft werden konnten, hätte sich das Geschäft sogar noch bei Eintreten dieser Verluste gelohnt. Was Subprime-Finanzierern wie New Century und anderen später das Genick brach, war, dass sie für diesen Verlustfall noch nicht einmal vorgesorgt hatten.

Da allerdings das Volumen selbst des florierendsten Hypothekenmarktes am Ende begrenzt ist, weil es einfach nicht unendlich viele Häuser gibt, die man beleihen kann, haben sich die phantasiereichen Banker immer neue Kreditvarianten ausgedacht und diese unter die Leute gebracht. So kann man in den USA gegen Kredit nicht nur sein Haus, sondern auch sein Auto verpfänden, man kann sich die erhoffte Steuerrückzahlung schon einige Monate vorher von der Bank vorstrecken lassen oder die Tage bis zur nächsten Lohnzahlung mit einem Kredit überbrücken. Solche Darlehen haben nicht selten Zinssätze von 100 Prozent und mehr, weshalb sie sich zur Freude der Banker oftmals akkumulieren. Das heißt, ein Kredit wird dadurch getilgt, dass man den nächsten, der dann vielleicht etwas zinsgünstiger ist, aufnimmt. Da auch Kreditkartenschulden von den Banken verbrieft und weiterverkauft werden konnten, war auch hier für großzügige Monatslimits gesorgt, die in der Regel bei einem Vielfachen des persönlichen Einkommens lagen. Wer seinen Saldo nicht pünktlich bezahlt, wird etwa bei American Express mit 19 Prozent Zinsen geschröpft, eine gute Gelegenheit, Zins und Tilgung durch einen neuen Kredit abzulösen.

Das wilde Treiben der Banker hatte sich im Jahr 2006 bis ins US-Verteidigungsministerium herumgesprochen und dort für Unruhe gesorgt. Es werde »durch räuberische Kreditvergabe die militärische Einsatzbereitschaft zersetzt, die Moral der Truppe und ihrer Familien geschwächt und die Kosten der Bereitstellung einer rein aus Freiwilligen bestehenden Berufsarmee erhöht«[11], hieß es damals in einem Untersuchungsbericht des Pentagon, der zu dem Ergebnis kam, dass Angehörige der US-Army in großer Zahl in zweifelhafte Kredite verstrickt waren. Bei der »Moral der Truppe« hört der Spaß der Kriegsmacht USA natürlich auf, denn: »Ein mit Schulden, Angst und erheblichem Stress beladener Soldat könnte sich plötzlich in einer Situation befinden, in der seine Integrität kompromittiert wird«[12], was man im Irak, in Afghanistan und anderen Kampfgebieten natürlich nicht gebrauchen kann. Dass das glänzende Geschäft der Banken mit verbrieften Privatkrediten keineswegs nur Soldaten, sondern einen erheblichen Teil der US-Bevölkerung in eine Situation von »Schulden, Angst und erheblichem Stress« gebracht hat, bekümmerte die politischen Entscheidungsträger schon weniger.

Aus den gleichen Gründen wie die Konsumentenverschuldung expandierte auch der Markt für Unternehmensfinanzierungen.

Weil die Kreditbedürfnisse seriös wirtschaftender Unternehmen zur Absicherung realer Investitionen sich in relativ engen Grenzen halten, zumal in Zeiten weltweiter Überkapazitäten, kamen die *Private Equity*-Piraten gerade recht, die für eine geradezu explosive Kreditnachfrage sorgten. Das Risiko der Banken bei dem Geschäft reduzierte sich dabei allein auf die Zeit, in der sie die zweifelhaften Leveraged Loans tatsächlich in ihren Büchern hielten. Im Durchschnitt vergehen zwischen der Finanzierungsverpflichtung einer Bank und dem Abschluss der Transaktion etwa sechzig Tage. Erst danach können die Kredite weiterverkauft werden, was die Geldhäuser dann auch eilig tun und sich in der Regel innerhalb von nur fünf Tagen von mindestens der Hälfte der dubiosen Papiere trennen.

Aus Mist mach Gold – gefeierte Finanzinnovationen

Das Interesse der Banken an ungehemmter Kreditexpansion ist unter diesen Bedingungen also gut nachvollziehbar. Eine entscheidende Voraussetzung dafür, dass das Schuldenrad so richtig in Schwung kommen konnte, bleibt damit allerdings noch unerklärt. Denn letztlich brauchten die Banken natürlich nicht nur verschuldungswillige Kreditnehmer, die sie mit Geld überschütten konnten. Das Modell funktionierte vielmehr nur, wenn irgendwer bereit war, ihnen die verbrieften Kredite am Ende auch abzukaufen. Dafür, dass anlagewillige Gelder in den USA und weltweit in rauen Mengen vorhanden waren, gibt es viele Gründe, auf die wir in einem späteren Kapitel zu sprechen kommen. Aber selbst wer viel Geld hat und händeringend nach Anlagemöglichkeiten sucht, ist in der Regel nicht bereit, dieses Geld einfach in die Gosse zu werfen. Er kann es immerhin auch in Staatsanleihen investieren oder schlicht unters Kopfkissen legen. Selbst letzteres scheint im Vergleich zum Kauf fragwürdiger und mit einiger Wahrscheinlichkeit wertloser Kreditpapiere immer noch die attraktivere Variante zu sein.

Verantwortlich dafür, dass selbst die zweifelhaftesten Hausdarlehen und Firmenkredite sich, gebündelt und verbrieft, auf dem freien Markt begeisterter Nachfrage erfreuten, waren einige gelobte Finanzinnovationen, die es scheinbar ermöglichten, aus Dreck Gold zu machen, oder den Dreck zumindest wie Gold aussehen zu lassen. Um das zu bewerkstelligen, bedurfte es eines ganzen Turmbaus abgeleiteter Konstruktionen. Dieser konnte zwar keinen Dollar zusätzlicher Einkommen schaffen. Die einzigen Einnahmen, die hier immer nur umverteilt wurden, waren die eingehenden Zins- und Tilgungszahlungen aus den dem Wertpapier zugrunde liegenden Krediten. In dem Maße, in dem diese ausblieben, mussten die Anleger auch des raffiniertest gezimmerten Finanzvehikels ins Leere schauen. Aber das Innovative dieser Vehikel bestand darin, dass sie so verwickelt und verschachtelt gebaut waren, dass am Ende niemand mehr verstand, welches Ei er sich damit ins Portefeuille gelegt hatte.

Der wichtigste Trick bestand darin, die Kreditbündel nicht einfach nur als *Asset Backed Securities* (ABS) zu verpacken, sondern je etwa hundert einfache ABS-Papiere wiederum auf ein übergeordnetes Finanzvehikel zu übertragen. So entstanden die *Collateralised Debt Obligations* (CDO), die in verschiedenen Tranchen, die das Risiko von Zahlungsausfällen in unterschiedlichem Grade abfangen sollten, am Markt platziert wurden. In der Regel gab es drei solcher Tranchen: die Equity oder Junior Tranche, die Mezzanine und die Senior Tranche.

Die Junior Tranche ist die risikoreichste, die Zahlungsausfälle als erste treffen. Diese Tranche ist nur mit einem hohen Zinsaufschlag verkäuflich. Werden am Ende doch weniger Kredite faul als vermutet, verhelfen diese Tranchen ihren Käufern zu lukrativen Renditen von 20 Prozent oder mehr. Sie sind daher ein ideales Spielgeld für Hedgefonds, deren Geschäftsmodell ja gerade darin besteht, aus hochriskanten Anlagen überproportionale Renditen zu schlagen. Allerdings gehörten zu den Käufern der Equity-Tranche nach einer internen Erhebung der Citibank durchaus nicht nur die üblichen Verdächtigen, sondern auf diesem Feld tummelten sich auch klassische Publikumsfonds und sogar Pensionsfonds[13].

Die Mezzanine erscheint schon weniger risikoreich, denn sie wird von Zahlungsausfällen nur betroffen, wenn die Junior Tranche gänzlich wertlos geworden ist. Die Senior Tranche schließlich gaukelt Sicherheit vor, selbst wenn das zugrunde liegende Kreditpaket ausschließlich aus hochriskanten Darlehen besteht. Denn da die Erträge der Senior Tranche von Kreditausfällen nur behelligt werden, wenn diese eine für unwahrscheinlich erachtete Größenordnung erreichen, wurde diese Tranche unabhängig von der Qualität der Kredite von den Ratingagenturen normalerweise mit der Höchstnote »AAA« bewertet. Sie wurde damit als ebenso sicher eingestuft wie Bonds von General Motors oder Staatsanleihen der Bundesrepublik Deutschland.

CDOs wurden im übrigen nicht nur deshalb konstruiert, weil die Banken so ihre Kredite loswerden konnten. Die Formierung von CDOs aus einfachen Asset Backed Securities war vielmehr als solche ein äußerst lukratives Geschäft, an dem sich insbesondere die Investmentbanken eine goldene Nase verdienten. Der Gewinn, den die verschiedenen Akteure auf den unterschiedlichen Stufen des Verbriefungsprozesses einstreichen können, ergibt sich aus der Differenz zwischen dem Zins, den die tatsächlichen Kreditnehmer – also Häuslebauer oder auch verschuldete Firmen – zu zahlen haben und der Verzinsung, die die am Ende emittierten Papiere ihren Investoren einbringen. Zumindest die Käufer der Senior Tranchen gaben sich in der Regel mit recht bescheidenen Zinsen zufrieden, die etwa einen Prozentpunkt über der Rendite anderer AAA-Anleihen lagen. Denn trotz der windigen Kredite, die dem Paket zugrunde lagen, galten diese Tranchen ja als geradezu mündelsichere Geldanlage.

Wie wunderbar sich Zinsdifferenzen in bare Münze verwandeln lassen, sei an folgendem Beispiel erläutert. Nehmen wir an, eine Bank verfügt über Asset Backed Securities, denen Subprime-Hypotheken im Gesamtwert von 1 Milliarde Dollar zugrunde liegen. Der Zinssatz für diese Hypotheken liege bei 10 Prozent. Wenn alles gut geht, versprechen die betreffenden Papiere also jährliche Zinseinnahmen von 100 Millionen Dollar. Es ist natürlich unwahrscheinlich, dass alles gut geht, denn es handelt sich ja um Subprime-Hypotheken, und genau deshalb möchte die Bank die ABS auch nicht behalten.

Sie arrangiert also eine Collateralised Debt Obligation, auf die sie die unappetitlichen Papiere überträgt. Im Ergebnis will die Bank ihre Ausgaben von 1 Milliarde Dollar zuzüglich einer netten Marge natürlich wiederhaben, denn sonst lohnt sich das Geschäft ja nicht.

Um Geld einzutreiben, gibt die CDO Wertpapiere in drei Tranchen aus. Die risikoreichste Junior Tranche umfasst in der Regel 1 bis 3 Prozent des gesamten CDO-Volumens. Verkauft die Bank also 1 Prozent der CDO in dieser Form, sind das Papiere, die einen Anspruch auf Zinseinnahmen in Höhe von 1 Million Dollar im Jahr begründen. Weil ihr Risiko hoch ist, verlangt der Investor dafür aber, sagen wir, 20 Prozent Zinsen, die Bank bekommt also für dieses Päckchen nur 5 Millionen Dollar. Das ist gerade mal die Hälfte des Nominalwerts der zugrunde liegenden Kredite, der bei 10 Millionen liegt, aber schließlich wird die Junior Tranche ja auch wertlos, wenn sich auch nur für 1 Prozent der gesamten in der CDO gebündelten Darlehen herausstellen sollte, dass sie nicht mehr einzutreiben sind.

Für die Mezzanine liegen die Zinsen dann schon deutlich niedriger, sagen wir bei 8 Prozent. Werden 15 Prozent der CDO als Mezzanine veräußert, stehen diese Papiere für jährliche Zinseinnahmen von 15 Millionen Dollar.

Der erzielbare Preis liegt bei einer erwarteten Verzinsung von 8 Prozent, also bei etwas unter 200 Millionen Dollar. Werden allerdings nicht nur 1 Prozent, sondern 10 Prozent der in der CDO verpackten Kredite faul, bringt die Mezzanine ihren Investoren auch nicht mehr die erhofften 15 Millionen Dollar im Jahr, sondern sehr viel weniger. Werden 16 Prozent der Kredite nicht mehr zurückgezahlt, haben auch die Inhaber der Mezzanine ihr Geld verloren.

Umso sicherer scheinen die restlichen 84 Prozent der CDO, die die Bank jetzt richtig teuer als Senior Tranche verkaufen kann.

Immerhin wird diese Tranche von Kreditausfällen überhaupt nur berührt, wenn mehr als 16 Prozent der Hypotheken uneinbringlich sind. Eine solche Ausfallquote wurde lange Zeit selbst bei Subprime-Hypotheken als unwahrscheinlich angesehen. Immerhin lag der langjährige Schnitt bei »nur« 10 bis 14 Prozent zahlungsunfähiger

Kreditnehmer. So hat der Senior Investor das Gefühl, völlig risikofreie Papiere zu kaufen und er mag sich daher mit einer Verzinsung von 6 Prozent begnügen. Das ist dann immer noch mehr, als andere sichere Anlagen, etwa Staatsanleihen, bringen. Die Käufer zahlen also der Bank für die Papiere der Senior Tranche, die ihnen jährliche Einnahmen von 84 Millionen Dollar in Aussicht stellen, ganze 1,4 Milliarden Dollar. Damit ist die glückliche Bank nicht nur Kredite einschließlich Risiko wieder los, sondern hat bei der ganzen Transaktion auf ein eingesetztes Kapital von 1 Milliarde Dollar einen satten Gewinn von etwa 500 Millionen gemacht.

Eine solche CDO wird deshalb auch Arbitrage-CDO genannt. Wie der Name sagt, geht es hier ausdrücklich darum, durch die Transformation von ABS-Papieren in CDOs einen Arbitrage-Gewinn zu machen. Eine Balance-Sheet-CDO dient im Unterschied dazu in erster Linie nur dem Zweck, die Kredite aus der Bankbilanz verschwinden zu lassen.

Das obige Rechenbeispiel ist noch einigermaßen übersichtlich. Wahrscheinlich wäre in diesem Fall die Junior Tranche kaum verkäuflich, da sie aller Voraussicht nach ihren Wert verliert. Denn dass mindestens 1 Prozent aller Subprime-Kreditnehmer zahlungsunfähig werden, sollte der optimistischste Spekulant annehmen. Auch bei der Mezzanine dürfte es schwierig werden. Die tatsächlichen CDOs sind daher wesentlich komplizierter. In der Regel werden nämlich in den Asset Backed Securities Kredite unterschiedlicher Risikoklassen gemixt, und auch diese Papiere werden oft bereits in unterschiedlichen Tranchen am Markt platziert. Zweitens bestehen die Zahlungsströme bei Krediten eben nicht nur aus Zinsen, sondern auch aus Tilgungsleistungen, und sie haben eine bestimmte Laufzeit. Selbst wenn die Ausfallwahrscheinlichkeit der zugrunde liegenden Darlehen genau bekannt wäre, ist es unter solchen Voraussetzungen ziemlich schwierig, Wert und Risiko der am Ende emittierten Papiere zu ermitteln.

Mit der Konstruktion der CDOs war der Wildwuchs an fiktivem Kapital, der hier wucherte, aber noch längst nicht abgeschlossen. So wurde es im Zuge des Verschuldungsbooms immer beliebter, CDOs statt aus Krediten aus Kreditderivaten zu basteln. Das sind die sogenannten synthetischen CDOs, auf die die Bank nur das Kreditrisiko überträgt. Vor allem dieses Risiko ist es ja, was sie loswerden will. Außerdem müssen Kredite, die als risikofrei eingestuft werden, nach den Baseler Regeln auch nicht mit Eigenkapital unterlegt werden. Der Effekt für die Bank ist also der gleiche, als würde sie die Kredite selbst verkaufen.

Der Handel mit Kreditrisiken läuft heutzutage in erster Linie über sogenannte *Credit-Default Swaps* (CDS), worunter man sich eine Art Versicherungsvertrag vorzustellen hat, bei dem ein Wirtschaftsteilnehmer den anderen dafür bezahlt, dass er im Schadensfall eine Garantieleistung übernimmt. Der Schadensfall ist hier die Zahlungsunfähigkeit von Kreditnehmern. Bei einer synthetischen CDO behält die Bank also die Kredite einschließlich Zinseinnahmen, bezahlt die Investoren der CDO aber dafür, dass diese ihr das Risiko von Zahlungsausfällen abnehmen. Tatsächlich gekauft werden mit dem Geld dieser Anleger dann in der Regel Staatsanleihen, wobei die regelmäßigen Überweisungen der Bank, mit denen sie für den Credit-Default Swap zahlt, die Anlagerendite erhöhen. Werden Kredite faul, bluten die Inhaber der CDO.

Schließlich gibt es CDOs, die anstelle einfacher ABS-Papiere die Tranchen anderer CDOs als Baustoff nutzen. Der Phantasie der smarten Banker waren in diesem Finanzdschungel keine Grenzen gesetzt. Entscheidend war eigentlich immer nur, dass das Endprodukt irgendwie risikoärmer wirken musste als die Papiere, aus denen es zusammengebaut war. Denn diese vermeintliche Absenkung des Risikos garantierte eine niedrigere Verzinsung und die kapitalisierte Zinsdifferenz war der Gewinn des Geldhauses, das das betreffende Papier gebastelt und auf den Markt gebracht hatte.

Das einträgliche Spiel »Aus Mist mach Gold« wurde natürlich nicht nur mit Hypotheken gespielt, sondern als Baustoff für Asset Backed Securities und CDOs taugten auch Autokredite, Kreditkartenschulden oder Firmenkredite, nicht zuletzt jene Leveraged Loans, die die Umtriebe der Heuschrecken finanzierten. Und natürlich waren es auch keineswegs nur US-Hypotheken und US-

Konsumentenschulden, die auf diese Weise verbrieft wurden. Auch europäische Banken waren begeisterte ABS-Arrangeure, um auf diese Weise ihre eigenen Kredite loszuwerden. Der Immobilienboom in Spanien beispielsweise wurde vor allem auf diese Weise finanziert. In Deutschland wurden allein 2006, auf dem Gipfel des Booms, Asset Backed Securities im Gesamtvolumen von knapp 67 Milliarden Euro emittiert. Selbst 2007 wurden hier noch einmal Kreditpakete im Wert von 42 Milliarden Euro verbrieft und verkauft.

Der Markt für all diese Papiere ist auch deshalb extrem unübersichtlich, weil sie ausschließlich außerbörslich gehandelt werden. Es gibt also, anders als bei Aktien oder Anleihen, keine zentrale Kursfeststellung, die das Auf und Ab von Angebot und Nachfrage misst. Vielmehr werden CDO-Tranchen Over-the-Counter verkauft, das heißt, im direkten Handel zwischen Finanzinstituten unterschiedlicher Couleur. Wer so ein Papier besitzt und es loswerden will, muss also selbst einen Abnehmer finden, und erst, wenn dieser sein Angebot abgegeben hat, hat das Papier einen aktuellen Preis.

Das Gütesiegel der Rating Agenturen

Dass trotz all dieser Finten und Fallen die Asset Backed Securities und CDOs sich über Jahre reger Nachfrage erfreuten und die Preissetzung scheinbar reibungslos funktionierte, hatte damit zu tun, dass es in dem Spiel noch einen weiteren wichtigen Akteur gab: die Rating Agenturen. Denn unübersichtliche Papiere, die aus dubiosen Darlehen gebastelt sind, würden am Ende wohl doch nur wenige Anleger kaufen. Unübersichtliche Papiere hingegen, denen eine der über jeden Zweifel erhaben scheinenden Ratingagenturen ihr Triple-A-Gütesiegel aufgedrückt hat, sind eine ganz andere Sache. Immerhin besitzen die Rating-Agenturen große Software-Pakete, vollgestopft mit Wahrscheinlichkeitsrechnung und Finanzmathematik, die ihnen bei der Ermittlung der Ratings behilflich sind.

Diese Software wurde auch an die Banken weitergegeben, damit sie die CDOs maßgeschneidert konstruieren und so genau die gewünschten Ratings für die einzelnen Tranchen bekommen konnten. Zwar waren die Berechnungen, die diesen Bonitätsnoten zugrunde lagen, so kompliziert, dass sie kaum jemand wirklich nachvollziehen konnte. Das schien aber auch gar nicht nötig zu sein, denn die Ratings wurden ja nicht von geschäftstüchtigen Bankern, sondern von unbestechlich korrekten Computern erstellt.

Dass die Computer von den Rating Agenturen gefüttert wurden, wurde dabei gern übersehen oder für unproblematisch gehalten. Dabei sind diese Agenturen alles andere als neutrale Institutionen, die sich irgendeinem höheren Anspruch verpflichtet fühlen würden. Ratings wurden und werden vielmehr im Wesentlichen von drei großen privaten, rein profitorientiert wirtschaftenden Unternehmen vorgenommen: von Standard&Poor's, Moody's und Fitch. Diese Institute werden nicht von den Käufern, sondern von den Emittenten der Finanzungeheuer bezahlt, und sie verdienen umso mehr, in je größerer Zahl diese Papiere unter die Leute gebracht werden. Die Ratingagentur Moody's beispielsweise hat zwischen 2002 und 2006 im Zuge des immer weiter eskalierenden ABS- und CDO-Irrsinns ihren Gewinn und Aktienkurs schlicht verdoppelt.

Die wichtigste Voraussetzung für die starke Nachfrage aber waren gute Ratings. Beispielsweise sind Pensionsfonds und Versicherungen in den meisten Ländern gesetzlich verpflichtet, einen gewissen Teil ihrer stetig anwachsenden Gelder in Wertpapiere mit höchster Bonität zu investieren. Die Senior-Tranchen der CDOs, die mit ihrem AAA-Rating genau diese Bonität vorspiegelten, erschienen daher als lukrative Alternative zu den renditeschwächeren Staatsanleihen. Eine andere hochliquide Gruppe von Anlegern, die von den guten Bonitätsnoten angezogen wurden, waren übrigens die Zentralbanken vor allem von Entwicklungs- und Schwellenländern, die immerhin für Devisenreserven im Wert von vielen Billionen Dollar eine sichere Anlageform finden müssen. Traditionell wurde dieses Geld in amerikanische Staatsanleihen investiert. Die hervorragenden Ratings der Asset Backed Securities und ihre Absicherung durch Vermögenswerte eröffneten auch hier scheinbar neue Möglichkeiten. So wurde inzwischen bekannt, dass die russische Zentralbank rund 100 Milliarden Dollar – fast ein Fünftel ihrer gesamten Reserven – in Wertpapiere investiert hat, die auf US-Hypotheken basieren.

Auch der chinesischen Zentralbank, die Währungsreserven im gigantischen Volumen von 1,3 Billionen Dollar verwaltet, werden entsprechende Käufe nachgesagt.

Am Ende wurden also die riesigen Gewinne, die Investmentbanken wie Rating-Agenturen mit der Kreation dieser volkswirtschaftlich vollkommen sinnlosen Finanzvehikel machten, von braven Steuerzahlern aus Irkutsk oder Shanghai mitbezahlt.

Der Kern der gefeierten Finanzinnovationen bestand somit darin, hochriskante Kredite in eine scheinbar sichere Anlageform zu transformieren, dadurch völlig neue Gruppen von Geldgebern zu erschließen und so für einen möglichst unerschöpflichen Strom an Liquidität zu sorgen. Im Ergebnis wurden die kuriosesten Darlehen, in die in den alten Tagen klassischer Kreditvergabe keine Bank auch nur einen müden Dollar investiert hätte, von Europa über China bis Australien als überproportionaler Renditebringer mit scheinbar niedrigem Risiko von Hedgefonds und Investmentgesellschaften, aber auch Versicherungen, Pensionsfonds und sogar Zentralbanken begeistert aufgekauft.

Die Zweckgesellschaften der Banken

Gekauft wurden die CDOs allerdings indirekt auch von den Banken selbst, die sie ja ursprünglich kreiert hatten, um ihre Kredite loszuwerden. Die Banken bedienten sich dafür sogenannter *Structured Investment Vehicles* (SIV), die im deutschen Sprachgebrauch als Conduits oder einfach als »Zweckgesellschaften« bezeichnet werden. Der spezielle Zweck dieser Zweckgesellschaften bestand darin, die Baseler Eigenkapital-Regeln zu umgehen.

Ein SIV ist formalrechtlich ein selbständiges Unternehmen, das in Asset Backed Securities investiert und diese Investition durch die Ausgabe kurzfristiger Schuldverschreibungen, sogenannter Asset Backed Commercial Paper, refinanziert. Während die Commercial Paper in der Regel eine Laufzeit von wenigen Monaten haben, sind die Asset Backed Securities naturgemäß eine Anlage auf Jahre, es sei denn, man verkauft sie vor Ende ihrer Laufzeit weiter. Das Geschäft eines Conduits besteht also darin, kurzfristige Gelder einzusammeln und in längerfristige Anlagen zu investieren. Da erstere unter normalen Umständen niedriger verzinst werden als letztere, kann der Conduit aus dieser Fristentransformation Gewinn schlagen. Faktisch machten diese Gebilde also das gleiche wie früher die Banken, als sie noch vor allem Spargelder einsammelten und Kredite vergaben, statt Finanzmonopoly zu spielen.

Der Unterschied zwischen einer Bank und einem Bank Conduit besteht allerdings darin, dass letzterer sich seine Liquidität über Kapitalmarktpapiere mit kurzer Laufzeit beschafft statt über Spareinlagen. Dieser kleine Unterschied hat eine wichtige Konsequenz: die Baseler Eigenkapital-Bestimmungen gelten zwar für die Banken, nicht aber für ihre Zweckgesellschaften. Wenn die Bank also ihre Kredite auf diese Gesellschaften überträgt, hat das einen ähnlichen Effekt wie der Verkauf der Kredite: In beiden Fällen muss die Bank die Kredite nicht mehr mit Eigenkapital unterlegen. Die Conduits arbeiteten vielmehr mit einem ausgesprochen geringen Anteil eigenen Kapitals und erwirtschafteten daher in der Regel weit überdurchschnittliche Renditen. Zumindest so lange der Handel mit den ABS überhaupt Rendite brachte.

Die Structured Investment Vehicles waren den Banken also gleich in doppelter Hinsicht von Vorteil: Sie wurden ihre Kredite los und konnten neue vergeben, ohne zusätzliches Eigenkapital zu binden, und sie profitierten über das Conduit trotzdem weiterhin von den aus den Krediten stammenden Zinseinnahmen. Es war so gesehen nicht erstaunlich, dass immer mehr Banken dazu übergingen, sich solche Wunderwaffen zuzulegen, manche gleich mehrere. Allein die Citigroup besaß vor Ausbruch der Finanzkrise sieben solcher Zweckgesellschaften, die nach Angaben der Rating-Agentur Fitch Immobilienkredite minderer Qualität im Volumen von 89 Milliarden Dollar in ihren Büchern hatten.

Die kleine deutsche Mittelstandsbank IKB unterhielt ein Conduit namens *Rhineland Funding*, das sich unter anderem von der Deutschen Bank hypothekenbesicherte Anleihen im Gesamtwert von 13 Milliarden Euro hatte aufschwatzen lassen, die der IKB nach Ausbruch der Krise den Hals brechen sollten. Selbst deutsche Landesbanken waren bei dem Spiel dabei. Unrühmliche Bekanntheit erlangte später beispielsweise das Conduit Ormond Quay Funding, das sich die Sachsen LB zugelegt hatte und das sie, als die ABS-Papiere ihren Charme verloren, in den Untergang ziehen sollte.

Anfang Oktober 2006 betrug das Volumen der von solchen Zweckgesellschaften herausgegebenen Asset Backed Commercial

Paper 993,1 Milliarden Dollar, was auf den Umfang der in ihnen geparkten Schrottpapiere schließen läßt. Bereits ein halbes Jahr nach Ausbruch der Finanzkrise hatte das Portefeuille der Conduits etwa ein Viertel seines Werts verloren. Dass darüber einige Banken ins Strudeln gerieten, hatte mit einer Facette dieses Geschäftsmodells zu tun, die noch nicht erwähnt wurde. Die Conduits konnten sich nämlich nur deshalb so günstig über kurzfristige Commercial Papers (CP) am Kapitalmarkt refinanzieren, weil sie eine Garantie der Banken im Rücken hatten, im Verlustfall für ihre Liquidität geradezustehen.

Solange die ABS der Liebling der Finanzmärkte waren, spielte das keine Rolle, denn die Zweckgesellschaften hatten ja kein Problem, alle paar Monate, wenn die Commercial Papers ausliefen und zurückgezahlt werden mussten, neue CPs in gleicher Höhe aufzulegen und so das nötige Geld einzutreiben. Als sich aber die Fragwürdigkeit der ABS-Investments herumzusprechen begann, wollte den Zweckgesellschaften auch keiner mehr kurzfristige Kredite geben. Die von ihnen emittierten Commercial Paper waren also nicht mehr verkäuflich, und damit brach ihre Finanzierung zusammen. Zugleich waren sie außerstande, sich von ihren langfristigen Investments zu trennen, denn das waren eben jene ABS-Papiere, die jetzt schon gar keiner mehr haben wollte.

In dieser Situation wurden aus den einstigen Geldmaschinen der Banken brutale Kapitalkiller, denn jetzt musste die Bank mit eigenem Geld einspringen und die ungeliebten ABS wieder in ihre Bücher nehmen. Sofern die Conduits ein größeres Rad gedreht hatten, als das Eigenkapital der betreffenden Bank zuließ, konnte das – wie im Falle der IKB – deren Kapazitäten schnell überfordern.

Dancing as long as the music plays

Heute ist klar, dass die Ratings der CDO-Tranchen ebenso verlogen waren wie einst die von Enron, Worldcom oder Parmalat, die ebenfalls bis kurz vor ihrem bitteren Ende von den Rating-Agenturen Bestnoten erhalten hatten. Da diese Agenturen eben nicht externe Beobachter, sondern satte Mitverdiener des Verbriefungshandels und -schwindels waren, sollte das auch niemanden wirklich überraschen. Das heißt nicht, dass die Ratings einfach nur manipuliert waren. Falsch war eigentlich nur eine Annahme, auf der die gesamte Finanzmathematik allerdings wesentlich beruhte: Die Annahme, irgendjemand könnte die Ausfallwahrscheinlichkeiten der gebündelten Kredite genau kennen beziehungsweise man könnte einfach die Werte der Vergangenheit zugrunde legen.

Denn es waren diese langfristigen Erfahrungswerte über Zahlungsausfälle bei Hypotheken, Kreditkartenschulden oder auch Firmendarlehen, mit denen das Risiko der ABSs und CDOs und damit ihre Ratings berechnet wurden. Aber diese Werte hatten mit der Gegenwart schon deshalb nichts zu tun, weil es derart laxe Standards bei der Kreditvergabe zuvor nie gegeben hatte. Weder existierten hinreichende Erfahrungen mit variabel verzinsten Hypotheken im Allgemeinen, noch mit einem Subprime-Markt, der sein Volumen jährlich fast verdoppelte. Von Immobilienpreisen, die nach Jahren eines beispiellosen Booms möglicherweise um 20 oder 30 Prozent einbrechen, ganz zu schweigen. Die ausgefeilteste und komplizierteste Mathematik aber ist von geringem Nutzen, wenn die Kalkulationen auf den falschen Daten beruhen. Die Formel zu kennen, nach der sich das Volumen einer Kugel berechnen läßt, ist ja auch nur von begrenztem Nutzen, wenn man kein Gerät hat, mit dem man ihren Radius messen kann.

Wenn etwa die Ausfallquote von Subprime-Darlehen tatsächlich »nur« bei 10 bis 14 Prozent liegt, wie im langjährigen Schnitt bis 2006, dann kann der Inhaber einer Senior Tranche, die erst von Verlusten oberhalb von 16 Prozent betroffen wird, sich einigermaßen sicher fühlen. Die Hälfte aller auf dem Markt befindlichen Subprime-Hypotheken stammt nun aber aus einem einzigen Jahr: 2006. Da die Standards bei der Kreditvergabe hier noch verlotterter waren als in den Jahren davor, kann das die Wahrscheinlichkeit, dass solche Kredite während ihrer Laufzeit faul werden, gut und gern verdoppelt haben. Oder auch verdreifacht, immerhin waren, wie erwähnt, schon Ende 2006 20 Prozent aller Subprime-Kreditnehmer zahlungsunfähig. Vielleicht wird es bald jeder zweite sein, keiner weiß das genau. Und schon gar keiner wusste es im Jahr 2006, als die entsprechenden Darlehen in ABS-Papiere verpackt und diese mit einem Rating versehen wurden. Bei einer Ausfallquote von 50 Prozent etwa werden auch die Senior Tranchen zu *Junk Bonds*.

Die Crux des ganzen Prozesses besteht also darin, dass die gelobten Finanzinnovationen, die ein boomendes Segment von

Hochrisiko-Krediten überhaupt erst ermöglicht haben, genau damit die Grundlagen zerstörten, auf denen ihre eigene Bewertung beruhte.

Das vorherzusehen war eigentlich nicht so schwierig. Tatsächlich belegt ein 37seitiger Bericht der US-Börsenaufsicht SEC vom Frühsommer 2008, dass die Analysten und Manager der großen Rating-Agenturen um die realen Gefahren der Subprime-Kredite sehr wohl wussten und sich in internen Mails vergnügt über den Unsinn ihrer eigenen Ratings austauschten. »Hoffentlich sind wir alle reich und in Rente«, wenn dieses Kartenhaus zusammenfällt« [14], teilte beispielsweise ein Analyst einem anderen bei dieser Gelegenheit mit. Die Modelle zur Bewertung der CDOs würden nicht einmal die Hälfte der tatsächlichen Risiken abbilden, notierte eine Analystin und mokierte sich: »Dies hätte von Kühen (Cows) strukturiert werden können und wir würden ein Rating vergeben.« [15]

An letzterer Aussage sollte man nicht zweifeln. Und es spielt im Grunde auch keine Rolle, ob die CDOs nach Maßgabe ausgeklügelter Software-Pakete aus den zugrunde liegenden Schrottanleihen gebastelt wurden oder man die Kredite einfach nach irgendeinem Zufallsprinzip zusammengeworfen hätte, das sich auch daran hätte orientieren können, ob eine Kuh gerade Muh sagt oder Muuuuuuuh oder vielleicht Muäääh. Solche *Cow Structured Securities* (CSS) wären wohl nur unwesentlich risikoreicher als die ausgefeilten Senior Tranchen der CDOs, und sie hätten sich zweifelsohne ebenfalls flotter Nachfrage erfreut, sofern auch nur ein Star-Analyst sich bereit gefunden hätte, sie als letzten Kick der innovativen Finanzbranche und unerlässlichen Bestandteil jedes smarten Portfolios abzufeiern.

Aber auch wenn es zu den CSS leider nicht mehr gekommen ist: So lange das Geld in Strömen floss und sich Kreditvermittler, Banken, Rating-Agenturen, Hedgefonds und sonstige Investoren am Aufblähen der Kreditblase eine Goldene Nase verdienten, solange gab es eben nur ein Interesse: das Rad, koste es, was es wolle, am Laufen zu halten. Allein 2006 wurden Hausdarlehen im Wert von 1,9 Billionen Dollar in Asset Backed Securities verpackt, verbrieft und verkauft, etwa ein Viertel davon Subprime-Hypotheken. Insgesamt wurden in jenem einen Jahr kreditbasierte Wertpapiere in einem Umfang von 4,6 Billionen Dollar auf den Markt geworfen.

Seit 1999 hatte sich das Volumen von ABS-Papieren damit fast verfünffacht. Das von Credit-Default Swaps hat sich in nur sechs Jahren sogar verzweiundsiebzigfacht.[16] Natürlich wurden solche Swaps bei weitem nicht nur für die Konstruktion synthetischer CDOs geschaffen, sondern auch in andere Investmentvehikel eingebaut oder eigenständig gehandelt. Seit 2004 gibt es sogar extra Indizes dafür, auf die wiederum separat gewettet werden kann.

Die genannten Beträge lassen den Umfang an Vermittlungs- und Beratungsgebühren ahnen, welche die diversen Akteure im Geschäft mit der Verschuldung in ihre Taschen schaufeln konnten. Nicht zu reden von den Gewinnen aus dem spekulativen Kauf und Weiterverkauf solcher Papiere. Denn wenn der Handel mit den ABS und CDOs auch *over-the-counter* lief, war er deshalb nicht minder rege. Für viele Investoren war die erwartete Wertsteigerung der CDOs und damit der Gewinn, der sich aus ihrem Weiterverkauf ziehen ließ, wahrscheinlich sogar das primäre Motiv, Geld in diese windigen Produkte zu versenken. Denn völlig unabhängig von der Höhe der langfristigen Einnahmen, die sie versprachen oder nicht versprachen: Solange es immer noch einen gab, an den man die erworbene CDO-Tranche zu einem höheren Preis weitergeben konnte, als man selbst gezahlt hatte, lohnte sich die Investition. Aus dem gleichen Grund hätte man eben auch mit den oben besprochenen Cow Structured Securities ein blendendes Geschäft machen können, oder auch gleich mit Pflastersteinen oder dem Mist, den die Kühe auf ganz natürliche Weise produzieren. Wichtig ist nur die Aussicht, dass es immer noch einen größeren Trottel gibt, der einem das Zeug zu einem höheren Preis abkauft, als man selbst gezahlt hat.

Wir haben es hier also wieder, das gute alte Schneeballsystem, mit dem die ersten Spieler tatsächlich viel Geld verdienen können, während den letzten bekanntlich die Hunde beißen. Oder, wie Chuck Prince, lange Jahre Boss einer der größten internationalen Banken, der Citigroup, es im Juli 2007 ausdrückte: »When the music stops, in terms of liquidity, things will be complicated. But as long as the music is playing, you've got to get up and dance. We're still dancing.«[17] Es waren allerdings schon die letzten Runden, die der gute Chuck zu dieser Zeit drehte. Mit Beginn der Finanzkrise trudelte die Citigroup tief in die roten Zahlen, und Chuck Prince wurde am 2. November 2007 gefeuert.

Die Wirkung der unübersichtlichen Konstruktionen, auf denen die CDOs beruhten und denen sie zunächst ihren sagenhaften Erfolg zu verdanken hatten, verkehrte sich mit Ausbruch des Finanzbebens natürlich ins genaue Gegenteil. Als die steigenden Ausfallraten bei US-Hypothekenkrediten deutlich machten, dass mit den Ratings der aus ihnen gebastelten Papiere irgendetwas nicht stimmen konnte, wurden diese von den Investoren mit der gleichen Vehemenz verschmäht, mit der sie sich vorher nach ihnen gerissen hatten. Denn niemand konnte einschätzen, welches Risiko denn nun wirklich in einer CDO-Tranche steckte. Zwar wird ein Teil der US-Hypotheken irgendwann sicherlich zurückgezahlt werden, und ebenso sicher werden US-Immobilien nicht jeglichen Wert verlieren. Aber die realistischen Ausfallquoten der betreffenden Kredite liegen völlig im Nebel und überdies weiß niemand genau, welche Papiere in welchen CDOs wie verpackt sind. Da die Ratings zudem jedes Vertrauen verloren hatten, brach die Preisbildung für die hypothekenbasierten Papiere zusammen.

Das neue Geschäft der Heuschrecken

Als das Misstrauen erst einmal da war, begann man natürlich auch, über den Wert der Assets anderer Asset Backed Securities genauer nachzudenken. Also etwa der US-Konsumentenschulden oder der Kredite, die die Raubzüge der Heuschrecken finanziert hatten. Das Ergebnis dieses Nachdenkens fiel nicht günstiger aus als bei den Hypotheken-Papieren. In der Folge blieben die Banken im Juli 2007 auf Finanzierungspaketen im Wert von 60 Milliarden Dollar sitzen, die sich schlechterdings nicht mehr weiterverkaufen ließen. Die Pakete enthielten überwiegend Kredite an die Firmenpiraten, die die Banken natürlich nicht gern in ihren Büchern behalten wollten.

Von einem Tag zum nächsten war der gesamte Markt für Asset Backed Securities ausgetrocknet. Zwar lassen sich manche Papiere immer noch verkaufen, und viele Banken müssen verzweifelt verkaufen, um ihre Bilanzen zu bereinigen, aber sie tun dies für Preise, die weit unterhalb des sehr wahrscheinlich doch noch vorhandenen Werts dieser Papiere liegen. Damit bieten die ABS und CDOs sogar schon wieder eine – hochrisikoreiche und spekulative – Geschäftsmöglichkeit: Man kann sie strauchelnden Banken zu Spottpreisen abkaufen, in der Hoffnung, sie irgendwann doch wieder zu höheren Preisen weiterreichen zu können. Das kann natürlich auch schiefgehen, aber darin besteht ja das Wesen jeder Spekulation.

Naturgemäß sind es vor allem Hedgefonds, die sich auf diesem Feld betätigen. Sie sind aber nicht die einzigen. Seit die Banken nicht mehr bereit sind, jeden noch so abenteuerlichen Unternehmenskauf mit Milliarden an Kreditgeld zu sponsern, ist den *Private Equity*-Heuschrecken immerhin ein wichtiges Geschäftsfeld abhanden gekommen. Also wurde fieberhaft nach Ersatz gesucht. Im Frühjahr 2008 meldete das *Handelsblatt*, dass diverse *Private Equity*-Häuser, darunter Blackstone, Apollo und KKR, milliardenschwere Fonds aufgelegt haben, um den Banken Problemkredite und die auf ihnen basierenden Papiere abzunehmen[18].

33 Milliarden Dollar wurden allein im ersten Halbjahr 2008 für diesen Zweck eingesammelt. Dabei geht es vor allem um den Aufkauf von Krediten, die die Banken einst zur Finanzierung der Leveraged Loans, also der kreditfinanzierten Übernahmen, vergeben hatten.

Wenn die Firmenpiraten jetzt die zweifelhaften Kreditpakete, deren Entstehung sie selbst zu verantworten haben, zu Niedrigpreisen kaufen, schliesst sich ein Kreis: Nachdem der *Private Equity*-Hai zuvor seinen Gewinn daraus gezogen hatte, die übernommene Firma auszuschlachten und sich die Kredite an sie als Superdividende auszahlen zu lassen, bekommt er das Geld – vermehrt um Zins und Zinseszins – jetzt faktisch zum zweiten Mal: Denn als Inhaberin der Kreditpapiere fließen der Heuschrecke eben jene Zahlungen zu, die die Firmen zur Verzinsung und Tilgung der ihnen vorher von ihr aufgehalsten Schulden zu leisten haben. Und da die Papiere billig erstanden wurden, bleiben sie wohl selbst dann profitabel, wenn ein Teil der Firmen dieses Ausbluten am Ende nicht überlebt.

Jene Papiere wiederum, die so unappetitlich sind, dass sie selbst den Heuschrecken und Geierfonds den Magen verderben würden, werden den Geldhäusern wohl die Staaten abnehmen. Der US-amerikanische etwa legte eigens zu diesem Zweck ein Rettungspaket von 700 Milliarden Dollar auf.

Europa zog mit Rettungsfonds und Garantieerklärungen von über zwei Billionen Euro nach.[19]

Fußnoten

5 G. Dell'Ariccia, D. Igan, L. Laeven. Credit Booms and Lending Standards: Evidence from the Subprime Mortgage Market, Januar 2008

6 *Handelsblatt,* 20. Oktober 2006

7 *Financial Times Deutschland,* 7. Mai 2008

8 *Handelsblatt,* 7. Juli 2008

9 *Handelsblatt,* 9. September 2008

10 Ebenda

11 Zitiert nach: Wolfgang Köhler, Wall Street Panik, mankau verlag, 2008, S. 48

12 Ebenda

13 Wolfgang Münchau, Vorbeben, München, 2008, S. 115

14 *Handelsblatt,* 10. Juli 2008

15 ebenda

16 *Financial Times Deutschland,* 25. März 2008

17 J. Eatwell et al., Financial Supervision and Crisis Management in the EU, Dec. 2007

18 *Handelsblatt,* 15. April 2008

19 *Handelsblatt,* 16. Oktober 2008

Résumé

Die jüngste Kreditparty läßt sich auf einen kurzen Nenner bringen: Sowohl das Interesse der Banken an grenzenloser Kreditexpansion als auch ihre Fähigkeit dazu erklären sich aus der Möglichkeit, Kredite zu verbriefen und weiterzuverkaufen. Befreit von jedem Risiko haben die Geldhäuser lustvoll die hoffnungslosesten Hypotheken, die sinnlosesten Konsumentendarlehen und die abenteuerlichsten Unternehmensübernahmen finanziert und so im Verlaufe weniger Jahre Tausende Milliarden Dollar in Kredite versenkt, die zu einem erheblichen Teil niemals zurückgezahlt werden können. Diese Kredite wurden dann auf möglichst unübersichtliche und verschrobene Weise in Papiere verpackt, ein Geschäft, an dem sich Investmentbanken und Rating-Agenturen goldene Nasen verdienten. Die erstklassigen Ratings, die ein großer Teil dieser Papiere erhielt, machten sie als rentierliche Anlage für Investmentfonds, Pensionsfonds und sogar Zentralbanken aus aller Welt lukrativ und sorgten für den reißenden Absatz, der nötig war, um das Rad am Laufen zu halten. In Form ihrer außerbilanziellen Schattenvehikel gehörten die Banken sogar selbst zu den Käufern.

Der Schwindel flog auf, als die US-Immobilienblase platzte und die Zahlungsausfälle eskalierten. Seither sind die Asset Backed Securities zum billionenschweren finanziellen Sondermüll geworden, Papiere, die jeder gern loswerden, aber keiner mehr haben will.

Um den jahrelang gefeierten freien Markt vor seiner Selbstzerstörung zu retten, tritt als letzter verbliebener Großeinkäufer jetzt der Staat auf den Plan.

2. Kapitel
Rationaler Überschwang

*Ich kann die Bewegung der Himmelskörper berechnen,
aber nicht den Wahnsinn der Menschen.*

Isaac Newton,
nachdem er 20.000 Pfund
in Aktien der South Sea Company verloren hatte

Kleine Historie
des Spekulationswahns

Der Zyklus, den der Handel mit Asset Backed Securities und CDOs durchlaufen hat, war eine klassische Spekulationsblase. Solche Blasen sind seit den frühesten Tagen der Geld- und Kreditwirtschaft immer wieder aufgetreten, unbeeindruckt von den Prämissen der neoklassischen Orthodoxie, nach denen es sie eigentlich gar nicht geben dürfte. Einige der bekanntesten historischen Spekulationsmanien wollen wir uns im folgenden kurz ansehen.

Die holländische Tulpenmanie

Schauplatz einer der frühesten historisch dokumentierten Spekulationsblasen waren die Niederlande. Gegenstand der Spekulation waren in diesem Fall nicht ausgeklügelte Finanzpapiere, sondern ordinäre Tulpenzwiebeln. Wie es dazu kam, soll uns hier nicht interessieren. In jedem Fall galten Tulpen im Jahr 1636 plötzlich als hochattraktives Investitionsobjekt, und zwar nicht wegen ihrer schönen Blüten, sondern weil ihre Preise regelrecht explodierten. Es lohnte sich also, Tulpenzwiebeln zu kaufen, eine Weile liegen zu lassen, und dann wieder zu verkaufen. Die Preissteigerungen waren so rasant, dass die, die früh genug ins Tulpen-Business eingestiegen waren, steinreich wurden. Aus diesem Grund zog das Geschäft immer neue Leute an, was die Preise weiter nach oben trieb.

Als die Blase sich aufzublähen begann, hatte eine ordinäre Tulpenzwiebel plötzlich einen Geldwert, für den man damals einen Wagen und zwei Pferde hätte kaufen können. Und das war erst der Anfang. Um die wachsende Nachfrage zu bewältigen, wurden auf der Amsterdamer Börse Stände für den Handel mit Tulpenzwiebeln eingerichtet. Manche Händler verkauften alles, was sie hatten – Land, Häuser, Schmuck – und investierten ihr Vermögen in Tulpen. Viele erhöhten ihre Kaufkraft zusätzlich durch Kredite. Zwar gab es damals noch kein entwickeltes Banksystem, aber viele Käufer verschuldeten sich einfach bei den Verkäufern, die mit den Zinsen auf diesen Kredit vom weiteren Preisanstieg der Tulpenzwiebel profitieren konnten. Das dehnte den Handel weit über die Grenzen der mit Metallgeld ausgestatteten Nachfrage aus und trieb die Preise weiter nach oben. Auch Geld aus dem Ausland strömte an die Amsterdamer Börse und trug zur wirtschaftlichen Prosperität des ganzen Landes bei. Denn die reich gewordenen Händler fragten natürlich auch andere Güter nach und gaben das mit den Tulpen verdiente Geld an Tischler, Zimmerer oder Goldschmiede weiter.

1637 endete der Spuk so unvermittelt, wie er begonnen hatte. Einige größere Spekulanten verkauften ihre Tulpendepots, die Preise hörten auf zu steigen und die plötzlich grassierende Angst vor einem Preisverfall führte dazu, dass immer mehr Zwiebeln auf den Markt geworfen wurden. Weil alle verkaufen, aber niemand mehr kaufen wollte, stürzten die Preise ins Nichts. Wer sein ganzes Geld in Tulpen investiert hatte oder, schlimmer, sich für den Tulpenkauf auch noch verschuldet hatte, war ruiniert. Viele verarmten und die holländische Wirtschaft taumelte in eine tiefe Krise.

Die holländische Tulpenmanie hatte bereits alle Merkmale einer typischen Spekulationsblase. Auch wenn später immer komplexere Finanzprodukte zum Gegenstand der Spekulation wurden, hat sich am Verlauf nichts Wesentliches geändert.

Die Mississippi- und die South Sea-Blase

Die nächsten Blasen, die diesem Muster folgten, ereigneten sich in Paris und London in den Jahren 1717 bis 1720. Hier waren es zum ersten Mal Aktien, die zum Objekt der Begierde wurden. Ausgangspunkt der Mississippi-Blase waren Geldsorgen der französischen Krone, deren Staatsfinanzen sich nach den teuren spanischen Erbfolgekriegen in einem desolaten Zustand befanden. Hauptakteur war ein rühriger, nach Paris emigrierter Geschäftsmann aus Edinburgh namens John Law, der eine wundersame Goldquelle entdeckt hatte. Diese Quelle waren Aktien der Mississippi-Handelsgesellschaft, einem Unternehmen, das 1717 von Law gegründet und von der Krone mit umfassenden Privilegien für den Handel mit den französischen Kolonien in Amerika ausgestattet wurde. Weil der Kolonialhandel naturgemäß eher Raub als Austausch ähnelte und die Gesellschaft zudem ein Monopol besaß, waren die Gewinnperspektiven der Mississippi-Gesellschaft vielversprechend und die Nachfrage nach ihren Aktien entsprechend hoch.

John Law begann also, in großem Umfang Mississippi-Aktien auszugeben, die auf begeisterte Nachfrage stießen. Trotz mehrfacher Kapitalerhöhungen stiegen die Preise der Aktien immer weiter, und diese Kurssteigerungen waren für die Anleger ein Grund mehr, sich für die Mississippi-Papiere zu interessieren. Irgendwann war es wohl nur noch die Erwartung weiter steigender Kurse, die den Geldadel aus ganz Europa zum Kauf der Mississippi-Aktien motivierte. Die Aktien wurden zudem nicht nur gegen Metallgeld, sondern auch gegen Banknoten verkauft, die die Pariser Banque Royale, deren Direktor pikanterweise ebenfalls John Law war, fleissig emittierte und interessierten Aktienkäufern als Darlehen zur Verfügung stellte. Diese Kredite vervielfachten die zahlungskräftige Nachfrage. Bald kannte die Hausse keine Grenze mehr.

John Law hatte eine Geldmaschine gefunden: Die Aktien wurden ihm aus den Händen gerissen, und mit dem leicht verdienten Geld gewährte er dem französischen Königshaus niedrig verzinste Kredite, mit denen es seine Finanzen sanieren und sich ein schönes Leben machen konnte. Gold und Silber aus ganz Europa strömten nach Paris, um sich an der Mississippi-Spekulation zu beteiligen. Zu den eifrigsten Käufern von John Laws Aktien gehörten auch Geldleute aus dem Vereinigten Königreich, was bei der britischen Regierung allerdings für Verärgerung sorgte. Denn diese wollte das Geld lieber im eigenen Land behalten, statt mit britischem Gold und Silber die Wohlfahrt Frankreichs und den verschwenderischen Luxus der französischen Krone zu finanzieren.

Also begann man, in London mit Aktien der South Sea Company das gleiche Spektakel zu initiieren, das John Law mit den Mississippi-Papieren vorgeführt hatte. Da das Geschäft der South Sea Company auf ähnlichen Prinzipien beruhte wie das ihrer französischen Schwestergesellschaft, nahm die Londoner Hausse ähnliche Ausmaße an und griff sogar auf die gesamte Londoner

Börse über. Auch in diesem Fall war keineswegs nur nationales Geld engagiert, sondern es war nicht zuletzt die französische Oberschicht, die in South Sea-Aktien kräftig mitspekulierte.

1719, als die Londoner Hausse sich ankündigte, begannen einige englische Kaufleute in Paris Kasse zu machen. Sie verkauften die hochbewerteten Aktien der Mississippi Company gegen Banknoten und lösten diese Noten bei den Pariser Banken gegen echtes Edelmetall ein, das sie über den Kanal nach England zurückschifften. Da indessen auf dem ganzen europäischen Kontinent nicht so viel Gold und Silber vorhanden waren, wie die Mississippi-Aktien auf dem Gipfel des Booms an Wert vorgaukelten, platzte die Blase. War eine 500-Livre-Aktie der Mississippi-Gesellschaft in der Spitze für sagenhafte 10.000, im Terminhandel sogar für 15.000 Livre verkauft worden, fielen die Kurse jetzt noch schneller, als sie zuvor gestiegen waren. Auch das Vertrauen in die Banknoten der Banque Royal, die nur zu einem verschwindend kleinen Teil durch Edelmetall gedeckt waren, war bald ruiniert. Es kam zu einem Run auf die Bank, John Law verlor seinen Posten und floh außer Landes.

Im August 1720, als die erste Dividendenzahlung der South Sea Company anstand, war auch die Hausse in England beendet. Die Kurse der South Sea-Aktien stürzten ebenso schnell ab wie vorher die der Mississippi-Gesellschaft, und sie zogen die gesamte Londoner Börse mit sich in die Tiefe. Von den über 950 Pfund, zu denen die Papiere auf dem Gipfel der Hausse gehandelt worden waren, blieben Ende 1720 noch etwa 100 Pfund übrig. Im Ergebnis war eine ziemlich große Menge Geld neu verteilt worden. Diejenigen, die früh genug ausgestiegen waren, hatte die bis dahin beispiellose Kursrallye reich gemacht. Andere hatten alles verloren. John Law verstarb neun Jahre später als Emigrant in Venedig.

Grundstücksboom in Florida

Im 20. Jahrhundert waren es meist Aktien oder Immobilien, die den Stoff für spekulative Blasen lieferten. Eine typische Immobilienblase hatte sich beispielsweise Mitte der 20er Jahre in Florida aufgebaut. Eisenbahnen und Autos anstelle von Pferdekutschen hatten die sonnige Halbinsel näher an den Norden ge-

rückt, und höhere Einkommen sorgten dafür, dass ein Sommer-
haus im Warmen für immer mehr Familien der oberen Mittelschicht erschwinglich wurde. Das war der reale Hintergrund für
steigende Grundstückspreise in Florida. Die Aussicht, Bauland
auf der Halbinsel morgen teurer weiterverkaufen zu können, als
man es heute gekauft hatte, lockte wiederum in immer größerer
Zahl Käufer auf den Markt, die in Florida gar nicht bauen, sondern einfach nur Geld machen wollten. Die Preissteigerungen
eskalierten, als man dazu überging, Bauland gegen eine Anzah-
lung von nur 10 Prozent zu verkaufen. Immerhin konnten die
Investoren mit der gleichen Geldsumme jetzt einen bis zu zehn-
mal höheren Preis bezahlen. Der als sicher angenommene Weiterverkauf zu noch höheren Preisen ließ Sorgen betreffs der Tilgung dieser Kredite gar nicht erst aufkommen.

Bald fanden auch völlig unwirtliche Sumpfgebiete reißenden
Absatz, sofern sie nur in Florida lagen. Zwar gab es niemanden,
der seine Sommerresidenz auf modrigem Grund zwischen Wasser-
schlangen und Krokodilen errichten wollte. Aber es gab genügend
Leute, die auf einen größeren Idioten spekulierten, der ihnen diese Grundstücke teurer wieder abkaufen würde, als sie sie gekauft
hatten. Und eine gewisse Zeit lang ging diese Spekulation
tatsächlich auf. Irgendwann allerdings ließ der Strom neuer Käufer nach, möglicherweise, weil sich an der Wall Street neue interessante Investitionsmöglichkeiten ankündigten. Ein Hurrikan
beendete die Florida-Manie endgültig, die Preise stürzten ab und
teuer erworbene Eigentumstitel auf unbewohnbare Landflecken
waren plötzlich keinen Cent mehr wert.

Die Spekulationsblase der 20er Jahre

Die bekannteste Aktien-Blase der bisherigen Geschichte ist zweifellos die Spekulationshausse an der Wall Street im Vorfeld des
Schwarzen Donnerstags 1929, der in Deutschland wegen der zeit-
lichen Verzögerung des Crashs an den europäischen Börsen eher
als *Schwarzer Freitag* bekannt ist. Auch diese Blase hatte einen
realen Ausgangspunkt: Die amerikanischen Unternehmen machten während der 20er Jahre hohe Gewinne und zahlten daher attraktive Dividenden. Darüber hinaus hatte Großbritanniens Pre-
mier Churchill die Goldwährung in England wieder eingeführt,

was eine Überbewertung des Pfund, also amerikanische Exportüberschüsse auf der britischen Insel und einen Goldabfluss in
Richtung Vereinigte Staaten zur Folge hatte. Das alles erhöhte
den Kreditspielraum amerikanischer Banken, und ein Marken-
zeichen der damaligen Spekulationswelle bestand darin, dass sie
zum erheblichen Teil über sogenannte Maklerkredite finanziert
wurde. Diese Kredite, die mit Aktien und Barhinterlegungen gesichert wurden, erlaubten es dem einzelnen Spekulanten, ein Rad
zu drehen, das um ein Vielfaches größer war als das Kapital, das
ihm tatsächlich zur Verfügung stand.

Zwischen 1924 und 1929 verdreifachte sich der Wert amerikanischer Aktien, eine Wertsteigerung, mit der die Dividenden
selbstverständlich nicht mithalten konnten. Aber das war auch
gar nicht nötig, denn längst wurde an der Wall Street in erster
Linie auf steigende Kurse und nicht mehr auf die mit den Aktien
verbundenen Einnahmen spekuliert. Welche Kurssprünge damals als normal angesehen wurden, läßt sich daran ermessen,
dass der Zinssatz für Maklerkredite Ende 1928 12 Prozent erreichte und dieses teure Geld den Banken immer noch aus den
Händen gerissen wurde. Finanziert wurden die expandierenden
Kredite mit Geld aus allen Teilen der Welt, das von den hohen
Renditen angelockt wurde und in rauen Mengen nach New York
strömte. Auch amerikanische Unternehmen gingen in immer
größerer Zahl dazu über, ihre Gewinne an der Wall Street zu verleihen, statt sie real zu investieren, und trugen so zu dem florie-
renden Kreditwesen bei. Allein der Ölkonzern Standard Oil beispielsweise soll damals täglich etwa 69 Millionen Dollar auf den
Geldmarkt geschleust und so die teuren Kredite für Aktienkäufe mitfinanziert haben.

Eine Neuerung der damaligen Aktienblase bestand im Aufkommen sogenannter Investment-Trusts. Diese Trusts produzierten nichts und waren volkswirtschaftlich so überflüssig wie
die *Private Equity*-Haie oder Hedgefonds heute. Wie diese waren
sie reine Anlagevehikel, die Aktien kauften und dabei besonders
hohe Renditen erwirtschaften konnten, weil sie sich selbst nur
zu einem Teil über Aktien, hauptsächlich aber über Schulden –
nämlich durch die Ausgabe von Pfandbriefen – finanzierten.
Wenn die Kurse der Aktien normaler Unternehmen um, sagen
wir, 20 Prozent stiegen, konnte ein Investment-Trust, der die

Spekulation in diesen Aktien zur Hälfte über Pfandbriefe finanzierte, seine Anleger also schnell mit einem Zugewinn von fast 40 Prozent erfreuen.

Insbesondere in den Jahren 1928 und 1929 wurden immer neue Investment-Trusts gegründet, die allein 1929 Aktien im Wert von rund 3 Milliarden Dollar an die Anleger verkauften. Das war etwa ein Drittel aller insgesamt in jenem Jahr neu ausgegebenen Aktien. Im Herbst 1929 belief sich das Gesamtvermögen der Investment-Trusts auf 8 Milliarden Dollar, eine für damalige Verhältnisse unvorstellbar hohe Summe und das Elffache des Werts, mit dem sie 1927 gestartet waren. In der Regel wurden die Investment-Trusts von anderen kommerziellen Unternehmen wie Investmentbanken oder Handelsbanken getragen. Auch Investment-Trusts selbst gründeten mit Vorliebe wieder neue Investment-Trusts, und konstruierten so immer verschachteltere und unübersichtlichere Finanzpyramiden. Dabei verwaltete ein typischer Investment-Trust die Wertpapiere von fünfhundert bis eintausend verschiedenen Unternehmen. Aufgrund der skizzierten Hebelwirkung stiegen die Kurse der Aktien dieser Kapitalmonster noch schneller als der gesamte Markt. Zugleich trieben sie selbst als hyperliquide Aktienkäufer das Spekulationsfieber weiter an.

Die Aktien der Investment-Trusts waren freilich auch die ersten, die ins Bodenlose stürzten, als die Börsendynamik sich in die entgegengesetzte Richtung verkehrte. Ein weiterer Beschleuniger des Abwärtstrends, der im Oktober 1929 einsetzte, waren die mit den Maklerkrediten verbundenen Nachschusspflichten, die viele Anleger bei fallenden Kursen zu zusätzlichen Verkäufen zwangen, um die nötigen Barmittel zur Hinterlegung der Kredite aufzutreiben. Da die Aktien der Investment-Trusts schon einen Monat nach dem Platzen der Blase so unverkäuflich waren wie gegenwärtig die Asset Backed Securities, blieb den meisten Anlegern nichts übrig, als gediegenere Papiere, etwa Aktien von General Motors, ebenfalls auf den Markt zu werfen.

Das Ergebnis ist bekannt. Alle wollten oder mussten verkaufen, die Kurse fielen schließlich so schnell, dass das Kursbarometer nicht mehr hinterherkam, und aufgrund der Beteiligung internationalen Geldes übertrug sich der Crash mit geringer zeitlicher Verzögerung auch auf die Aktienmärkte in Europa und

Asien. Kurze Zeit später begann ein großes Bankensterben und die amerikanische wie die Weltwirtschaft taumelten in die schlimmste Depression der bisherigen Geschichte. Das amerikanische Bruttoinlandsprodukt fiel innerhalb von drei Jahren um ein Drittel, und jeder vierte Amerikaner verlor seine Arbeit. In hochentwickelte Industrieländer wie Deutschland kehrten mit der Massenarbeitslosigkeit Hunger und schlimmste Formen des Elends zurück.

Natürlich lag der Grund für diese dramatische Krise nicht allein darin, dass an der Wall Street plötzlich die Bären tanzten und die riesige Aktienblase mit großem Knall geplatzt war. Vielmehr entlud sich jetzt das explosive Potenzial binnen- und weltwirtschaftlicher Ungleichgewichte, die sich über Jahre aufgetürmt hatten. Aber der Zusammenbruch an den Weltbörsen war der Auslöser dafür.

Nach dem Ende des Zweiten Weltkriegs wurden die Finanzmärkte zunächst für einige Jahrzehnte so strikt reguliert, dass sich keine Blasen mehr bilden konnten. Um so größer und häufiger wurden sie dafür gegen Ende des letzten Jahrhunderts, als sich das Geld wieder so frei über den Globus bewegen konnte wie in den Zwanzigern, allerdings dank einer Reihe technischer Innovationen nunmehr mit Lichtgeschwindigkeit und in Konstruktionen verpackt, im Vergleich zu denen die verschrobensten Investment-Trusts der 20er Jahre geradlinige und übersichtliche Investitionsgelegenheiten waren.

Der Schwarze Montag 1987

Mitte der 70er Jahren hatte die Deregulierung der Finanzmärkte weltweit begonnen, und der erste größere Börsencrash folgte pünktlich ein Jahrzehnt später: im Oktober 1987. Vergleichbar mit der Aktienblase vor 1929, hatten sich in den Jahren zwischen 1982 und 1987 die Kurse amerikanischer Aktien verdreifacht, während die reale Wirtschaft noch deutlich langsamer wuchs als in den vermeintlich Goldenen Zwanzigern. Allein zwischen Januar und August 1987 war der Dow Jones noch einmal um 40 Prozent nach oben gesprungen. Am 19. Oktober 1987 gab es an der New Yorker Börse einen scheinbar unmotivierten heftigen Rückschlag, bei dem der Dow Jones knapp ein Viertel seines Wertes verlor. 600 Millionen Aktien wechselten damals an einem einzigen Handelstag den Besitzer, ein virtuelles Vermögen von 500 Milliarden Dollar wurde dabei vernichtet. Im Handumdrehen hatte sich der Crash auch an die anderen Börsen der Welt übertragen.

Hintergrund dieses Ereignisses waren zum einen weltwirtschaftliche Spannungen, ein schleichender Wertverlust des Dollar und eine Zinserhöhung der Bundesbank, die Ängste bezüglich Kapitalabflüssen aus den Vereinigten Staaten verstärkte.

Die Ausmaße des Kursrutsches vom Schwarzen Montag 1987 lassen sich damit jedoch nicht erklären. Sie sind darauf zurückzuführen, dass sich im Aktienhandel immer mehr institutionelle Investoren tummelten, deren Handelsentscheidungen weitgehend von Computern gesteuert waren. Eine winzige Kursschwankung konnte sich so zu einer gewaltigen Verkaufswelle akkumulieren, weil alle diese Computer ähnlich programmiert waren und auf das gleiche Negativsignal mit der gleichen Verkaufsorder reagierten.

Genau das war im Oktober 1987 geschehen. Damals spielten vor allem sogenannte Portfolio-Insurance-Programme eine wichtige Rolle, die eigentlich dazu dienen sollten, einmal erreichte Wertsteigerungen im Aktienportfolio absichern. Zu diesem Zweck wurde bei Unterschreiten einer bestimmten Kursschwelle ein automatischer Verkauf der Aktien eingeleitet. Dieses Prinzip, von vielen angewandt, bedeutet natürlich, dass ein geringfügiger Rückgang im Kursbarometer einen massenhaften Ausverkauf von Aktien auslöst und gerade dadurch den Einbruch um ein Vielfaches verstärkt. Am Ende wurde gerade auf diesem Weg das Portfolio nicht gesichert, sondern völlig zerstört.

Dank schnell einsetzender Stützungskäufe der Unternehmen und auch der Banken, die dafür von der amerikanischen Zentralbank großzügig mit Liquidität versorgt wurden, fing sich der Markt 1987 allerdings bald wieder, und es ging erneut nach oben. Große volkswirtschaftliche Auswirkungen hatte der damalige Crash, bei dem immerhin an einem Tag mehr Werte vernichtet wurden als am Schwarzen Donnerstag im Oktober 1929, nicht.

Immobilien- und Aktienboom in Japan

Weit dramatischer waren die Konsequenzen einer Blase auf dem Immobilien- und Aktienmarkt, die sich Mitte der 80er Jahre in Japan aufzublähen begann. Seit Beginn des Jahrzehnts schossen die Preise japanischer Immobilien nach oben. Investitionen in Häuser brachten gut 30 Prozent Rendite im Jahr, weit mehr, als mit der Produktion von Stahl oder dem Bau von Automobilen, aber auch mit Geldanlagen damals in Japan zu verdienen war. Viele Firmen wechselten daher ins Immobilienbusiness und trieben mit ihrer Nachfrage die Preise weiter in die Höhe. Der Anstieg der Mieten blieb schnell hinter den Wertsteigerungen für Häuser und Grundstücke zurück.

Schon bald wurden Häuser nicht mehr gekauft, um Mieteinnahmen zu erzielen, sondern um sie teurer weiterzuverkaufen. Auch wurden Immobilienkäufe zu immer größeren Teilen über Kredit finanziert, weil die erwartete Rendite aus dem Weiterverkauf Zins und Zinseszins problemlos einzuspielen versprach. Da allein die Zinsen auf diese Kredite oft höher als die Mieteinnahmen waren, wurden sie in der Zwischenzeit über zusätzliche Kredite finanziert. Ohne die Liberalisierung des japanischen Finanzmarktes Anfang der 80er Jahre, im Zuge derer die gesetzliche Regulierung von Zinsen und Kreditvolumina aufgehoben worden war, hätten die japanischen Immobilienpreise daher niemals auch nur annähernd jenen Höhenflug antreten können, den sie in den späten 80er Jahren erlebten.

Eine wichtige Rolle spielten außerdem mehrere internationale Abkommen (das Plaza-Abkommen des Jahres 1985 und das Louvre-Abkommen 1987), die den Dollarkurs nach seinem Höhenflug Anfang der 80er Jahre ausdrücklich wieder schwächen sollten. In Erwartung einer Yen-Aufwertung flossen daher Unmengen an spekulativem Kapital aus aller Welt nach Japan und trugen zum Aufblähen der Blase bei.

Die Banken, die sich an dem prosperierenden Immobilienmarkt goldene Nasen verdienten, entwickelten Hypotheken mit hundertjähriger Laufzeit, um die irrwitzigen Preise für private wie gewerbliche Käufer bezahlbar zu halten. Auf dem Gipfel des Spekulationswahns war der kleine Fetzen Land unter dem japanischen Kaiserpalast wertvoller als alle Grundstücke im großen US-Bundesstaat Kalifornien zusammengenommen. Da viele, die im Häuserhandel reich geworden waren, Aktien kauften, und prosperierende Immobilienunternehmen und Banken selbst an der Börse gelistet waren, befeuerte der Immobilienboom auch den japanischen Aktienmarkt. Bald baute sich an der Tokioer Börse ebenfalls eine gigantische Blase auf. 1989 waren japanische Aktien in der Summe doppelt so viel wert wie amerikanische, obwohl Japan kaum halb so viel produzierte wie die Vereinigten Staaten.

Das außer Rand und Band geratene Hypothekenunwesen beunruhigte irgendwann doch die japanische Zentralbank. Sie setzte daher 1990 eine Obergrenze für den Anteil an Krediten fest, den die Banken in Form von Immobiliendarlehen vergeben durften. Infolge dieser Regulierung konnte das Hypothekenvolumen nicht mehr in jenem wahnwitzigen Tempo weiterwachsen wie in den Jahren zuvor. Das genügte, um das ganze Kartenhaus zum Einsturz zu bringen. Denn jetzt waren die Banken nicht mehr in der Lage, immer größere Immobilienkredite auf den Markt zu werfen, um den Aufwärtstrend der Häuserpreise zu stützen. Vor allem funktionierte das beliebte Modell, Zinsen auf alte Hypotheken durch neue Kredite zu finanzieren, jetzt nicht mehr. Das löste eine ähnliche Entwicklung aus, wie wir sie gerade in den USA erleben: Immer mehr Immobilien kamen zurück auf den Markt, der Preistrend zeigte plötzlich nach unten.

Je verzweifelter die Immobilienspekulanten versuchten, ihre Investments doch noch zu versilbern, desto schneller stürzten die Preise. Da viele, um ihre Kredite zurückzuzahlen, jetzt auch Aktien verkauften, waren damit auch die Tage der japanischen Aktienblase gezählt. Der Wert japanischer Aktien fiel 1990 und 1991 um jeweils 30 Prozent. Die japanischen Banken saßen plötzlich auf einem riesigen Berg fauler Kredite und mussten außerdem zusehen, wie ihnen ihre Aktiendepots wegschmolzen. Nach kurzer Zeit waren die meisten japanischen Geldhäuser mehr oder weniger bankrott und mussten sich schließlich in die Arme des Staates retten. Die Wirtschaft begann zu schrumpfen und verfiel in eine lang anhaltende Lethargie, die später noch durch eine deflationäre Preisspirale verstärkt wurde. Über zehn Jahre danach, im Jahr 2002, lag der japanische Aktien-Index Nikkei immer noch bei gerade einem Viertel seines Wertes von 1989/90. Die Wirtschaft hat sich von den Folgen der Blase bis heute nicht erholt.

Die Südostasien-Blase

Mit dem Platzen der Spekulationsblase in Japan wurde bereits die Saat für das Entstehen der nächsten gelegt. Die in der krisengeschüttelten japanischen Wirtschaft nicht mehr rentabel anlegbaren Gelder flossen nach Südkorea, Indonesien, Malaysia und Thailand, zusätzlich stimuliert durch die Aufwertung der japanischen Währung, die Investitionen im Ausland besonders preiswert machte. Der reale Ausgangspunkt der sich nunmehr in Südostasien entwickelnden Blasen waren billige Arbeitskräfte, kapitalhörige Diktaturen und aufstrebende Wirtschaften, die zu dauerhaft hohen Wachstumsraten fähig schienen. Tatsächlich bewirkte der Ansturm internationaler Anlagegelder bei gleichzeitig hohen nationalen Sparquoten zunächst, dass diese Länder wirtschaftlich zu prosperieren begannen. Weit schneller als die Produktion realer Güter wuchsen allerdings die fiktiven Papierwerte, die sich über ihr aufzutürmen begannen. Während die realen Wachstumsraten bei 7 bis 9 Prozent im Jahr lagen, schossen die Börsen in Thailand, Malaysia und Indonesien in der ersten Hälfte der 90er Jahre um 300 bis 500 Prozent nach oben. Auch die Immobilienpreise explodierten. Immer mehr internationale Finanzinvestoren und Privatanleger fragten südostasiatische Währungen nach, um sich auf dem dortigen Aktien- oder Immobilienmarkt zu engagieren. Nach einer gewissen Zeit wurde wieder verkauft, der Gewinn aus der Wertsteigerung eingestrichen und das kräftig vermehrte Geld in heimatliche Gefilde zurückgeholt.

Solange die enormen Gewinnchancen immer mehr internationale Anlagegelder in die gefeierten Tigerstaaten lockten, brummte deren Wirtschaft, die gefragten Währungen werteten auf und die Aktienmärkte boomten. Im Winter 1996 indessen meldeten einige thailändische Finanzinstitute, die vor allem Konsumentenkredite vergeben hatten, plötzlich Verluste. Außerdem begann sich das Exportwachstum zu verlangsamen. Das genügte, um Zweifel an der Perspektive der thailändischen Wirtschaft und dem künftigen Wert des thailändischen Bath zu säen. Eine im Frühsommer 1997 von wenigen Hedgefonds initiierte Spekulation gegen die Thai-Währung erschöpfte in kürzester Zeit die Verteidigungskapazitäten der Nationalbank. Im Juli 1997 wertete der Bath ab und eine Fluchtwelle ausländischer Anlagegelder aus sämtlichen Tigerstaaten setzte ein, die nicht nur die südostasiatischen Währungen in den Keller trieb, sondern auch die Börsen dieser Länder. Innerhalb eines halben Jahres verloren die südostasiatischen Währungen – mit Ausnahme der chinesischen, die nicht frei konvertierbar war – über ein Drittel ihres Wertes und die Aktienmärkte stürzten bis zu 60 Prozent in die Tiefe. In der Folge gingen zahllose Unternehmen und Banken bankrott oder wurden von westlichen Konzernen übernommen – aufgrund der entwerteten Währungen zu Billigpreisen.

Die einstige Wachstumsregion fiel in eine verheerende Wirtschaftskrise, Arbeitslosenzahlen und Armut schnellten nach oben und viele Menschen verloren wieder all den bescheidenen Wohlstand, den sie sich in der Aufschwungphase mit Fleiß und Mühe aufgebaut hatten.

Geldschwamm New Economy

Das internationale Geldkapital aber zog weiter zum Schauplatz der nächsten Blase. Deren Baustoff waren Aktien von Firmen, deren Geschäftsidee in irgendeiner Form mit den neuen Technologien zu tun hatte, die zu jener Zeit die Wirtschaft zu revolutionieren schienen: also insbesondere mit dem Internet, aber auch mit Mobiltelephonie, Computersoftware oder Medienbusiness. Dass solche Unternehmen Anleger anzogen, war an sich durchaus rational. Das sich gerade etablierende Internet etwa eröffnete völlig neue Geschäftsfelder und, anders als in den traditionellen Industrien, lauerten in diesem noch unaufgeteilten Markt selbst für Newcomer große Expansions- und Gewinnchancen.

Wie bei jeder Blase erlebten die Aktien dieser Unternehmen allerdings bald Wertsteigerungen, die jeden Bezug zu den realistisch erwartbaren Gewinnen verloren hatten. Während General Motors Ende der 90er Jahre an den Börsen gerade mal doppelt so hoch bewertet wurde wie die in seinen Bilanzen ausgewiesenen Besitztümer, lag dieses Verhältnis für Microsoft bei eins zu zehn. Und Microsoft war wenigstens noch ein *New Economy*-Unternehmen, das tatsächlich Profite machte. Die meisten wurden hingegen für ihre Verluste honoriert.

Diese Idiotie hatte sogar eine eigene Theorie hervorgebracht, die besagte, dass das Wachstumspotential einer Firma umso größer ist, je defizitärer sie in der Gegenwart wirtschaftet. »Alle wollen Wachstum, nicht Wert. Wer Gewinne hat, hat ein Problem«[20], fasste damals ein Aktienhändler die Stimmung am Markt zusammen. Selbstredend fanden sich genügend smarte Jungunternehmer, die den Hunger auf rote Zahlen und gewinnfreie Geschäftsmodelle mit großem Vergnügen befriedigten.

1998 kam der Boom der *New Economy*-Aktien so richtig in Fahrt. Als dem Kollaps Südostasiens auch noch die Zahlungsunfähigkeit Russlands folgte und es auch in Lateinamerika kriselte, war der internationalen Geldelite die Lust auf risikoreiche Anlagen in Schwellenländern fürs erste vergangen und Liquidität in Billionenhöhe strömte in die Industriestaaten zurück. Um eine vom Beinahe-Kollaps des Hedgefonds-Giganten LTCM ausgelöste Finanzkrise zu vermeiden, hatte die amerikanische Zentralbank Fed zudem die Zinsen auf Sinkflug gebracht und die Banken mit Liquidität überhäuft, was sich in entsprechend weiten Kreditspielräumen niederschlug.

Wie bei jeder Blase spielten kreditfinanzierte Käufe auch bei dieser eine wichtige Rolle. Das Volumen an Effektenkrediten, welche die an der New Yorker Börse registrierten Investmentbanken und Wertpapierhändler an ihre Kunden vergaben, hatte sich allein 1999 annähernd verdoppelt und war in den ersten beiden Monaten des Jahres 2000, unmittelbar vor dem Gipfel des Booms, noch einmal um 25 Prozent angeschwollen. Ähnlich wie die Maklerkredite 1929 wurden solche Effektenkredite vor allem dazu genutzt, die privaten Aktienbestände aufzustocken. Auch Unternehmen fragten in jenen Tagen zunehmend Kredite nach. Weniger um Investitionen zu finanzieren, als um sich am Aktienmonopoly zu beteiligen und dadurch die Blase weiter anzuheizen. 1999 kam mehr als die Hälfte der Gesamtnachfrage nach Aktien von den Unternehmen selbst: entweder in Form des Rückkaufes eigener Aktien oder im Zuge der Übernahme anderer Unternehmen.

Sämtliche Börsenbarometer zeigten jetzt nach oben. In den zwölf Monaten nach dem Juni 1998 stieg der Dow Jones um 40 Prozent und die Nasdaq, an der die *New Economy*-Firmen in erster Linie gelistet waren, um ganze 90 Prozent. Mancher kleine Start-up wurde dank der hohen Börsenbewertung in kürzester Frist zum Großkonzern. Nicht, weil seine Geschäftsidee so erfolgreich war, sondern einfach, weil die teuren Aktien eine hervorragende Währung waren, um andere Firmen aufzukaufen. Die Internetfirma AOL etwa übernahm auf diesem Wege den ungleich größeren Konzern TimeWarner für 183 Milliarden Dollar. Die Unternehmen, denen die Anleger stapelweise Geld ins Kontor warfen, wurden immer kurioser. Am Ende genügten ein Büro, ein Schreibtisch und die Erklärung, irgendeine Idee im Bereich Internet oder Medien zu verfolgen, um beim Börsengang Milliarden einzusammeln. Die Filmproduktionsgesellschaft DreamWorks etwa kassierte für ihre Aktien 2 Milliarden Dollar, obgleich sie noch keinen einzigen Film produziert hatte und weder über Filmrechte noch über relevantes Eigentum an Sachgütern verfügte.

Verrückte, die ihr Geld begeistert in Firmen ohne Sachkapital, Gewinne und Geschäftsidee versenkten, tanzten aber nicht nur auf dem New Yorker Börsenparkett. In Deutschland wurde 1997 extra ein neues Börsensegment geschaffen, der *Neue Markt*, damit sich die Jünger des *New Economy*-Wahns austoben konnten. Die auf dem Neuen Markt notierten Titel erzielten in den ersten zwölf Monaten ein durchschnittliches Plus von 350 Prozent. Einsame Stars wie das Medienunternehmen EM.TV schossen sogar mehr als 3.000 Prozent nach oben. Im Februar 2000 war dieses Unternehmen mit einem Umsatz von 320 Millionen Euro an der Börse knapp 14 Milliarden »wert«. Ebensoviel wie etwa der Stahlriese Thyssen-Krupp mit 200.000 Mitarbeitern und einem Jahresumsatz von 32 Milliarden Euro.

Der Nemax 50, der die Wertentwicklung der fünfzig größten Firmen des Neuen Marktes maß, verneunfachte sich in nur zwei Jahren.

Niemand konnte im Ernst erwarten, dass diese windigen Unternehmen irgendwann Gewinne einfahren würden, die eine solche Börsenbewertung auch nur annähernd rechtfertigen. Vielmehr lebte auch diese Blase davon, dass auf den nächstgrößeren Trottel spekuliert wurde, der einem die Aktien zu einem noch höheren Preis wieder abkaufen würde. Und die genannten Kursdaten zeigen, dass man bei dieser Spekulation steinreich werden konnte, vorausgesetzt, man hatte den richtigen Zeitpunkt zum Absprung nicht verpasst. Um diesen möglichst lange hinauszuschieben, wurden nicht zuletzt die Massenmedien eingespannt, die die Aktienzockerei – wie einst 1929 – als gesamtgesellschaftliches Ereignis inszenierten: als Königsweg zum schnellen Reichtum, der sich auch für Hausfrauen, Taxifahrer und Verkäuferinnen empfehle. Nicht wenige Angehörige solcher und ähnlicher Berufsgruppen, die vordem niemals auf die Idee gekommen wären, Aktien zu kaufen, ließen sich durch die Werbeaktionen von *Bild*, *USA Today* und Co. tatsächlich verführen, mit dem Inhalt ihrer Sparbücher den gewiefteren Spekulanten die *New Economy*-Aktien auf dem Gipfel des Booms abzukaufen.

Die meisten haben ihr Geld nicht wiedergesehen. Im Frühjahr 2000 war die Party zu Ende und die zuvor gefeierten Papiere stürzten ins Nichts. Der Nasdaq-Index verlor in den folgenden zwei Jahren 78 Prozent, der Neue Markt fast alles. Nachdem im September 2002 von den 233 Milliarden Euro, für welche die Aktien der deutschen New Economy auf dem Gipfel des Booms gehandelt worden waren, noch ganze 22 Milliarden Euro übrig waren, wurde der Neue Markt schließlich im Juni 2003 geschlossen.

Die Geschichte der New Economy in den Jahren nach dem Boom war eine Geschichte von Pleiten und Skandalen sowie kleinen und großen Betrügereien, die bald die Gerichte beschäftigten. Am Ende überlebten einige wenige Unternehmen, die sich als marktbeherrschende Konzerne in den neuen Geschäftsfeldern etablieren konnten. Die anderen existieren nur noch in den Albträumen ihrer einstigen Anleger.

Nachdem die *New Economy*-Blase geplatzt war und die Aktienmärkte insgesamt nach unten gerissen hatte, mussten sich die, die dort noch rechtzeitig Kasse gemacht hatten, neue Investitionsgelegenheiten suchen. Das waren die Jahre, in denen der US-Immobilienboom in Schwung kam und sich am US-Hypothekenmarkt wie am internationalen Kreditmarkt eben jene gewaltige Spekulationsblase aufzubauen begann, die im Sommer 2007 platzte und deren Folgen die Weltwirtschaft wohl nicht so schnell verkraften wird.

Finanzblasen und Kredit

Wie wir an den verschiedenen Beispielen sehen konnten, folgen alle Blasen mehr oder weniger demselben Muster. Meist gibt es zunächst tatsächlich irgendeine neuartige, Gewinn versprechende Investitionsgelegenheit. Das mögen neue Produkte und Technologien sein wie die Fließbandproduktion von Automobilen und anderen Massengütern in den 20er Jahren oder die mit einer neuen Prozessorgeneration und der Entstehung des Internets verbundene New Economy der 90er Jahre. Es können auch attraktive Monopolgewinne aus neuen Handelswegen sein wie bei der Mississippi und der South Sea Company. Oft sind Blasen in aufstrebenden Volkswirtschaften entstanden, in denen Grund und Boden plötzlich wertvoll wurde und die Aussicht auf hohe Wachstumsraten die Aktien attraktiv machte. Das war die Situation in Japan und in den asiatischen Tigerstaaten. Andere Blasen scheinen wiederum einfach nur daher zu rühren, dass sich zu viel Geld in zu wenigen Händen angesammelt hat und krampfhaft nach Anlagemöglichkeiten sucht. Die reißende Nachfrage nach Kreditpapieren und -derivaten in den Jahren nach dem Platzen der Internet-Blase hatte mutmaßlich keinen tieferen Grund. Das gleiche gilt für die Tulpenmanie im alten Holland, denn Tulpenzwiebeln haben mit Subprime-ABS zumindest das gemein, dass sie als solche keine bemerkenswerten Einnahmen versprechen.

So oder so: Wenn der Trend steigender Preise sich erst einmal verstetigt hat, wird der ursprüngliche Auslöser des Booms zunehmend bedeutungsloser. Dass immer mehr Anleger die prosperierenden Aktien, Immobilien oder Kreditderivate nachfragen, geschieht jetzt nicht mehr mit Blick auf attraktive Dividenden, hohe Mieteinnahmen oder andere Zahlungsversprechen, sondern ausschließlich in der Hoffnung, sie teurer weiterverkaufen zu können, als sie gekauft wurden. Das ist die Phase, in der die Blase sich selbst zu nähren beginnt. Weil die Preise steigen, wird immer mehr Geld angezogen, und weil Geld in rauen Mengen auf den Markt fließt, werden die Wertpapiere, Grundstücke oder auch Tulpenzwiebeln immer wertvoller und die Spekulanten reicher.

Bald wird die Nachfrage zusätzlich durch Kredite aufgeblasen. Dadurch können die Anleger nicht nur mit den Mitteln spekulieren, die ihnen tatsächlich zur Verfügung stehen, sondern mit einer durch Kredit vervielfachten Kaufkraft. Damit vervielfachen sich natürlich auch die durchsetzbaren Preissteigerungen. Spätestens, wenn eine Blase diese Stufe erreicht, hat sie jede Bodenhaftung verloren. Die Maklerkredite etwa erlaubten den Börsenspekulanten an der Wall Street, zehn Mal so viele oder zehn Mal so teure Aktien nachzufragen, als sie es ohne diese Kreditmöglichkeit gekonnt hätten. Die irrwitzigen Preise, die für japanische Grundstücke 1989 oder für US-Einfamilienhäuser 2006 gefordert wurden, hätte niemand ohne exzessive Inanspruchnahme von Hypothekendarlehen zahlen können.

Eine Spezifik des jüngsten Kreditirrsinns besteht darin, dass die von den Banken gewährten Kredite gerade deshalb so rasant wachsen konnten, weil ihnen diese Kredite zum großen Teil wiederum mit kreditfinanziertem Geld abgekauft wurden. Etwa von Hedgefonds, die über 90 Prozent der Mittel, mit denen sie die CDO-Tranchen kauften, von den Banken in Form von Kredit erhalten hatten. Oder von den Zweckgesellschaften, die den Kauf der ABS mit der Ausgabe kurzfristiger Schuldpapiere finanzierten, die wiederum nicht zuletzt Banken nachfragten und bezahlten. Kredite dienten in dieser schönen Welt marktwirtschaftlicher Effizienz also dem Kauf von Krediten, als ob man mit Geld nicht auch sinnvolle Dinge finanzieren könnte. Es versteht sich, dass diese Selbstreferenz die Kreditblase in besonderer Weise angetrieben hat: Je mehr Kredite die Banken an die vergaben, die ihnen ihre verbrieften Kreditpakete abkauften, desto mehr Spielräume hatten sie, Kredite an Hausbesitzer oder Heuschrecken zu vergeben, die sie wiederum verbriefen und kreditfinanziert weiterverkaufen konnten. Dass dieser finanzielle Inzest das Potenzial besaß, toxische Papiere und faule Kredite im Wert von vielen Billionen Dollar zu zeugen, ist an sich nicht erstaunlich.

Obwohl Kredite sich in früheren Finanzblasen nicht auf diese direkte Weise selbst potenzierten, haben sie in allen Spekulationsorgien eine zentrale Rolle gespielt. Denn immer wurde die Nachfrage im Verlauf der Blase durch Kredite aufgebläht, und in der Regel konnte das Kreditvolumen nur deshalb so schnell wachsen, weil nicht allein die Tilgung alter Kredite, sondern auch ein Teil der Zinsen immer wieder durch neue Kredite finanziert wurde. Viele Blasen lebten somit von einem exponentiellen Wachstum der Kreditvergabe und sie platzten, sobald dieser Wachstumsmotor zu stottern begann. Das war der Fall in Japan Ende 1989, als eine staatliche Regulierung die weitere Kreditexpansion limitierte, und ebenso in den USA 2007, als die Banken ihre Kreditpakete plötzlich nicht mehr weiterverkaufen konnten und daher aufhörten, exzessiv Darlehen zu vergeben.

Für den Spekulanten bleibt die Inanspruchnahme von Kredit so lange attraktiv, solange die erwartete Preissteigerung der Spekulationsobjekte höher liegt als der aktuelle Zinssatz. Das zeigt auch, dass es eine Illusion ist zu glauben, dass sich eine erst mal in Schwung gekommene Spekulationsblase durch höhere Zinsen abwürgen lässt. Denn in der Regel steigen die Preise im Verlaufe des Booms immer schneller. Kurz vor seinem Höhepunkt sind Preissteigerungen von 50, 100 oder noch mehr Prozent im Jahr nicht ungewöhnlich. Es gibt keinen volkswirtschaftlich ertragbaren Zinssatz, der die Händler in so einer Situation entmutigen könnte.

Dennoch sind alle Blasen irgendwann geplatzt. Manchmal ist es ein kleines und als solches unbedeutendes Negativereignis, das die Stimmung plötzlich zum Kippen bringt. In anderen Fällen verlangsamen sich einfach die Preissteigerungen, weil der Kreis der Käufer nicht mehr so schnell wächst. Sobald die explosive Dynamik, von der die Blase lebt, schwächer wird, ist die Umkehr eingeleitet. Denn schon die Aussicht auf möglicherweise nur noch langsam steigende Preise zwingt alle diejenigen zum Verkauf, die ihre Käufe über Kredit finanziert und darauf gehofft hatten, Zins und Tilgung über die Preissteigerungen wieder einzuspielen.

Die exzessive Nutzung von Kredit, welche die Spekulationsmanie erst so richtig zum Ausbruch gebracht hat, leitet daher auch ihr Ende ein. Hinzu kommt die bei nachlassendem Aufwärtsschwung bald umgehende Sorge vor einer Trendwende, die immer mehr Verkäufe motiviert, während weniger Interessenten kaufen wollen. Sobald der Preistrend dann tatsächlich seine Richtung verändert hat, verstärkt sich der Absturz nach der gleichen

Logik, nach der sich vorher der Höhenflug aufgeschaukelt hatte. Jeder will jetzt verkaufen, die Kreditnehmer müssen es sogar, aber niemand will kaufen, denn mit dem Verlust der Hoffnung auf steigende Preise hat das Spekulationsobjekt ja den größten Teil seines Wertes verloren. Geblieben ist jetzt nur noch eine extrem überteuerte Aktie oder ein viel zu teures Haus. Oft stürzt der Markt dann ins Bodenlose, selbst wenn es sich um Gegenstände mit einem Eigenwert wie Immobilien oder Aktien handelt. So wie die Blase deren Werte zuvor ins Irrsinnige überzeichnet hatte, drücken verschuldungsbedingte Verkaufsdynamik und grassierende Angst – wer weiß, ob das Zeug morgen überhaupt noch verkäuflich ist! – ihre Preise am Ende weit unter das Niveau, das man bei vernünftiger Abwägung für gerechtfertigt halten kann.

Das Modell spekulativer Blasen, wie es hier wiedergegeben wurde, stammt von dem Ökonomen Hyman Minsky und wurde durch den Wirtschaftshistoriker Charles P. Kindleberger anhand des Verlaufs verschiedener historischer Spekulationsblasen überprüft und bestätigt. Zentrale Größe im Minsky-Modell ist die Aufblähung von Kredit, der, wie wir gesehen haben, sowohl beim Anheizen der Spekulation wie bei ihrem Zusammenbruch eine entscheidende Rolle spielt. Minsky unterscheidet in diesem Zusammenhang drei Formen der Verschuldung, die von unterschiedlicher Stabilität und Dauer sind: *Hedge*-Finanzierungen, *spekulative* Finanzierungen und *Ponzi*-Finanzierungen.

Ein Unternehmen betreibt *Hedge*-Finanzierung, wenn es nur solche Kredite aufnimmt, bei denen seine Gewinne sowohl zur Zahlung der Zinsen als auch für eine schrittweise Tilgung ausreichen. Für einen Häuslebauer bedeutet das, dass sein Einkommen hoch genug sein muss, um innerhalb eines überschaubaren Zeitraums Zins und Tilgung der Hypothek zu ermöglichen. Unter vernünftigen Erwägungen sollten eigentlich nur Kredite aufgenommen und auch nur solche vergeben werden, die dem Typus der *Hedge*-Finanzierung entsprechen. Allerdings haben wir schon bei Betrachtung der US-Hypothekenkrise gesehen, dass das Vernünftige keineswegs das Normale sein muss.

Eine schon wesentlich problematischere Finanzierung ist die spekulative. Hier reicht das erwartete Einkommen zwar aus, um die Zinsen zu zahlen, die Schulden selbst dagegen müssen mit immer neuen Krediten refinanziert werden. Viele Staaten weltweit befinden sich seit Jahren – bestenfalls! – in dieser Finanzierungs-gruppe. Hier nennt man das einen ausgeglichenen Haushalt. Wenn das Einkommen nicht sinkt, kann eine Firma, Familie oder auch ein Staat sehr lange in dieser Finanzierungsart verbleiben, oh-ne dass etwas passiert. Es wird dann einfach nur das verfügbare Budget durch die ständigen Zinszahlungen reduziert und es gibt auch keine Hoffnung, dass sich daran je etwas ändern könnte. In-stabil werden solche Finanzierungen allerdings in dem Augenblick, in dem die Refinanzierung der auslaufenden Kredite nicht mehr gewährleistet ist, weil die Finanziers, aus welchen Gründen immer, nicht mehr an die dauerhafte Zahlungsfähigkeit des Schuldners glauben. Dann ist der Bankrott fast unausweichlich, selbst wenn sonst gar nichts vorgefallen sein mag.

Wirklich explosiv schließlich sind *Ponzi*-Finanzierungen. Bei diesen sind die Schulden so hoch beziehungsweise die Einnahmen so niedrig, dass aus letzteren noch nicht einmal die Zinsen voll-ständig gezahlt werden können, von einer Tilgung der Schuld zu schweigen. Der *Ponzi*-Schuldner muss daher immer höhere Kre-dite aufnehmen, um davon sowohl die alten Schulden als auch ei-nen Teil der Zinsen zu refinanzieren. Dieses Geschäftsmodell wur-de von einem italienischen Geschäftsmann namens Charles Ponzi entdeckt, der Anfang des 20. Jahrhunderts in den Vereinigten Staa-ten und in Kanada sein Unwesen trieb und durch seine kreative Finanzakrobatik damals immerhin so auffiel, dass Schneeball-Fi-nanzierungen der geschilderten Art fortan seinen Namen trugen. Es hat immer Geldhäuser gegeben, die *Ponzi*-Finanzierungen ge-gen hohe Zinsen zur Verfügung gestellt haben. Der Geldgeber geht unter solchen Bedingungen zwar davon aus, dass die Kredite ir-gendwann faul werden, aber er spekuliert darauf, den verliehenen Betrag plus Aufschlag durch die hohen Zinsen, von denen der ver-schuldete Unglücksrabe ja zumindest einen Teil tatsächlich zahlt, vor dessen Bankrott wieder in der Kasse zu haben.

Ponzi-Finanzierungen sind im Weltfinanzsystem unserer Tage nicht mehr die Ausnahme, sondern die Regel. Das Schuldenvolu-men der Entwicklungsländer etwa ist in den vergangenen dreißig Jahren in erster Linie deshalb explodiert, weil sie einen Teil der auf-gelaufenen Zinsen durch immer neue zusätzliche Schulden refi-nanzieren mussten. Den anderen Teil dieser Zinsen haben sie sich im wörtlichen Sinne abgehungert und mit einem stetigen Geldstrom in Richtung Norden bezahlt. Dieses Beispiel zeigt, dass *Ponzi*-Finanzierungen, wenn sie lange genug laufen, für den Geldverleiher überaus einträglich sein können. Das gilt selbst dann, wenn ein Löwenanteil der Kredite am Ende abgeschrieben werden muss.

Auch viele heute überschuldete US-Konsumenten sind in den vergangenen Jahren in *Ponzi*-Finanzierungen hineingerutscht, indem sie Zins und Tilgung des einen Kredits immer wieder durch den nächsten, größeren finanzieren mussten.

Es gibt auch *Ponzi*-Schuldner, die sich solche Kredite bewußt aufhalsen und dabei sogar recht gut fahren können. Zur letzteren Gruppe gehörten beispielsweise die Spekulanten am japanischen Immobilienmarkt, die Häuser auf Kredit kauften, obwohl deren Mieteinnahmen nicht ausreichten, auch nur die Zinsen auf diese Kredite zu zahlen, und die deshalb zusätzliche Kredite zur Zahlung dieser Zinsen aufnehmen mussten. In diesem Fall lag der *Ponzi*-Finanzierung das rationale Kalkül zugrunde, am Ende den Kredit samt Zinsen durch Weiterverkauf der Immobilie wieder loszuwerden und dabei immer noch einen satten Schnitt zu machen. Solange die Blase sich aufblähte und die Immobilienpreise in den Himmel schossen, konnte man mit diesem Geschäftsmodell in der Tat steinreich werden.

Generell spielen *Ponzi*-Finanzierungen im Verlauf spekulativer Blasen eine wichtige Rolle, denn die Wetten auf steigende Preise werden in der Regel mit *Ponzi*-Krediten finanziert. Diese Schuldner sind es dann auch, die die geringste Stockung im Aufwärtstrend in einen Absturz verwandeln, denn sie müssen sofort und massiv verkaufen, um ihre Schulden zu tilgen und nicht bankrott zu gehen.

Eine natürliche Grenze für *Ponzi*-Finanzierungen gibt es nicht. Solange das Kreditvolumen immer weiter wächst und dadurch Zins und Tilgung der vorangegangenen Kredite sicherstellt, tritt kein Zahlungsverzug ein und eine Ponzi-Finanzierung kann äußerlich völlig stabil und gesund wirken. Je größer die Kreditkapazitäten eines Finanzsystems, desto länger kann das gehen. Irgendwann allerdings kommt der Punkt, an dem der Kontrast zwischen der realistisch anzunehmenden Zahlungsfähigkeit des Schuldners und der Höhe seiner Schulden so groß geworden ist, dass er neue Kredite nicht mehr oder zumindest nicht mehr in dem nötigen Umfang erhält. Dann bricht das Kartenhaus zusammen.

Sind wir alle irre?

In der orthodoxen Standard-Volkswirtschaftslehre werden Blasen durch die Annahme wegdefiniert, dass niemand für ein Finanzpapier mehr zahlen würde, als die Einnahmen, die er in Zukunft von ihm erwartet, wert sind. Eine Aktie, die aller Voraussicht nach 100 Dollar Dividende im Jahr abwirft, wird sich, wenn der Zinsfuß für festverzinsliche Geldanlagen bei 4 Prozent liegt, also vielleicht für 2.000 Dollar verkaufen lassen. Das eine zusätzliche Prozent Verzinsung wird dabei als Honorar für das größere Risiko von Aktienanlagen im Vergleich zu Sparbüchern angesehen. Denn wer die Wahl hat zwischen einer Geldanlage, die ihm jährlich 50 Dollar bringt und einer, die ihm entweder 100 Dollar oder gar nichts bringt, beides mit gleicher Wahrscheinlichkeit, wird in der Regel die sichere Anlage wählen. Zumindest ist das eine der Fundamentalannahmen der gängigen Finanzmodelle, und eben wegen dieser Annahme hat Risiko in ihnen seinen Preis.

Standardmodelle – kein Platz für Blasen

Nach dieser Theorie gibt es also genau drei Größen, die den Wert eines Finanzpapiers unbestechlich regieren: erstens der herrschende Zinssatz für risikofreie Geldanlagen, zweitens die erwarteten Einnahmen aus dem betreffenden Papier und, drittens, die Schwankungsbreite dieser Einnahmen, also die Frage, mit welcher Wahrscheinlichkeit sie auch ausbleiben könnten. Da Menschen Verstandestiere sind und es immerhin um viel Geld geht, wird vorausgesetzt, dass jeder Marktteilnehmer alle Informationen, die er zur Berechnung dieser Größen einsammeln kann, tatsächlich in Betracht zieht und am Ende einen rationalen Preis ermittelt. Ändern sich diese Informationen, ändert sich natürlich auch der Preis. Dabei mag der eine verlieren und der andere gewinnen, aber das fällt unter die Rubrik »Statistisches Rauschen«, und dafür gibt es eben keine Theorie.

Jedes Wertpapier hat in dieser wundervollen Welt der ökonomischen Orthodoxie also seinen fundamental gerechtfertigten Preis, und nur ein Irrer würde mehr zahlen, wie umgekehrt nur ein Verrückter für weniger verkaufen würde. Da Wertpapiere mit hohen Einnahme-Chancen folgerichtig höher bewertet werden als solche mit niedrigen, finanzieren die Anleger in erster Linie sinnvolle Investments, denn nur diese können ja hohe Einnahmen erwirtschaften. Aus all diesen Gründen bedürfen Finanzmärkte keiner politischen Regulierung, sondern tendieren als hocheffiziente Informations-Verarbeiter immer von neuem zu einem stabilen Gleichgewicht, einer Welt also, in der alle Vermögenswerte zu ihrem fairen Preis gehandelt werden und es überhaupt gut, gerecht und vernünftig zugeht. Und wenn er nicht gestorben ist, arbeitet und konsumiert, investiert und spart der repräsentative homo economicus auf seinem Gleichgewichtspfad bis in alle Ewigkeit.

In der realen Welt werden unterdessen Tulpenzwiebeln oder Häuser zu irrwitzigen Preisen gehandelt, Aktien überschlagen sich in der Hausse und fallen anschließend ins Bodenlose, zweifelhafte Kreditpapiere werden den Banken zunächst aus den Händen gerissen und treiben sie und ihre Käufer anschließend in den Ruin. Sind die Finanzmärkte eine Anstalt ‚in der die Irren dieser Erde ihr Betätigungsfeld gefunden haben? Weshalb werden Papiere oder Immobilien selbst dann noch mit Begeisterung gekauft, wenn eigentlich jedem klar sein muss, dass sie überteuert sind und ihre Preise irgendwann fallen werden? Schon ein Jahr vor dem Höhepunkt des japanischen Immobilienbooms oder vor dem Gipfel der *New Economy*-Blase hatten die jeweiligen Preise ein Niveau erreicht, das niemand im Ernst für dauerhaft halten konnte. Dennoch ging die Party ungebrochen weiter und die Nachfrage nach den überteuerten Produkten wurde eher noch hitziger.

Was eine Blase ausmacht, ist ja gerade, dass bestimmte Vermögensgüter oder Finanzpapiere zu Preisen gehandelt werden, die jeden Zusammenhang zu ihren realen Werten verloren haben. Wären Investoren rational, müssten Blasen dann nicht generell unmöglich sein? Wie kommt es, dass sie trotzdem immer wieder auftreten und gerade in den vergangenen zwanzig Jahren in extremer Häufigkeit? Beschäftigen Investmentbanken und Hedgefonds in ihrer Handelsabteilung bevorzugt Leute, bei denen der Verstand ausgesetzt hat?

In Wahrheit sind Spekulanten keineswegs verrückt, sondern verhalten sich im gegebenen Marktumfeld durchaus rational. Für die Gewinnchancen des einzelnen Händlers spielt es nämlich keine Rolle, ob er über- oder unterbewertete Papiere kauft. Solange er davon ausgehen kann, dass die Kurse überteuerter Aktien zumindest noch eine gewisse Zeit weiter steigen, bevor der Absturz beginnt, ist es durchaus vernünftig, solche Aktien zu kaufen. Natürlich nur, um sie schnellstmöglich weiterzuverkaufen. Genau aus diesem Grund erreicht auf dem Gipfel eines Booms eben nicht nur der Preis, sondern auch der Umsatz in den entsprechenden Papieren Spitzenwerte. Das Grundproblem ist, dass niemand genau weiß, wann eine Blase wirklich platzt, und solange sie sich aufbaut, solange kann man an ihr verdienen. Einige haben sich am Ende verschätzt und sind zu spät eingestiegen. Aber wer weiß vorher, wann es zu spät ist?

Ein wesentlicher Fehler der ökonomischen Standard-Modelle liegt in der Annahme, künftige Entwicklungen ließen sich exakt berechnen. Zwar wird nicht angenommen, dass wir heute genau wissen, welche Gewinne Unternehmen X morgen macht oder wie der Wechselkurs der Währung des Landes Y zum US-Dollar übermorgen steht. Aber es wird angenommen, dass wir die Wahrscheinlichkeit, mit der das Unternehmen X in drei Jahren einen Gewinn von 2 oder 5 Millionen Dollar einfährt, ziemlich genau abschätzen können, und ebenso die Wahrscheinlichkeit, dass es bis dahin in Konkurs gegangen ist. Gewappnet mit all diesen Wahrscheinlichkeiten lassen sich der Erwartungswert und das Risiko eines Wertpapiers genau kalkulieren und anschließend in einen fundamental gerechtfertigten Preis verwandeln.

Die Analogie, von der diese Modelle leben, ist die Versicherungswirtschaft. Hier funktionieren solche Berechnungen tatsächlich, zumindest, solange sich keine größeren Katastrophen ereignen. Renten- oder Lebensversicherer, die unter Zuhilfenahme von Sterbetafeln und bei Annahme einer langsam steigenden Lebenserwartung ihre Policen gestalten, greifen selten völlig daneben. Das gleiche gilt für Krankenversicherer. Die Wahrscheinlichkeit, mit der bestimmte Krankheiten auftreten und ihre Häufigkeit in einzelnen Risikogruppen läßt sich mit ziemlicher Verlässlichkeit ermitteln. Und wenn die Wahrscheinlichkeit, dass jemand an Diabetes erkrankt, bei Menschen mit normalem Gewicht bei, sagen

wir, 5 Prozent liegt, dann kann der Krankenversicherer schluss-
folgern, dass etwa 5 Prozent der bei ihm versicherten Normalge-
wichtigen an diesem Leiden erkranken werden. Möglicherweise
werden es auch 6 oder nur 4 Prozent der Versicherten sein, aber
ganz sicher nicht 20 Prozent oder gar keiner. Eine Wahrschein-
lichkeitsverteilung, die solche Schlüsse zulässt, nennt man Nor-
malverteilung, und wenn sich das Umfeld nicht wesentlich verändert, läßt sich in diesem Rahmen tatsächlich von der Vergangenheit auf die Zukunft schließen. Der plötzliche Ausbruch einer neu-
en Krankheit, die sich wie eine Epidemie verbreitet, würde freilich
alle Kalkulationen der Krankenversicherer über den Haufen werfen.

Keynes' Beauty Contest – der rationale Irrsinn

In der Volkswirtschaft aber entsteht ständig Neues, und auf den
modernen Finanzmärkten mit ihren massiven Selbstverstärkungsmechanismen kann der kleinste Virus eine Epidemie auslösen.
Hinzu kommt: Selbst wenn es gelingt, die Zukunft in groben Um-
rissen richtig abzuschätzen: Die Finanzspekulation interessiert sich
nicht für langfristige Verläufe, sondern für kurzfristige Ereignisse,
die niemand exakt berechnen kann. Auch der modernste Computer mit der größten Rechenkapazität wäre nicht in der Lage, den
genauen Zeitpunkt zu bestimmen, an dem eine Blase platzt. Je
weiter sich die Preise von den durch reale Zahlungsströme bestimmten Fundamentalwerten entfernen, desto eher muss man
annehmen, dass das Ende naht. Aber dann kann es trotzdem
noch einen Monat oder fünf Monate, oder ein Jahr oder sogar
noch länger dauern. Das hängt letztlich weniger von den realen
Wirtschaftsdaten ab als davon, wie lange der Glaube an den weiteren Aufschwung unter den Marktteilnehmern immer noch ver-
breiteter ist als die Angst vor dem Zusammenbruch. Die für
Reichtum oder Ruin eines Spekulanten letztlich entscheidende
Frage ist also weniger eine ökonomische als eine psychologische.
    Natürlich gibt es wirtschaftliche Gründe für die Kursentwick-
lung einzelner Aktien oder anderer Wertpapiere. Als Bush und sein
Vize Cheney sich 1999 in den USA an die Macht geputscht hatten, sprach aus rationalem Kalkül viel dafür, Rüstungs- und Öl-
Aktien zu kaufen, weil diese Branchen zu den voraussehbaren Pro-

fiteuren ihrer künftigen Politik gehören würden. Aber eine solche korrekte Prognose ist für eine erfolgreiche Spekulation gar nicht notwendig. Institutionelle Investoren kaufen Aktien in der Regel mit einem Anlagehorizont von wenigen Monaten, während die reale Gewinnentwicklung erst im Zeitablauf von Jahren ausschlaggebend ist. Die höchste Rendite auf kurze Frist macht nicht der, der in Aktien investiert, die ihm attraktiv erscheinen, sondern der die Papiere auswählt, die möglichst vielen attraktiv erscheinen, genauer: die Papiere, von denen möglichst viele denken, dass sie vielen attraktiv erscheinen.

Keynes hat diese Preisbildung einmal mit einem Schönheitswettbewerb verglichen, bei dem derjenige gewinnt, der die Frau auswählt, die die meisten anderen Mitspieler ebenfalls am schönsten finden. Es ist sehr wahrscheinlich, dass bei einem solchen Wettbewerb eine andere Frau Schönheitskönigin wird als bei einem, bei dem jeder seine eigene Favoritin bestimmt. Wenn die verbreitete Meinung vom Geschmack der Zeit schlecht ist, kann es sogar eine ausgesprochen unansehnliche Dame sein, die in Keynes' Wettbewerb das Rennen macht. Für einen kurzfristigen Anleger etwa ist es durchaus rational, im Falle einer Regierungsübernahme Aktien einer Branche zu kaufen, von der er annimmt, dass sie von dieser Regierung gar nicht profitieren wird, von der aber viele meinen, dass viele meinen müssten, dass sie von ihr profitieren könnte. Der Trick besteht dann darin, diese Papiere schnell genug wieder loszuwerden.

Als Gerhard Schröder 1998 in Deutschland Kanzler wurde, gab es beispielsweise einen kurzen Aufschwung deutscher Konsumaktien, der sich bald wieder in Luft auflöste. Der Grund für diese kleine Hausse lag nicht darin, dass viele wirklich erwarteten, Schröders Politik könnte die Massenkaufkraft stärken. Aber alle gingen davon aus, dass viele das eigentlich erwarten müssten, weil eine sozialdemokratische Regierungsübernahme traditionell Konsumtitel stützt, und wegen dieser Annahme tat sie das dann auch. Zumindest für kurze Zeit.

Ein anderes Beispiel aus diesem absurden Theater ist folgendes: Als US-Präsident Nixon in der amerikanischen China-Politik eine Kehrtwende in Richtung Entspannung einleitete, begann in London plötzlich ein intensiver Handel mit Staatsschuldverschreibungen aus den Zeiten des chinesischen Kaiserreichs, deren

Preise plötzlich wieder zu steigen begannen. Auch in diesem Fall erwartete niemand im Ernst, dass China die Zahlungen für diese vergilbten Papiere je wieder aufnehmen könnte. Aber alle kalkulierten, dass bei einer Annäherung zwischen den USA und China solche Papiere wieder verstärkt nachgefragt würden, und genau deshalb wurden sie es. Wer ausstieg, bevor der Spuk platzte, der konnte mit seiner Investition in diese wertlosen Papierfetzen einen schönen Gewinn machen.

Hohe Profite aus »falschen Hypothesen«

George Soros, der selbst oft genug kleinste Schwankungen in Aktien- oder Wechselkursen in Millionengewinne verwandelt und solche Schwankungen zugleich durch seine Spekulation massiv verstärkt hat, fasst die Logik dieses Geschäfts folgendermaßen zusammen: »Im Gegensatz zu einer wissenschaftlichen muss eine finanzielle Hypothese [...], um profitabel zu sein, keineswegs wahr sein. Es reicht aus, dass sie allgemein akzeptiert wird. Und doch kann sich eine falsche Hypothese nicht ewig halten. Deshalb investierte ich gern in fehlerhafte Hypothesen, die eine Chance auf allgemeine Akzeptanz hatten, vorausgesetzt, ich wusste, wo der Fehler lag und konnte rechtzeitig verkaufen.«[21] Durch Spekulationen nach diesem Muster ist der Mann immerhin Multimilliardär geworden.

Allerdings stapelt Soros hoch, wenn er den Eindruck erweckt, er wisse in der Regel, wann die falsche Hypothese platzt. Er hatte bei der Einschätzung letztlich nur mehr Glück als andere, deren Namen wir genau deshalb nicht kennen. Und er hatte einen weiteren großen Vorteil auf seiner Seite: Dank der Kapitalmassen, die seine Fonds in Bewegung setzen konnten, war er in der Lage, die Wendepunkte, auf die er wettete, zum Teil selbst herbeizuführen.

Als Soros 1992 mit seinem *Quantum Fund* durch eine endlose Folge von Leerverkäufen das britische Pfund aus dem europäischen Währungsverbund herauskatapultierte und daran 1 Milliarde Dollar verdiente, funktionierte das natürlich nur, weil das Pfund zuvor tatsächlich stark überbewertet und dieser Umstand am Markt bekannt war. Dennoch hätte das Pfund ohne Soros' Attacke gut und gern noch eine Weile seinen alten Wert behalten können. Das gleiche gilt für den thailändischen Bath, der ebenfalls infolge eines massiven Angriffs eines von Soros gesteuerten Fonds abgewertet wurde und damit die Südostasien-Blase zum Platzen brachte. Natürlich wäre diese Blase auch ohne Soros' Angriff irgendwann geplatzt. Aber das hätte auch erst im Herbst 1997 oder im Frühjahr 1998 passieren können. Der Vorteil sehr großer Fonds im Geschäft mit Finanzwetten besteht also darin, dass ihre eigene Spekulation just der Tropfen sein kann, der das Fass zum Überlaufen bringt. Dass viele kleinere Mitspieler darum wissen und sich an den Entscheidungen der Großen orientieren, verstärkt deren Einfluss. Aber selbst die ganz Großen können sich verschätzen, denn genau weiß eben niemand, wann eine Blase wirklich reif zum Abschuss ist.

Es gibt übrigens noch einen anderen Grund, weshalb Blasen zuweilen von ausgesprochen zäher Lebenskraft sein können: Es gibt immer tapfere Ökonomen, die der Öffentlichkeit allen Ernstes einreden, die Blase sei gar keine, sondern die hohen Bewertungen seien wegen neuartiger Sachverhalte des Wirtschaftslebens vollkommen gerechtfertigt. Nicht, dass die eingefleischten Finanzhaie diesen Unfug glauben würden. Aber er trägt dazu bei, dass die Käufer am Markt nicht ausgehen und außerdem die Stimmung positiv bleibt. Und solange das so ist, kaufen eben auch die, die es besser wissen.

Allmächtig freilich ist die Ökonomen-Zunft nicht. Sie kann mit derlei Voraussagen den Zeitpunkt des Crashs hinauszögern, aber sie kann ihn nicht verhindern. Irgendwann hilft auch das lauteste Pfeifen im Walde nicht mehr. Unvergessen ist beispielsweise das Statement des hochrenommierten Nobelpreisträgers für Ökonomie, Irving Fisher, der am 15. Oktober 1929 erklärte, dass die »Aktienwerte […] jetzt anscheinend ein beständig hohes Niveau erreicht« hätten und er damit rechne, »dass der Aktienmarkt in einigen Monaten noch viel höher liegen wird«[22].

Das war der Tag, an dem auch der Chef einer der größten amerikanischen Banken, Charles E. Mitchell, öffentlich erklärte: »Alle Märkte befinden sich zur Zeit in einer gesunden Verfassung […], die Kurse haben eine gesunde Basis, eingebettet in den allgemeinen Wohlstand unseres Landes.«[23]

Weniger als eine Woche später endete das Spekulationsfieber im Absturz des Schwarzen Donnerstag, dem eine Reihe weiterer drastischer Abwertungen folgten. Erst nach Jahrzehnten wurden die Notierungen von Anfang Oktober 1929 an der Wall Street wieder erreicht. Nicht wenige der damals hochbewerteten Unternehmen gab es da schon lange nicht mehr.

Alan Greenspan, der langjährige Chef der amerikanischen Zentralbank, befand sich also in honoriger Gesellschaft, als er kurz vor dem Höhepunkt des New Economy-Wahns vom Produktivitätswunder der neuen Technologien schwärmte, das die hohen Aktienbewertungen der Internet- und Telekom-Firmen dauerhaft rechtfertigen würde. Die »Dauerhaftigkeit« dauerte von da an zwar gerade noch wenige Jahre, aber es steht außer Zweifel, dass Greenspan mit dieser und ähnlichen Äußerungen die Lebensspanne der Internet-Blase verlängert und ihr Volumen zusätzlich vergrößert hat.

So wie es immer rationale Gründe gab, sich an einer Spekulationsmanie zu beteiligen und an ihr zu verdienen, gab es eben immer auch einen guten Grund, ihre Existenz zu leugnen und noch die aberwitzigste Überhitzung in eine ganz normale Entwicklung umzulügen.

Nach der Blase ist vor der Blase – die Demenz der Märkte

Finanzblasen hat es also immer gegeben. Sie sind nicht das Werk entlaufener Insassen der Irrenanstalten aller Länder, sondern klar und scharf kalkulierender Spekulanten, die heutzutage noch durch hochentwickelte Computersoftware unterstützt werden. Auch diese Software ist, bei aller mathematischen Finesse im Detail, im Kern just darauf programmiert, bei steigenden Preisen zu kaufen und bei fallenden zu verkaufen, also genau das zu tun, was Otto Normalverbraucher im täglichen Leben als ziemliche Idiotie empfinden würde. Aber anders als letzterer können Finanzjongleure, die diesem Prinzip folgen, sehr reich dabei werden.

Verrückt sind also nicht die, die in einer sich entwickelnden Blase überteuerte Aktien kaufen, sondern eher jene, die den Finanzmärkten einen Hang zu Stabilität und Gleichgewicht zuschreiben und dafür plädieren, dieses wilde Treiben möglichst ungehemmt und unkontrolliert auf die restliche Menschheit loszulassen. Der dem Herdentrieb eigene Selbstverstärkungsmechanismus ist geradezu ein Garant, dass kleinste Schwankungen in den Wirtschaftsdaten immer wieder völlig unverhältnismäßige Ausschläge in Wertpapierpreisen und Wechselkursen nach sich ziehen. Und es müssen noch nicht einmal die realen Daten sein, die sich ändern. Es genügt das Gerücht einer Änderung oder einfach nur das Empfinden, dass die Stimmung am Markt gerade umschlägt, um ernste Verwerfungen auf einem Finanzmarkt anzurichten, die oft nicht minder ernste realwirtschaftliche Folgen zeitigen.

Schon immer schwanken die Kurse der Aktien weit stärker als die Dividenden, die die Unternehmen an ihre Aktionäre tatsächlich auszahlen. Das Auf und Ab der Wechselkurse in der heutigen Welt hat mit der Entwicklung von Inflationsraten und realer Kaufkraft so viel zu tun wie der Brotpreis mit dem Standort von Mars und Venus am Abendhimmel. Der Überschwang ist nicht irrational. Er folgt aus der tiefsten inneren Logik, nach der auf den Handelsplätzen in New York, Frankfurt und London über Kauf und Verkauf entschieden wird.

Früher allerdings waren Spekulationsmanien mit extremen Ausschlägen eher singuläre Ereignisse. Wenn eine solche Manie in einem desaströsen Crash verendet war, brauchte es eine gewisse Zeit, ehe die Wunden vernarbt waren und die Freude am Spekulieren wieder aufkommen wollte. Der Ökonom John Kenneth Galbraith hatte einst für die Zeitspanne zwischen zwei Blasen vorausgesagt, »dass das finanzielle Erinnerungsvermögen als maximal zwanzig Jahre angenommen werden kann. Das ist normalerweise die Zeit, die gebraucht wird, bis die Erinnerung an die Katastrophe ausgelöscht wird, und eine neue Variante der Demenz entsteht, die die Finanzmärkte erobert.«[24]

Wenn Galbraith recht hat und dieser Abstand das normale Erinnerungsvermögen der Finanzmärkte beschreibt, leiden sie seit zwei Jahrzehnten an Alzheimer im fortgeschrittenen Stadium. Denn »Nach der Blase ist vor der Blase« lautet heute die Devise. Kaum ist eine Spekulationsmanie zusammengebrochen, hat auf einem anderen Feld schon die nächste begonnen. Dabei sind es überwiegend die gleichen Akteure, die das gleiche, allerdings stetig vermehrte Geld von einem Schauplatz zum nächsten schieben. So werden die Blasen nicht nur immer häufiger, sondern auch immer größer und die beteiligten Summen immer aberwitziger.

In den hinter uns liegenden knapp zwei Jahrzehnten gab es nicht weniger als fünf große Spekulationsblasen: die japanische Immobilien- und Aktienblase, die Südostasien-Blase, die New Economy-Blase, die Immobilienblase in den USA und die Blase auf dem internationalen Kreditmarkt. Nicht genannt sind hier die ungezählten kleineren Blasen, wie sie sich auf den Aktienmärkten einzelner Länder oder bezogen auf ihre Währungen immer wieder aufgebaut und schließlich in einem Crash mit meist erheblichen Krisenfolgen entladen haben. Viele Länder Lateinamerikas können ein Lied davon singen, aber nicht nur sie. Und die Wertschwankungen im Verlaufe dieser Blasen waren in der Regel mindestens so groß wie die an der Wall Street Ende der 20er Jahre, die immerhin als Prototyp schlimmster spekulativer Exzesse gelten.

Hinzu kommt eine immer stärkere Überbewertung »normaler« Aktien in den Industriestaaten, die sich in stetig höheren Aktienkursen in Relation zur realen Wirtschaftsleistung niederschlägt. Allein in den zwanzig Jahren zwischen 1980 und der Jahrtausendwende sind die Börsenkurse weltweit inflationsbereinigt um 1.032 Prozent gestiegen, während die reale Wirtschaftsleistung sich nur um 80 Prozent erhöhte. Auch das durchschnittliche Kurs-Gewinn-Verhältnis hat für viele Aktien im Dow Jones oder Dax heute Werte erreicht, die in früheren Tagen als Indikator hochspekulativer Überhitzung gegolten hätten.

Wie dieser überquellende Geldschaum entstanden ist, der heute über die internationalen Finanzmärkte wabert, weshalb die spekulationsgetriebene Blasenökonomie zum wirtschaftlichen Normalzustand des modernen Kapitalismus werden konnte und welche Folgen das hat, diesen Fragen werden wir im nächsten Kapitel nachgehen.

Fußnoten

20 *Frankfurter Allgemeine Zeitung*, 5. Februar 2000
21 Georg Soros, Die Krise des globalen Kapitalismus, Berlin 1998, S. 53f.
22 Zitiert nach: Keneth Galbraith, Der große Crash 1929, München 2007, S. 111
23 Ebenda
24 Zitiert nach: Wolfgang Münchau, Vorbeben, München, 2008, S. 46

Résumé

Auf den Gütermärkten dämpfen steigende Preise die Nachfrage und fallende erhöhen sie. Auf den Finanzmärkten gilt der umgekehrte Preismechanismus: Hier ist es rational, bei steigenden Preisen zu kaufen und bei fallenden zu verkaufen. Ersteres, um von weiteren Preissteigerungen zu profitieren, und letzteres, um die Verluste zu begrenzen. Die Finanzmärkte neigen deshalb zu extremen Ausschlägen und Blasenbildung.

Eine wichtige Voraussetzung von Finanzblasen ist die Ausdehnung von Kredit. Durch Kredit wird die Nachfrage vervielfacht und erst dadurch werden die für eine Blase typischen extremen Preissteigerungen am Markt durchsetzbar. Je höher die Kreditkapazität eines Finanzsystems, desto länger kann eine Blase wachsen und desto größer kann sie werden. Kommt es allerdings auch nur zu einer Verlangsamung des Aufwärtstrends, erzwingt ein hoher Grad an Verschuldung massenhafte Verkäufe und leitet damit die abrupte Umkehr ein. Je größer die Blase, desto tiefer der anschließende Fall im Wert der Spekulationsobjekte und desto höher der Berg an faulen Krediten, den sie hinterläßt.

Eine Spezifik der jüngsten Spekulationsblase am Kreditmarkt besteht darin, dass in ihr Kredite Mittel der Nachfragesteigerung und Spekulationsobjekt in einem waren. Dieses Zusammenspiel vergrößerte das Volumen der Blase in beispielloser Weise. Entsprechend groß ist damit aber auch der Umfang fauler Kredite nach dem Zusammenbruch.

3. Kapitel
Geldschaum ohne Ende

[...] dass eine Anhäufung, eine Überreichlichkeit von Leihkapital stattfinden kann, die nur insofern mit der produktiven Akkumulation zusammenhängt, als sie im umgekehrten Verhältnis dazu steht.

Karl Marx

Zentralbanken – die vermeintlichen Geldschöpfer

Wenn etwas in der Welt von heute nicht knapp ist, dann scheint es das Geld zu sein. Die gesamten globalen Finanzvermögen erreichten 2006 einen Wert von 167 Billionen Dollar, etwa vierzehnmal so viel wie im Jahr 1980 und das Dreieinhalbfache dessen, was alle Volkswirtschaften dieser Erde zusammen in einem Jahr an Gütern und Diensten produzieren.[25] Angelegt ist dieses Geld entweder auf Bankkonten oder in Wertpapieren, einfachen wie Aktien, Unternehmensbonds oder Staatsanleihen und komplizierteren wie den Asset Backed Securities oder diversen Derivaten, mit denen auf die Schwankung von Kursen, Zinsen und Währungen oder eben auf Kreditrisiken gewettet wird.

Aber nicht nur diese unvorstellbare Aufblähung finanzieller Vermögenstitel ist eine bisher nie dagewesene Entwicklung. Neu ist auch der extrem hohe Teil dieser Gelder, die vollkommen liquide sind und tagtäglich für finanzielle oder auch reale Transaktionen zur Verfügung stehen. Allein auf den globalen Devisenmärkten werden heute pro Tag über 3 Billionen Dollar umgesetzt: Geld, das von einem Händler zum nächsten fließt und daher als verfügbare Liquidität vorhanden sein muss. Der Umsatz im täglichen Geschäft mit Derivaten beträgt sogar über 6 Billionen Dollar. Die Geldmenge M3, die die Summe von Bargeld, Guthaben auf Girokonten und kurzfristig angelegten Spar- und Termingeldern misst, liegt derzeit im Euroraum bei über 8 Billionen Euro und ist in den letzten Jahren mit einer Rate von etwa 10 Prozent jährlich angeschwollen.

Eigene Liquidität ist neben der Verfügung über großzügige Kreditlinien die wichtigste Voraussetzung dafür, sich an Spekulationswellen beteiligen und diese weiter antreiben zu können. Je liquider das angelegte Vermögen, desto leichter läßt es sich in eine neue aussichtsreiche Blase lenken und desto stärker, folgerichtig, kann diese Blase wachsen. Hinzu kommt: Spekulationen, die aus-

94

ländische Geldvermögen anziehen, erreichen weit größere Volumina als solche, die nur die nationale Geldelite interessieren. Jede wirklich große Spekulationsmanie seit der holländischen Tulpenblase hat internationales Geld aufgesogen. Je umfangreicher und, vor allem, je beweglicher das globale Geldvermögen ist, desto größer sind daher auch die möglichen Blasen, die sich in den verschiedenen Winkeln der Finanzmärkte aufbauen können. Wer die Ursachen der spekulationsgetriebenen Bubble-Ökonomie unserer Zeit verstehen will, hat daher allen Grund, über die Ursprünge des Übermaßes an globaler Liquidität nachzudenken.

Geldschöpfung auf regulierten Märkten

Liquidität wird heute, so zumindest lehren es die ökonomischen Lehrbücher, von den Zentralbanken geschaffen. Der Mechanismus, auf dem diese Geldschöpfung beruht, ist international relativ ähnlich und besteht im Kern darin, dass die Zentralbank entweder Wertpapiere aufkauft und dafür Zentralbankgeld in den Markt wirft oder Kredite an einen bestimmten Kreis von Geschäftsbanken vergibt. Die Europäische Zentralbank (EZB) etwa verleiht zu normalen Zeiten einmal pro Woche frisches Geld, für das sie einen Mindestzinssatz festlegt und um das sich die Banken wie auf einer Auktion bewerben können. Die Laufzeit dieser Kredite kann zwischen wenigen Tagen und drei Monaten liegen und die Banken erhalten sie nur, wenn sie im Gegenzug Wertpapiere hoher Bonität als Sicherheit hinterlegen. Braucht eine Bank zwischen den Auktionen dringend von der Zentralbank Geld, muss sie dafür einen höheren Zinssatz, den Diskontsatz, zahlen. Da die Inanspruchnahme dieser Diskontkredite in Bankerkreisen jedoch als Peinlichkeit angesehen wird und der betreffenden Bank einen schlechten Ruf einbringt, wird dieser Weg nur beschritten, wenn es gar nicht anders geht.

Zu den von den Zentralbanken akzeptierten Papieren gehören traditionell vor allem Staatsanleihen oder andere Bonds mit Triple-A-Rating, in den letzten Jahren allerdings durchaus auch die Asset Backed Securities, sofern sie bestimmte Kriterien erfüllen. Im Zuge der Kreditkrise ist die amerikanische Zentralbank mittlerweile sogar dazu übergegangen, ABS mit zweifelhaftem Rating zu akzeptieren, um die Liquiditätsnöte der Geldhäuser zu lindern. Auch die EZB sieht sich mit dem Problem konfrontiert, dass die Banken seit Ausbruch der Finanzunruhen en masse jene Wertpapiere bei ihr abladen, für die es auf dem Markt keine Käufer mehr gibt.

So wurden 2008 etwa 90 Prozent aller in Europa aufgelegten Asset Backed Securities an die Frankfurter Währungshüter weitergereicht, deren ABS-Bestand sich von 6 Prozent am gesamten EZB-Portfolio im Jahr 2005 auf 16 Prozent erhöhte. Und die europäischen ABS sind nicht unbedingt solider als die US-amerikanischen. Ein erheblicher Teil ist beispielsweise im Zuge des spanischen Immobilienbooms entstanden, und auch hier lassen fallende Preise und leerstehende Wohnimmobilien die Rückzahlungsaussichten der vergebenen Kredite nicht im besten Licht erscheinen. Wenn die betreffende Bank die Zentralbankkredite zurückzahlt, erhält sie natürlich auch die Wertpapiere wieder. Strauchelt sie indessen oder verlängert den Kredit immer von neuem, kann die öffentliche Hand schnell auf ihnen sitzen bleiben. Erweisen sich die Papiere dann als wertlos, hat der Steuerzahler das Nachsehen.

Bleiben wir bei dem, was uns die Lehrbücher über Geldschöpfung erzählen, geht es dann wie folgt weiter: Die Banken verwenden das Geld, das sie von der Zentralbank erhalten, um ihrerseits Kredite zu vergeben. Die Kreditnehmer sind jetzt Unternehmen oder Konsumenten, die sich verschulden, um irgendetwas zu kaufen: eine Maschine, ein Haus oder vielleicht auch nur eine Urlaubsreise. Sobald die Kreditnehmer für diese Produkte oder Leistungen bezahlt haben, wird das Geld von ihrem Konto auf das des neuen Besitzers umgebucht. Es gehört jetzt dem Maschinenbauer, dem Immobilienhändler oder dem Reisebüro. Deren Konto kann sich bei der gleichen Bank befinden, die den Kredit vergeben hat, oder bei einer anderen, in jedem Fall verbucht die betreffende Bank einen Zahlungseingang und kann mit dem zusätzlichen Geld jetzt ihrerseits einen neuen Kredit vergeben. Weil sich auch dieser Kredit wieder bei irgendeiner Bank als neue Einlage niederschlägt und das auch für den nächsten und übernächsten gilt, könnten die Banken theoretisch mit einer bestimmten Menge Zentralbankgeld in kürzester Zeit unendlich viele Kredite und damit auch unendlich viel Liquidität schaffen.

Man muss sich die Bilanz einer Bank so vorstellen, dass auf der einen Seite ihr Eigenkapital steht und außerdem das Geld, das Kunden bei ihr anlegen, sowie sonstige Verbindlichkeiten der

Bank – also etwa auch der Kredit der Zentralbank. Auf der anderen Seite steht das, was die Bank mit all diesem Geld unternimmt. Beide Seiten der Bilanz sind notwendigerweise gleich groß, denn jeder Euro, den eine Bank erhält, wird von ihr irgendwo irgendwie wieder angelegt. Die am wenigsten lukrative Weise, ihn anzulegen, besteht darin, ihn auf das Konto der Bank bei der Zentralbank zu packen. Die Gelder, die eine Bank hier deponiert, sind ihre Liquiditätsreserve. Sie sind jederzeit in Bargeld umtauschbar oder können verwendet werden, um einen Negativsaldo zwischen ein- und ausgehenden Überweisungen auszugleichen. Allerdings bekommt die Bank für das Geld auf dem Zentralbankkonto entweder gar keine oder extrem niedrige Zinsen. Sie ist deshalb unter normalen Umständen bestrebt, jede neue Einlage möglichst schnell in einen neuen Kredit zu verwandeln, der ihr Zinsen bringt. Und genau das gleiche Bestreben hat auch die Bank, bei der sich die mit diesem neuen Kredit geleistete Zahlung als neue Einlage niederschlägt. Theoretisch kann das endlos so weitergehen.

Wenn jeder dieser Kredite von dem Kreditnehmer dann tatsächlich dazu genutzt würde, reale Güter nachzufragen, kann ein solches System schnell die Preise in die Höhe treiben, denn mit jedem Kredit erhöht sich die Güternachfrage, während die Produktion mit einer solchen Nachfrageexplosion kaum Schritt halten dürfte. Um also zu verhindern, dass mit einem Euro Zentralbankgeld unendlich viele Euro Kreditgeld geschaffen werden können, wurden nach dem Zweiten Weltkrieg in allen großen Industriestaaten gesetzliche Mindestreservebestimmungen eingeführt. Sie verpflichten eine Bank, einen bestimmten Prozentsatz des Geldes, das Kunden bei ihr kurzfristig angelegt haben, auf ihrem Zentralbankkonto zu hinterlegen. Diese Reserve darf die Bank also nicht in neue Kredite verwandeln.

In einem System, in dem sich die Banken ausschließlich über ihre Zentralbank mit Liquidität versorgen können, wäre mit dem Mindestreservesatz das maximal mögliche Volumen an Kreditgeld festgelegt, das die Banken mit Hilfe eines jeden Euro Zentralbankgeld schaffen können. Eine einst vor allem in der Bundesbank und auch heute noch in der EZB einflussreiche ökonomische Schule zog daraus den Schluss, die Zentralbank könne die umlaufende Geldmenge kontrollieren.

Gold- und Silberwährungen

In der Bestimmung des Geldvolumens, das sie den Banken zur Verfügung stellen, haben die Zentralbanken heute freie Hand. So konnten Fed und EZB seit dem Beginn der Finanzkrise immer wieder, wenn es im Finanzsystem kriselte, innerhalb weniger Tage Hunderte Milliarden Dollar und Euro in den Markt pumpen, ohne dass sich jemand daran störte.

Das war früher anders. In der Zeit vor dem Ersten Weltkrieg waren die meisten Währungen durch Edelmetalle unterlegt. Die Banknoten, die eine Notenbank (oder auch eine Privatbank) ins Publikum streuen durfte, mussten in einer bestimmten Relation zu dem Gold- oder Silberschatz stehen, der sich in ihrem Keller stapelte. Denn jeder Geldbesitzer hatte theoretisch das Recht, die betreffende Währung zu einem festgesetzten Kurs in Gold oder Silber einzutauschen. Leistungsbilanzungleichgewichte wurden in diesem System am Ende dadurch ausgeglichen, dass Schiffsladungen mit Edelmetallbarren durch die Ozeane fuhren.

Diese Gold- oder Silberwährungen hatten eine Reihe gravierender Nachteile. Zum einen wächst die globale Förderung von Gold und Silber seit Beginn des Industriezeitalters deutlich langsamer als die Wirtschaft, was immer wieder Liquiditätsprobleme und Perioden fallender Preise nach sich zog, mit allen krisenverschärfenden Folgen, die Deflationen in einem kapitalistischen System haben. (Man kann diesen Preisverfall auch korrekt durch das Wertgesetz und die schnellere Produktivitätsentwicklung der Industrie im Vergleich zu den Goldgruben erklären. Aber die Folgen werden dadurch nicht besser.) Eine Währung, die im Verhältnis zu Gold oder Silber überbewertet war, litt zudem bald an Auszehrung ihrer Metallbestände. Das war Großbritannien nach dem Ersten Weltkrieg widerfahren, als Churchill die Goldeinlöseverpflichtung des britischen Pfund zu einem völlig überholten Kurs wiederhergestellt hatte.

Der Mythos, dass eine stabile Währung die Rückendeckung glänzender Metalle braucht, hatte dennoch sogar den Zweiten Weltkrieg überlebt. Auch das Währungssystem, das mit dem Vertrag von Bretton Woods besiegelt wurde und für alle beteiligten Währungen fixe Wechselkurse im Verhältnis zum Dollar festschrieb, verpflichtete die amerikanische Zentralbank, jeden Dollar durch Gold zum festgelegten Preis von 35 Dollar je Feinunze einzulösen. Selbstverständlich konnte dieses System nur deshalb knapp 25 Jahre überleben, weil niemand von diesem Recht in großem Stil Gebrauch machte. Denn schon Ende der 50er Jahre waren weltweit so viele Dollar in Umlauf, dass sich die Goldbestände von Fort Knox, wo die amerikanische Edelmetallreserve lagerte, bei Einlösung auch nur eines Bruchteils von ihnen im Handumdrehen in Luft aufgelöst hätten.

Seit Mitte der 60er Jahre, als die amerikanischen Exportüberschüsse sich in wachsende Defizite verwandelt hatten und in den USA die Inflation stieg, schwand allerdings das Vertrauen in den Dollar und es kam zu wachsenden Problemen auf dem unregulierten Londoner Goldmarkt. Der Abwertung des britischen Pfund um 14 Prozent im November 1967 folgte ein regelrechter Run auf Gold. Um wachsende Goldabflüsse aus den USA zu vermeiden, wurde die Einlösepflicht von Dollar in Gold 1968 auf die Zentralbanken der Mitgliedsländer des Bretton Woods-Systems beschränkt.

Aber selbst von dieser Seite drohte Ungemach. 1969 begann der französische Staatspräsident de Gaulle, Pakete mit den im Verhältnis zum Gold und auch zu den meisten europäischen Währungen hoffnungslos überbewerteten Dollarreserven der französischen Zentralbank gen Washington zu senden und dafür echtes Gold zu fordern. Da allein die französischen Ansprüche höher waren als die amerikanischen Goldbestände, waren die USA faktisch zahlungsunfähig und das System am Ende.

Endgültig aufgehoben wurde die Goldbindung durch Präsident Nixon am 15. August 1971.

Seither gibt es den metallenen Stabilitätsanker selbst zum Schein nicht mehr. Die großen Währungen mehr oder weniger stabil zu halten, liegt vielmehr in der alleinigen Verantwortung der Zentralbanken. Da zuviel umlaufendes Geld als inflationstreibend angesehen wird und, umgekehrt, Liquiditätsengpässe die Wirtschaftsaktivität abschnüren, wird von einer Zentralbank erwartet, beide Szenarien zu vermeiden. Die Instrumente, die ihr dabei zur Verfügung stehen, sind die Festlegung der Zinssätze, zu denen sie Geld verleiht, und die Steuerung des Volumens an Zentralbankgeld, das sie ins Finanzsystem pumpt.

99

Helden ohne Macht

Tatsächlich ist der Unterschied zwischen einem Trader, der für einen Hedgefonds hochriskante Finanzwetten abschließt, und einem Zentralbanker heute nicht mehr sehr groß. Der Erfolg von beiden hängt im Wesentlichen vom Glück ab. Denn die Instrumente der Zentralbanker sind auf dem globalisierten und deregulierten Finanzmarkt unserer Tage stumpf und rostig geworden. Zwar beeinflussen die großen Zentralbanken, wie die amerikanische Fed oder die EZB, mit ihrer Zinspolitik immerhin das Zinsniveau, zu dem Dollar oder Euro auf dem internationalen Geldmarkt verliehen werden. Aber selbst das kann ihnen in bestimmten Situationen entgleiten, wie sie im Verlauf der Finanzkrise, in der die Geldmarktsätze wegen der grassierenden Sorge vor Bankenpleiten immer wieder nach oben schossen, erleben mussten.

Noch weniger Einfluss haben die Zentralbanker auf die realwirtschaftlich ungleich wichtigeren Langfrist-Zinsen, also auf die Verzinsung längerlaufender Anleihen auf dem Kapitalmarkt und die von Krediten, die kleinere Unternehmen und Konsumenten am Ende tatsächlich bekommen. Zwar steigen diese Zinsen in der Regel, wenn die Zentralbank ihre Zinsen erhöht. Aber »in der Regel« ist nicht »immer«, und in umgekehrter Richtung funktioniert das Ganze noch viel weniger. In jedem Fall ist ein Zentralbankzins von 2 Prozent problemlos mit Dispozinsen von 14 Prozent oder Überziehungszinsen bei Kreditkarten von 19 Prozent vereinbar. Denn über all diese Zinsen entscheiden heute allein die Geschäftsbanken und dabei hat weder die Regierung noch die Zentralbank auch nur eine Silbe mitzureden.

Ist der Einfluss der Zentralbanken bereits in der Zinspolitik begrenzt, haben sie auf das Volumen der umlaufenden Liquidität schon gar keinen Einfluss mehr. Während die amerikanische Zentralbank das Vorhaben, die Geldmenge zu steuern, nach einer kurzen desaströsen Periode zu Beginn der Präsidentschaft von Ronald Reagan ausdrücklich aufgegeben hat, finden sich im Direktorium der Europäischen Zentralbank bis heute Leute, die genau darin ihre Aufgabe sehen. Jeder EZB-Jahresbericht enthält folgerichtig einen Abschnitt, in dem wortreich erläutert wird, warum es just im letzten Jahr wieder nicht geklappt hat. Denn natürlich hat die EZB nicht die Absicht, die Liquidität im Euroraum um 10 Prozent jährlich anschwellen zu lassen. Angesichts eines durchschnittlichen Wirtschaftwachstums von weniger als 3 Prozent und einer angestrebten Inflation von unter 2 Prozent wären nach den Lehren der Geldmengen-Theoretiker 5 Prozent Liquiditätswachstum mehr als genug.

Auch wenn die von der Geldmengen-Schule postulierte schlichte Kausalbeziehung zwischen Geldmenge und Inflation grober Unfug ist, wäre es natürlich trotzdem wünschenswert, eine derart zentrale volkswirtschaftliche Größe wie die verfügbare Liquidität öffentlich kontrollieren zu können. In Wahrheit haben die heutigen Zentralbanken hier jedoch nichts mehr im Griff. Denn anders als in dem oben geschilderten Lehrbuchbeispiel, in dem die Banken sich ihr Geld brav bei ihrer Zentralbank leihen und zuverlässig auf ihre Einlagen Mindestreserven hinterlegen, besorgen sich die realen Finanzhäuser unserer Zeit den größten Teil ihrer Liquidität auf dem Interbankenmarkt.

Welche Bedeutung und welches Gewicht dieser Markt besitzt, ist im Verlauf der Finanzmarktkrise vielleicht zum ersten Mal ins öffentliche Bewußtsein gerückt: als er plötzlich nicht mehr funktionierte und das viele Banken in sehr ernste Liquiditätsnöte brachte. Der Interbankenmarkt ist ein Markt, auf dem die Banken dieser Welt sich Gelder auf kurze Frist und ohne Sicherheiten gegenseitig leihen. Für eine Bank, die gerade mehr Geld als lukrative Kreditmöglichkeiten hat, schafft dieser Markt eine verzinste Anlage für die überschüssigen Dollar oder Euro, die sonst zinslos auf dem Zentralbankkonto hätten lagern müssen. Umgekehrt kann sich unter normalen Bedingungen jede große Bank jederzeit auf diesem Markt Geld besorgen, braucht also über das gesetzliche Limit hinaus kaum noch eigene Reserven zur Sicherung ihrer Zahlungsfähigkeit vorzuhalten.

Im Grunde ist es immer das gleiche Geld, das die Banken auf dem Interbankenmarkt zwischen ihren Konten hin- und herbuchen und theoretisch können sie damit Schulden und Vermögen von unendlicher Zahl und Größe schaffen, wie wir im nächsten Kapitel noch genauer zeigen werden. Solange dieser Markt funktioniert, ist der Bedarf an »echtem« Zentralbankgeld zur Finanzierung zusätzlicher Kredite daher verschwindend gering. Trocknet er dagegen in einem Klima des Misstrauens aus, sind die Banken plötzlich wieder auf die Zentralbanken angewiesen.

Genau das ist der Grund für die Milliardensummen, die Fed und EZB seit über einem Jahr immer wieder in das Finanzsystem gepumpt haben, um es funktionsfähig zu halten.

Die Fähigkeit des heutigen Bankensystems, jeden Euro Zentralbankgeld in nahezu unendliche Euro Kreditgeld zu verwandeln, hat auch damit zu tun, dass die gesetzlich vorgeschriebene Mindestreserve im Zuge der Deregulierung der Finanzmärkte und unter dem Druck der Finanzlobby in fast allen Ländern gravierend abgesenkt und in einigen sogar ganz abgeschafft wurde. Auch die diversen Offshore-Zentren der internationalen Finanzmärkte sind in der Regel nicht nur steuer-, sondern auch mindestreservefrei. Außerdem beziehen sich die Mindestreserve-Regelungen nur auf einen eng umgrenzten Teil von Bankeinlagen, die in der gesamten Bilanz der Banken eine immer geringere Rolle spielen. Werden im System der EZB immerhin noch die meisten kurzfristigen Einlagen von der Mindestreservepflicht erfasst, betreffen die Reserve-Bestimmungen in den USA lediglich Einlagen von der Art der Girokonten. Deren Gewicht aber ist in den zurückliegenden Jahrzehnten rapide geschrumpft. Bestanden 1960 noch über 60 Prozent der Verbindlichkeiten einer typischen amerikanischen Geschäftsbank in Girokonten, ist dieser Anteil auf mittlerweile nur noch 7 Prozent zurückgegangen.[26] Damit hat die Reservepflicht eine immer geringere Relevanz.

Im Ergebnis dieser Entwicklungen sind die Zentralbanker inzwischen viel machtloser als der Mythos, der sie umgibt, wahrhaben will. Ihr Zauberstab bestimmt heute weit mehr die Psychologie als die Ökonomie der Finanzmärkte. Da in einem hochspekulativen Markt die Psychologie eine entscheidende, manchmal sogar die ausschlaggebende Rolle spielen kann, ist auch dieser Einfluss nicht zu unterschätzen und muss mit Bedacht ausgeübt werden. Für die endlose Liquidität, die die Finanzmärkte der Gegenwart überschwemmt und sich in immer neuen, immer dramatischeren Spekulationsblasen niederschlägt, sind die Zentralbanker dennoch nicht verantwortlich zu machen. Allenfalls in dem Sinne, dass sie zugesehen und zum Teil aktiv dabei mitgeholfen haben, die heutige Situation herbeizuführen. Denn nicht die globalen Finanzmärkte haben die Zentralbanken entmachtet, sondern das haben diese im Verbund mit der herrschenden Politik Schritt für Schritt, Deregulierung für Deregulierung, höchstselbst getan.

Von den Euromärkten zum globalisierten Weltfinanzmarkt

Um besser zu verstehen, wie die modernen Finanzmärkte funktionieren, wollen wir uns zunächst einmal ansehen, wie sie entstanden sind. Tatsächlich ist die heutige Situation, in der jede Bank nach Belieben über Dispozinsen und Kreditvolumina entscheiden kann, jeden Tag Billionen von New York über London nach Singapur und von da zurück nach Frankfurt rasen, nahezu jede Währung in beliebiger Menge gegen jede andere getauscht werden kann und die Deutsche Bank Dollarkredite bereitstellt, während die Schweizer UBS Euro entgegennimmt, alles andere als eine langjährige Normalität. Vor weniger als einem halben Jahrhundert sahen die Gegebenheiten auf den nationalen Finanzplätzen grundsätzlich anders aus, und einen Weltfinanzmarkt im wirklichen Sinn des Wortes gab es noch nicht.

Eurodollar aus London

Die Erinnerung an den großen Crash von 1929 und die nachfolgende Weltwirtschaftskrise hatte den Befürwortern einer strikten Regulierung der nationalen wie internationalen Geldströme Rückenwind verschafft. Mit dem *Glass Steagell Act* von 1933 hatte die amerikanische Regierung das Zeitalter der Universalbanken auf US-Territorium fürs erste beendet. Fortan waren das Wertpapier- und das Emmissionsgeschäft den Investmentbanken vorbehalten, die allerdings keine Spareinlagen entgegennehmen durften und auch keinen direkten Zugang zu Zentralbankgeld hatten. Letzteres war Privileg der Geschäftsbanken, deren Geschäft sich im Gegenzug auf das Einsammeln von Einlagen und die Vergabe von Krediten zu beschränken hatte.

Auch Einlagen- wie Kreditzinsen unterlagen gesetzlicher Regulierung. So durften US-Banken ihren Kunden für Girokonten gar keine Zinsen zahlen, und auch der Zinssatz auf Termineinlagen war limitiert. Ähnliche Vorschriften gab es in den meisten Ländern. Zudem war der internationale Kapitalverkehr reguliert und Währungen konnten durchaus nicht in beliebiger Menge ineinander umgetauscht werden. Unter diesen Bedingungen waren die umlaufende Liquidität und das Volumen der vergebenen Kredite im Großen und Ganzen politisch steuerbar.

Allerdings galten viele Bestimmungen, die die US-Banken etwa am Finanzplatz New York zu beachten hatten, keineswegs für ihre ausländischen Filialen. Genau diese Lücke wurde zum Ausgangspunkt der ersten unregulierten Bankzone der Welt, dem Eurogeldmarkt, der sich ab 1957 in London zu etablieren begann. Zweiter Geburtshelfer des Euromarktes war ein britisches Gesetz von 1957, das er ebenfalls zu umgehen half. Dieses Gesetz begrenzte die Kreditvergabe britischer Banken in Länder außerhalb des Sterling-Blockes, um das schwächelnde Pfund zu stützen.

Die Finanzierung der Handelsbeziehungen britischer Unternehmen, vor allem in den früheren Kolonialgebieten, war ein altes hochlukratives Geschäft der englischen Geldhäuser, das sie sich nicht gern von konkurrierenden Banken aus dem Ausland abjagen lassen wollten. In dieser misslichen Lage fanden sie eine einfache Lösung: Sie begannen, verstärkt um Dollar-Depositen zu werben und nutzten die US-Währung, die ihnen auf diese Weise zufloss, zur eigenen Kreditvergabe. Ausländische Kreditnehmer bekamen von britischen Banken also erstmals Kredite, die nicht auf Pfund Sterling, sondern auf US-Dollar lauteten. Auf diesem Wege entstand in London ein exterritorialer Markt für Dollar-Guthaben und Dollar-Kredite, der weder der britischen noch der US-amerikanischen Finanzmarktregulierung unterlag. Daher konnten die Dollar-Depositen in London auch höher verzinst werden als Spargelder in den USA, was sie für Anleger aus aller Welt, die über überschüssige Dollar verfügten, attraktiv machte.

Neben den britischen waren es zunächst vor allem amerikanische Banken, die über ihre Londoner Filialen ins Geschäft mit den Eurodollar einstiegen. Der Begriff »Eurodollar« hat nichts mit dem heutigen Euro zu tun, sondern steht einfach für einen Dollar, der außerhalb des amerikanischen Währungsgebietes angelegt ist. Bald wurden auf dem Londoner Euromarkt auch Deutsche Mark und andere Währungen gehandelt, die man entsprechend als Euro-DM oder Euro-Yen bezeichnete. Auf dem heutigen Weltfinanz-

markt sind exterritoriale Depositen und Kredite in Fremdwährungen eine Selbstverständlichkeit. Damals hingegen gab es
so etwas nicht, und die strikte Regulierung der nationalen Finanzplätze ließ auch gar keinen Raum dafür. Insofern war es eine
bewusste Entscheidung der britischen Regierung, diesen Handel
jenseits aller nationalen Zinsregulierungen, Quellsteuern, Reser-
vebestimmungen und sonstigen Vorschriften zuzulassen und damit internationale Banken und viel Geld in die Londoner City zu
locken.

Sorgten die höheren Zinsen für ein reichliches Angebot an Eu-
rodollar-Depositen, wurde die Nachfrage nach Eurodollar-Kredi-
ten und -anleihen durch eine US-Vorschrift aus dem Jahr 1963
nach oben getrieben. Bis dahin war New York der einzige Finanzplatz, auf dem Anleihen im Volumen von 50 Millionen Dollar
oder mehr aufgelegt werden konnten. Die national abgegrenzten
Finanzmärkte in Europa waren damals einfach noch zu klein, um
Liquidität in solchem Umfang aufzubringen. Amerikanische und
auch europäische Konzerne, die in den 60er Jahren ebenfalls begannen, transnationale Produktions- und Vertriebsnetze aufzubauen, waren jedoch auf derartige Beträge zur Finanzierung ihrer
Investitionen und ihrer internationalen Expansion angewiesen.
Deshalb zog es auch die europäischen Wirtschaftsunternehmen an
die Wall Street, wenn sie in größerem Stil Geld benötigten.

Mit den wachsenden Kapazitäten der europäischen Wirtschaft
wurde allerdings ein immer geringerer Teil des in den USA gelie-
henen Geldes tatsächlich für Käufe von Produkten »Made in
USA« verwandt. Immer mehr Geld wurde stattdessen in Europa
selbst ausgegeben, und spätestens dessen Empfänger brauchten zumeist keine Dollar, sondern Deutsche Mark, französische Franc
oder italienische Lira. Sie tauschten die Dollar also in ihre nationale Währung um, was damals nicht auf freien Devisenmärkten
erfolgte, wo sich der Kurs einer Währung nach Angebot und
Nachfrage richtet. Vielmehr wurde bei mangelnder Nachfrage die
überschüssige US-Währung an die Zentralbank des betreffenden
Landes weitergereicht, die nach dem Vertrag von Bretton Woods
verpflichtet war, die Dollar zu einem festgelegten Wechselkurs aufzukaufen und dafür die jeweilige nationale Währung zu emittieren. Dieser Prozess hatte schnell anwachsende Dollar-Reserven der
europäischen Zentralbanken zur Folge, die sich bilanztechnisch in

einem chronischen Defizit der amerikanischen Zahlungsbilanz niederschlugen. Aus Prinzip oder vielleicht wegen der drohenden Verpflichtung, im Falle des Falles die Reservedollar gegen Gold einlösen zu müssen, erregte diese Situation Missfallen in Washington.

Man suchte daher den massiven Kapitalexport zu drosseln. Als Mittel zu diesem Zweck wurde 1963 die sogenannte Zinsausgleichsteuer eingeführt, die den Erwerb ausländischer Wertpapiere durch amerikanische Staatsbürger mit einem Aufschlag belegte. 1965 wurde diese Steuer auch auf Auslandskredite amerikanischer Banken ausgedehnt. Im Ergebnis wurde es für europäische Unternehmen wesentlich teurer, sich in den USA mit Kapital zu versorgen, und genau diese Kreditnehmer sollten ja auch entmutigt werden. Die Zinsausgleichsteuer galt allerdings nicht für Dollar-Kredite oder -Anleihen, die auf dem Euromarkt aufgelegt bzw. vergeben wurden. Letzterer entwickelte sich damit zu einer attraktiven Alternative für alle, die in größerem Maßstab Geld benötigten.

Die Versorgung des Euromarktes mit Anlagegeldern erfolgte übrigens nicht nur aus privaten Quellen. Zum einen gingen mehrere osteuropäische Länder und die Sowjetunion bald dazu über, ihre Dollar-Bestände statt in New York in London zu deponieren, weil sie sie dort in der Hochzeit des Kalten Krieges sicherer wähnten als beim Erzfeind USA. Zum anderen verlegten wegen der besseren Verzinsung mehrere westeuropäische Zentralbanken ihre Dollar-Reserven nach London. Zur Großanlegerin und wichtigen Geldquelle des Euromarktes entwickelte sich in den 60er Jahren beispielsweise die Bundesbank, die wegen der anwachsenden Überschüsse der deutschen Handelsbilanz bald über umfangreiche Währungsreserven verfügte, mit denen sie das Wachstum dieses unregulierten Finanzmarktes alimentierte.

Geldschleuder ohne Kontrolle

Wir haben oben das Prinzip besprochen, nach dem Zentralbanken Liquidität in Umlauf bringen und die Mindestreserve-Vorschriften erwähnt, mit denen sie die Kreditschöpfung der Banken auf dem nationalen Finanzplatz zu begrenzen suchen. Für Depositen, die auf dem Euromarkt angelegt waren, gab es keine gesetzliche Mindestreserve. Sie wäre auch schwer durchsetzbar gewesen, denn britische oder andere nicht-amerikanische Banken, die in

London mit Dollardepositen dealten, hatten naturgemäß gar kein Konto bei der US-Zentralbank, der einzigen, die Dollarliquidität schaffen und sichern konnte. Die Eurobanken hielten ihre Dollar-Reserven auf Girokonten bei US-Geschäftsbanken. Das Geld, mit dem auf dem Euromarkt Kredite geschaffen wurden, blieb damit zugleich im US-Bankensystem und stand dort für Kredite zur Verfügung.

Die Reservehaltung der Eurobanken war allerdings im Verhältnis zu ihren Einlagen extrem gering, denn ohne vorgeschriebene Mindestreserve gab es ja keinen Grund, allzuviel Geld unverzinst auf einem US-Konto zu lagern. Immerhin stand jeder Euro-Bank im Falle von Liquiditätsengpässen der sich zeitgleich mit dem Euromarkt entwickelnde Interbankenmarkt zur Verfügung. Es war daher viel lukrativer, jede Einlage möglichst schnell in einen zinsträchtigen Kredit zu verwandeln. Wenn die Kredit-Nachfrage stockte, wurde das Geld an eine andere Bank, die Dollar-Liquidität brauchte, kurzfristig weiterverliehen. Und irgendeine Bank gab es immer, die gerade Geld benötigte. Wegen der niedrigen Reservehaltung konnte mit jedem Dollar, der einmal auf ein Euro-Konto überwiesen worden war, also ein nahezu unendliches Volumen an neuen Krediten und Einlagen geschaffen werden.

Praktisch muss man sich das wie folgt vorstellen: Nehmen wir an, der italienische Nudelhersteller Pasta Grande erhält von einem US-Großhändler für seine Makkaroni-Lieferung eine Zahlung von 1 Million Dollar. Da der Nudelhersteller für die Million gerade keine nützliche Verwendung hat, parkt er dieses Geld auf seinem Dollar-Konto bei der Londoner Bank Alpha, um wenigstens Zinsen zu beziehen. Sobald dieses Geld eingeht, bucht die Bank Alpha es auf ihr Reservekonto bei einer US-amerikanischen Bank.

Unter Umständen führt sie dieses Konto bei der gleichen US-Bank, bei der auch der US-Nudelimporteur seins hatte. Die Summe der Einlagen dieser Bank und ihre Fähigkeit zur Kreditvergabe ändert sich also durch diese Transaktion nicht, das Geld ist nur von einem Girokonto auf ein anderes geflossen.

Allerdings hat die Eurobank Alpha natürlich kein Interesse, das Geld, für das sie Zinsen zahlen muss, auf dem Reservekonto zu belassen. Also geht der verantwortliche Banker unverzüglich auf die Suche nach einer attraktiveren Verwendung. Diese bietet sich vielleicht dank Eurobank Beta, die gerade Liquidität benötigt, weil sie einen interessierten Kreditnehmer, aber augenblicklich nicht genug Einlagen hat. Eurobank Alpha verleiht das Geld also an Eurobank Beta, die damit dem holländischen Käsehersteller Blauschimmel einen Kredit geben kann. Der Käsehersteller Blauschimmel bezahlt mit dem Kredit eine Käsereianlage bei dem deutschen Maschinenbauer Eisenmichel, der ebenfalls ein Konto bei der Eurobank Beta hat. Diese Bank erhält die 1 Million Dollar damit als Einlage zurück und kann so den kurzfristigen Kredit an Bank Alpha zurückzahlen. Damit hat letztere das Geld schon wieder auf ihrem Reservekonto und muss erneut nach einer zinstragenden Anlage suchen. Weil gerade kein Wirtschaftsunternehmen zur Stelle ist, das Geld braucht, kauft Bank Alpha eine 1-Million-Dollar-Anleihe des polnischen Staates, der damit die neue Autoflotte für die Entourage des polnischen Staatspräsidenten bei BMW bezahlt.

Auch BMW hat möglicherweise sein Dollarkonto bei der Eurobank Alpha, die das Geld damit schon wieder am Hals hat. Zum Glück fragt Eurobank Delta in diesem Augenblick Liquidität nach, weil ein Importeur aus Japan, der ihr Kunde ist, dringend Kredit benötigt, um die Lieferung eines französischen Champagner-Händlers aus Reims zu bezahlen. Der stolze Franzose will nun aber gar keine Dollar haben, sondern tauscht die 1 Millionen Dollar bei der französischen Zentralbank gegen Franc ein, die er bei seiner Bank in Reims deponiert.

Auch die französische Zentralbank allerdings lagert ihre Dollar-Reserven bei der Eurobank Alpha, deren gestresster Manager jetzt schon wieder einen Zahlungseingang verbucht und erneut irgendjemandem einen Kredit in Höhe von 1 Million Dollar aufschwatzen muss.

Dieses Spiel können die Banken endlos weiter spielen. Wer dieses System verinnerlicht hat, der wundert sich nicht mehr über die Schuldenexplosion, die die Euromärkte nach ihrer Entstehung in kürzester Zeit produziert haben. Im geschilderten Beispiel sind immerhin innerhalb weniger Stunden aus den Exporteinnahmen des italienischen Nudelherstellers Pasta Grande in Höhe von 1 Million Dollar neue Schulden von 4 Millionen und neue Vermögen im Volumen von 5 Millionen Dollar entstanden, darunter das Franc-Guthaben des fröhlichen Champagner-Produzenten. Außerdem entstanden ist ein kurzfristiger Interbankenkredit in Höhe von 1 Million Dollar, der bereits zurückgezahlt wurde.

Angenommen, alle beteiligten Eurobanken haben ihr Reservekonto bei der gleichen US-Bank, buchen sich die 1 Million Dollar bei dieser ständig von einem Reservekonto auf ein anderes um, ohne die Summe ihrer Einlagen zu verändern.

Der Kreditschöpfungsprozess auf dem Euromarkt bricht erst ab, wenn ein Kreditnehmer mit dem Geld jemanden bezahlt, der sein Konto nicht auf dem Euromarkt, sondern direkt in den USA hat. Aber sobald eine Eurobank von einer US-amerikanischen Bank wieder einen Interbankenkredit bekommt, geht es weiter.

Dass die Zentralbanken bereits mit der Entstehung des Euromarktes jede Möglichkeit, Liquidität und Kreditvolumen zu steuern, aus der Hand gegeben haben, ist zwanzig Jahre später auch der deutschen Bundesbank aufgefallen. Leicht frustriert notiert diese in ihrem Monatsbericht vom Januar 1983, dass die »Eurobanken bei einer Expansion ihres Einlagenvolumens praktisch kein zusätzliches Zentralbankgeld [brauchen], während eine Einlageexpansion im Inland den Bedarf an Zentralbankgeld erhöht, weil mit ihr die Mindestreservepflicht und über Barauszahlungen auch der Bargeldbedarf wächst. Dieser Bedarf an Zentralbankgeld, der naturgemäß nur von der Bundesbank gedeckt werden kann, zwingt die inländischen Banken bei ihrer Expansion ›in die Notenbank«; am Euro-DM-Markt fehlt dieses geldpolitische Verbindungsglied.«[27] Mit anderen Worten: Auf dem Euromarkt können die Banken so viel Geld und so viele Kredite produzieren, wie sie wollen. Da man einer DM aber natürlich nicht ansieht, ob sie in Frankfurt oder in London in Umlauf gebracht worden ist, hat die Bundesbank am Ende nichts mehr im Griff.

Das hielt die Zentralbanken und die Politik allerdings nicht davon ab, der Entstehung immer neuer Offshore-Finanzplätze tatenlos zuzusehen, oder, schlimmer noch: sie ins Leben zu rufen. Weitere Euromärkte, auf denen frei von Mindestreserven, Zinsregulierungen und Quellsteuern mit Fremdwährungen gedealt werden konnte, entstanden unmittelbar nach London in den traditionsreichen Bankvierteln von Luxemburg, in Südostasien und in der Karibik. 1981 wurden in den USA, unter anderem am Finanzplatz New York, die »International Banking Facilities« gegründet, in denen in- und ausländische Banken internationale Kreditgeschäfte zu gleichen Bedingungen abwickeln konnten wie auf den übrigen Euromärkten. Im Unterschied zu letzteren waren hier Geschäfte in der Heimatwährung, die ja in diesem Fall der Dollar selbst war, natürlich eingeschlossen.

Die Rettung des Dollar

Hatte sich der unregulierte Euromarkt in den 60er Jahren etabliert, begann seine hohe Zeit in den 70er Jahren. Zwei Faktoren haben zu diesem Boom entscheidend beigetragen: der Zusammenbruch des Systems fester Wechselkurse nach Aufkündigung des Vertrags von Bretton Woods 1973 und die erste große, tiefe und andauernde Wirtschaftskrise seit Ende des Zweiten Weltkriegs, die die Ökonomien der kapitalistischen Industrieländer in den Jahren nach 1973 fest im Griff hatte.

Mit dem Einsturz des Währungssystems von Bretton Woods waren es fortan nicht mehr die Regierungen, sondern die Währungshändler auf den internationalen Devisenmärkten, die über den Kurs des US-Dollar zur D-Mark, zum französischen Franc oder zur italienischen Lira entschieden. Da die Handelsbilanz der USA Mitte der 60er Jahre defizitär geworden war – sie also mehr importierten als exportierten, eine Situation, die sich in den darauffolgenden Jahrzehnten nicht mehr wesentlich geändert hat –, hätte die Umstellung auf freie Wechselkurse den Außenwert des Dollar eigentlich immer tiefer in den Keller treiben müssen.

Denn ein Land, das dauerhaft mehr Güter aus dem Ausland nachfragt als es ins Ausland verkauft, spült immer größere Beträge der eigenen Währung in die Kassen ausländischer Unternehmen. Da diese Unternehmen aber, um Löhne zu zahlen, Zulieferer zu honorieren oder Dividenden auszuschütten, in erster Linie ihre nationalen Währungen benötigen, tauschen sie in der Regel einen Großteil der Exporterlöse in diese zurück. Wenn keine Zentralbank mehr zur Stelle ist, um die überschüssigen Devisen aufzukaufen, führt das zu einem Überangebot auf dem Devisenmarkt, das normalerweise eine Abwertung der betreffenden Währung zur Folge hat.

Glauben wir den auch heute noch verbreiteten Lehren der ökonomischen Orthodoxie, sollte genau dieser Mechanismus bei flexiblen Wechselkursen zum Ausgleich der Leistungsbilanz führen. Denn wenn die Währung schwächer wird, werden die Produkte des betreffenden Landes auf den internationalen Märkten wettbewerbsfähiger. Also steigen die Exporte, während die Einfuhren teurer und daher weniger werden. Im Idealfall geht das so lange, bis das Defizit in der Handelsbilanz verschwunden ist.

Leider funktionierte diese schöne Theorie schon in den 70er Jahren nicht mehr. Zwar wertete der Dollar nach dem Zusammenbruch des Fixkurs-Systems von Bretton Woods zunächst ab, stabilisierte sich dann aber erstaunlich schnell, obwohl sich das US-Handelsdefizit im Laufe der 70er Jahre – nicht zuletzt wegen der rasant steigenden Ölpreise – immer weiter vergrößerte. Diese Stabilisierung hatte der Dollar in erster Linie den Euromärkten zu danken, die jedem, der größere Dollarbeträge hatte, mit denen er gerade nichts anzufangen wusste, attraktive Anlagemöglichkeiten eröffneten und die Dollar-Inhaber auf diesem Wege davon abhielten, ihr Geld in die jeweilige nationale Währung zurückzutauschen.

Zu denen, die in jenen Jahren plötzlich über sehr viele überschüssige Dollar verfügten, gehörten die großen internationalen Wirtschaftskonzerne. Angesichts weltweiter Überkapazitäten und einer tiefen Wirtschaftskrise waren lukrative Investitionsgelegenheiten rar geworden und Massenentlassungen setzten zusätzliche Mittel frei. Milliardenschwere Liquidität, die zuvor für den Kauf neuer Maschinen und die Zahlung von Löhnen verwandt worden war, fand im Produktionsprozess plötzlich keine profitable Verwendung mehr und suchte nach Anlagemöglichkeiten. Diese fand sie auf den Euromärkten, zu deren Großanlegern sich amerikanische und europäische Konzerne und Banken entwickelten.

Eine zweite wichtige Anlegergruppe waren die im Zuge der Ölpreisexplosion steinreich gewordenen Erdölscheichs der Golfstaaten, die ihre legendär gewordenen Petrodollar ebenfalls auf die Euromärkte kanalisierten, weil sie sie dort besser verwerten konnten als auf ihren nationalen Finanzplätzen, auf denen es sehr viel Geld, aber nur wenig Kreditnachfrage gab. Deshalb blieb auch den Öleinnahmen der Rückumtausch in saudische Riyal oder kuweitische Dinar weitgehend erspart und die amerikanischen Leistungsbilanzdefizite konnten der US-Währung zunächst nicht viel anhaben. Allerdings sollte der Anteil der Petrodollar am Aufstieg der Euromärkte nicht überschätzt werden. Quantitativ gehörten selbst auf dem Gipfel des Ölpreisbooms gut zwei Drittel der auf den Euromärkten deponierten Geldvermögen Anlegern aus den Industriestaaten, darunter vor allem Banken und Wirtschaftkonzernen.

Der Umfang der Euromarktdepositen wurde im Verlaufe der 70er Jahre immer größer. Hatten Unternehmen und Privatanleger Mitte der 60er Jahre Gelder im Volumen von gerade 10 Milliarden Dollar auf dem Euromarkt geparkt, waren es 1973 bereits 55 Milliarden. Nur zehn Jahre später hatten sich die Euromarktdepositen von Nicht-Banken auf 603 Milliarden Dollar mehr als verzehnfacht. Die Anlagen von Banken und das Volumen der Interbankenkredite waren von 220 Milliarden Dollar 1973 auf 1.564 Milliarden Dollar im Jahr 1984 angeschwollen. Zur selben Zeit hatten die Zentralbanken Währungsreserven in Höhe von 90 Milliarden Dollar auf den Euromärkten angelegt.

Die Eurobanken konnten allerdings nur deshalb verzinste Dollar-Anlagen anbieten, weil es ihnen gelang, ungeachtet der krisenbedingt nahezu vollständig ausgefallenen Kreditnachfrage investitionsfreudiger Unternehmen Abnehmer für die milliardenschwere und schnell anwachsende Dollarliquidität zu finden: Abnehmer, die Geld brauchten und willig waren, dafür Zinsen zahlen. Solche Abnehmer fanden sie zum einen in den Staaten der Industrieländer, die ihre mit der Wirtschaftskrise wegbrechenden Steuereinnahmen durch verstärkte öffentliche Kreditaufnahme kompensierten und zum anderen in den Entwicklungsländern, die jetzt plötzlich sehr großzügig mit Kreditgeld zu moderaten Zinsen bedacht wurden.

Mit den deregulierten Euromärkten explodierten somit nicht nur die internationalen Dollar-Vermögen, sondern auch die weltweite Verschuldung. Zwischen 1973 und 1982 stieg das über diese Märkte vermittelte Kreditvolumen in jährlichen Wachstumsraten von über 20 Prozent, mehr als fünfmal so schnell, wie die Weltwirtschaft wuchs. Zu einem der wichtigsten Kreditnehmer entwickelte sich Lateinamerika. Die Auslandsschulden Mexikos, Brasiliens, Argentiniens und anderer Länder des Kontinents wuchsen von 125 Milliarden 1972 auf 800 Milliarden 1982. Allein 1981, auf dem Gipfel des Booms, erhielten diese Länder noch einmal Kredite in Höhe von 41 Milliarden Dollar, was etwa 6 Prozent ihres Sozialprodukts entsprach. Der größte Teil des Geldes wurde allerdings bereits zu jenem Zeitpunkt nur noch von einem Konto der Eurobanken auf ein anderes umgebucht, weil die neuen Schulden überwiegend dazu dienten, die aufgelaufenen Zinsen für vergangene Kredite zu bezahlen.

Die Eurobanken hatten ihre Kreditnehmer also in kürzester Zeit in eine klassische Ponzi-Finanzierung hineingetrieben und zahlten ihre Gewinne und die Zinsen ihrer Anleger aus den neuen Krediten, die die Schuldner, schon allein um zahlungsfähig zu bleiben, aufnehmen mussten. Die spätere Katastrophe zeichnete sich damit bereits ab. Aber ganz ähnlich wie drei Jahrzehnte später die durch »moderne Finanzinnovationen« ermöglichte Hyperverschuldung einkommensschwacher US-Familien im Zuge des Subprime-Wahns zunächst zum Förderprogramm für Wohneigentum und Wohlstand umgelogen wurde, fanden sich auch in den Siebzigern gefeierte Wirtschaftsexperten, welche die von den unkontrollierten Euromärkten verursachte Schuldenexplosion zum neu entdeckten Heilmittel gegen Armut und Unterentwicklung verklärten und daraus, perfide genug, Argumente zugunsten einer generellen Deregulierung der internationalen Finanzströme ableiteten.

Wechselkurse nach den Launen der Spekulation

Nach dem Zusammenbruch des Festkurs-Systems von Bretton Woods wurde kein ernsthafter Versuch mehr unternommen, die

Austauschverhältnisse der wichtigsten Währungen zum Dollar, der immerhin unverändert als Leitwährung diente, unter öffentlicher Kontrolle zu halten. In den 70er und 80er Jahren wurden vielmehr alle noch existierenden Beschränkungen des freien Kapitalverkehrs zwischen den Währungen der Industrieländer aufgehoben. Unter diesen Bedingungen war eine Politik stabiler Wechselkurse tatsächlich nur noch möglich, wenn die Finanzmärkte mitspielten. Das galt nicht nur für den Wechselkurs des Dollar, sondern auch für die Relationen der europäischen Währungen zueinander, welche die Europäische Gemeinschaft immer wieder zu stabilisieren suchte, was genau so lange funktionierte, wie sich die Wirtschaftspolitik der europäischen Länder den Interessen und Launen der Finanzjongleure unterwarf.

Als die französische Regierung Anfang der 80er Jahre eine klassisch keynesianische Expansionspolitik zur Förderung von Wachstum und Beschäftigung durchzusetzen versuchte, wurde sie durch anhaltende Kapitalabflüsse und eine Abwertungsspekulation gegen den Franc abgestraft. Selbst die altehrwürdige Bank of England mußte 1992 erleben, dass sie trotz Unterstützung durch andere europäische Zentralbanken nicht in der Lage war, das britische Pfund gegen die Attacke eines großen Hedgefonds im europäischen Währungsverbund zu halten.

Tatsächlich hatte sich der Umfang frei verfügbarer Liquidität mit der Einführung flexibler Wechselkurse und den Deregulierungen schnell so massiv erhöht, dass kaum eine Zentralbank der Welt mehr die Macht hatte, mit ihren Devisenreserven den Kurs ihrer Währung gegen eine ernsthafte Spekulation zu verteidigen. Umgekehrt waren solche Spekulationen natürlich auch erst lohnenswert und aussichtsreich geworden, seit die Kurse frei und unkontrolliert auf und ab schwankten und damit Spielraum für satte Gewinne, aber auch hohe Verluste eröffneten. Erst jetzt wurde die Devisenspekulation zu einem interessanten Geschäft, das im Laufe der Zeit immer mehr Geld anzog.

Hatte der tägliche Umsatz auf den Weltdevisenmärkten 1973 noch bei überschaubaren 10 bis 20 Milliarden Dollar und damit dem maximal Zweifachen des Welthandels gelegen, hatte sich dieses Verhältnis bereits 1980 auf zehn zu eins erhöht. Zehn Jahre später war die Relation zwischen Devisenumsatz und Welthandel auf fünfzig zu eins angeschwollen und 1995, als der Devisenumsatz 1.260 Milliarden Dollar pro Tag erreichte, war das das Siebzigfache des tatsächlichen Warenhandels. Mittlerweile reden wir über tägliche Devisenkäufe und -verkäufe in der Größenordnung von mehr als 3.000 Milliarden Dollar, die selbstverständlich keinerlei Bezug mehr zu realen Handelsströmen haben.

Auch der Wert des Dollar wurde mit den deregulierten Finanzmärkten zum Spielball der Launen von Devisenhändlern und Finanzjongleuren. Die über die Euromärkte kanalisierte Kreditvergabe hatte den Kurs der US-Währung zwar zunächst gestützt, weil sie Dollaranlagen attraktiver machte als den Rückumtausch in nationale Währung. Mit dem immer größeren Defizit in der amerikanischen Leistungsbilanz und einer horrenden Inflation in den Vereinigten Staaten, die im Frühjahr 1979 14 Prozent erreichte, wurde das Vertrauen in die Werthaltigkeit des Dollar jedoch zunehmend erschüttert. Da die meisten Anlagen auf den Euromärkten kurzfristiger Natur waren, konnten sie beliebig abgezogen und in andere Währungen, etwa in die weniger inflationsgeschüttelte DM, umgetauscht werden. Das brachte den Dollar während der 70er Jahre immer wieder ins Schleudern und eine massive Spekulationswelle 1978/79 führte zu einem rapiden Wertverlust der US-Währung und einer Explosion des Goldpreises, der sich von 300 Dollar pro Unze Feingold auf 825 Dollar verteuerte. Zeitgleich verfiel der Dollarkurs natürlich auch gegenüber den europäischen Währungen und dem japanischen Yen.

Eine Abwertung der überteuerten US-Währung war zwar im Interesse der produzierenden US-Unternehmen, die damit wieder größere Chancen bekamen, ihre Erzeugnisse auf dem Weltmarkt abzusetzen. Der fortgesetzte Wertverlust gefährdete jedoch akut den Status des Dollar als internationaler Leit- und Reservewährung. Denn niemand legt gern sein Vermögen in einer Währung an, die ständig wertloser wird. Der Leitwährungsstatus des Dollar wiederum war die wichtigste Säule, auf die sich die USA in ihrer Rolle als ökonomische Weltmacht damals noch stützen konnten, während das Gewicht der US-Konzerne auf den internationalen Produktmärkten durch den Erfolg ihrer europäischen und teils auch schon japanischen Konkurrenten so oder so längst dahingeschmolzen war. Auch hatte das amerikanische Bankensystem ein massives Geschäftsinteresse daran, den Reservestatus des Dollar, der ihnen Milliardenanlagen und also sehr viel Geld brachte, zu erhalten.

Nur gab es für die herausgehobene Stellung des Dollar seit Ende des Systems von Bretton Woods keine vertragliche Grundlage mehr und diese Sonderrolle manifestierte sich damals auch noch nicht in billionenschweren Reserven der Zentralbanken aus aller Welt, wie das heute der Fall ist. Also holte die amerikanische Zentralbank unter ihrem gerade neu ernannten Chef Paul Volcker zum Gegenschlag aus und verteidigte die US-Währung, indem sie die Zinsen in aberwitzige Höhen trieb. Infolge der Leitzinserhöhungen der Fed lag der durchschnittliche Zins am Dollar-Geldmarkt 1980 bei 13 Prozent und sprang im Januar 1981 sogar auf unglaubliche 19 Prozent. Das bedeutete angesichts einer US-Inflation von gut 8 Prozent Realzinsen von 11 Prozent für kurzfristige Anlagen. Längerfristige Schatzanleihen des amerikanischen Staates brachten Zinsen von 20 Prozent. Unternehmen, die Geld brauchten, mussten noch mehr zahlen.

Das extreme Zinsniveau stürzte die US-Wirtschaft in eine tiefe Rezession, erreichte jedoch den gewünschten Effekt auf den Weltdevisenmärkten. Der Dollar stabilisierte sich nicht nur, sondern sein Kurs schnellte kräftig nach oben. Der Grund war einfach, dass es jetzt wieder konkurrenzlos attraktiv wurde, sein Geld in Dollar anzulegen, denn keine andere große Währung brachte derartige Zinsen, selbst wenn die hohe US-Inflationsrate abgezogen wurde. Dass dieses Zinsniveau nahezu jeder produktiven Wirtschaftstätigkeit in den USA den Garaus machte, ließ zudem auf sinkende Inflationsraten hoffen, eine Erwartung, die sich nach kurzer Zeit tatsächlich erfüllte. Die hohen Zinsen zusammen mit der Aussicht auf sinkende Inflation und die zufriedene Wahrnehmung der Fed als einer Zentralbank, die den Außenwert der US-Währung selbst unter Inkaufnahme schlimmster wirtschaftlicher Verheerungen zu verteidigen gewillt war, stoppte die Spekulation gegen den Dollar und motivierte die internationale Geldelite, den Vereinigten Staaten in Form anschwellender Dollarguthaben wachsenden Kredit zu gewähren.

Diesen Kredit freilich brauchten die USA auch, um das zeitgleich eskalierende Defizit in ihrer Handelsbilanz zu finanzieren. Verantwortlich für letzteres war vor allem der plötzlich wieder extrem starke Dollar und die mit ihm endgültig ruinierte Wettbewerbsposition amerikanischer Unternehmen auf dem Weltmarkt. Hinzu kam Reagans exzessiver Rüstungs-Keynesianismus, der

durch steigende Staatsausgaben bei gleichzeitig massiven Steuersenkungen ein bis dahin beispielloses Minus im US-Staatshaus-
halt verursachte, das durch öffentliche Kreditaufnahme ausgeglichen werden musste.

Die ersten Ponzi-Kredite platzen – Die Schuldenkrise der 80er Jahre

Das berühmt gewordene Doppeldefizit in der amerikanischen
Außenhandelsbilanz und den öffentlichen Kassen führte dazu, dass
die USA allein in der ersten Hälfte der 80er Jahre so viel Kapital
einführen mussten, dass sie trotz internationaler Guthaben, die
sich noch 1983 auf 887 Milliarden Dollar beliefen, bereits zwei
Jahre später zu einer Schuldnernation geworden waren. Seither leben die USA von dem mit den Jahren immer weiter anschwellen-
den Kredit, den der Rest der Welt ihnen gewährt.

Leidtragende der Zinswende und des plötzlichen Kredithun-
gers der Vereinigten Staaten waren vor allem die Entwicklungsländer, deren Ponzi-Finanzierungen reihenweise zusammenbrachen. Gerade jetzt, wo die mit den hohen Zinssätzen in die
Höhe schnellenden Zinszahlungen auf ihre Schulden eine gewaltige Ausweitung des Volumens an Neukrediten erforderlich
gemacht hätten, gaben sich die Banken plötzlich zugeknöpft.
Denn die Zeiten, in denen diese verzweifelt nach Abnehmern
für ihre endlose Liquidität suchen mussten, waren vorbei. Mit
den USA gab es jetzt einen nahezu unersättlichen Kreditnach-
frager, von dessen dauerhafter Zahlungsfähigkeit die Geldhäuser
überzeugt waren. Die Entwicklungsländer hingegen waren zu jener Zeit bereits mit einer solchen Schuldenlast beladen, dass niemand ernsthaft erwarten konnte, dass sie diese Kredite jemals
zurückzahlen würden. Zudem verschlechterte sich das Verhältnis ihrer Schulden zu ihrer Wirtschaftskapazität nicht nur durch
die steigenden Zinsen, sondern zusätzlich durch den hohen
Dollarkurs, denn ihre Schulden lauteten auf Dollar und mussten
in Dollar zurückgezahlt werden. 1982 erklärte Mexiko seine Zahlungsunfähigkeit. Argentinien, Brasilien und viele andere folgten.
Die von öffentlicher Kontrolle befreiten Finanzmärkte hatten ihre
ersten Opfer zur Schlachtbank gebracht.

Für die Folgen ihrer verantwortungslosen Kreditvergabe mussten allerdings nicht die Finanzpaläste bluten, sondern Millionen

Menschen vor allem in Lateinamerika, für die ein verlorenes Jahrzehnt unter dem Diktat des Internationalen Währungsfonds begann, mit explodierender Armut, schrumpfender Binnenproduktion und der grausamen Umstellung ihrer gesamten Wirtschaftstätigkeit auf steigende Exporterlöse. Mit diesen finanzierten die ausgepowerten Ökonomien des Südens fortan einen steten Geldstrom in Richtung Norden zur Begleichung von Zins und Zinseszins auf ihre trotz allem immer weiter wachsenden Schulden.

Deregulierung global – Das Regiment der Finanzlobby

Der IWF betätigte sich allerdings nicht nur als globales Inkassobüro der Banken, das seinen Auftraggebern durch die Erzwingung drakonischer Sparprogramme beim Eintreiben der Zinsen half und sie durch seine eigene Kreditvergabe auch direkt auszahlte. Er nutzte seine mit der Schuldenkrise gewonnene Macht zugleich, um das generelle Interesse der Geldhäuser und Devisenspekulanten an der Abschaffung von Kapitalverkehrskontrollen und einer möglichst bedingungslosen Öffnung der nationalen Kapitalmärkte durchzusetzen. Die Deregulierung der globalen Finanzmärkte ist insofern auch ein Ergebnis des unheilsamen Wirkens dieser von den Regierungen der Industrieländer gesteuerten Institution.

Ein weiteres Mal kam der IWF in dieser Weise zum Einsatz, als die Südostasienblase platzte und en masse überschuldete Banken und bankrotte Unternehmen in den betroffenen Ländern hinterließ. Auch da halfen die gigantischen IWF-Kredite in erster Linie den internationalen Geldhäusern und Finanzinvestoren, die sich in den Tiger-Staaten verspekuliert und es nicht geschafft hatten, rechtzeitig vor dem Ende der Blase auszusteigen. Und auch in Südostasien wurden seitens des IWF nicht nur rabiate soziale Sparprogramme, sondern vor allem erhebliche Deregulierungen der nationalen Kapitalmärkte erzwungen, obwohl gerade diese Krise gezeigt hatte, dass die Länder mit völlig unkontrolliertem Kapitalverkehr ihr am hilflosesten ausgeliefert waren.

Aber auch unabhängig von Druck und Erpressung mussten die expandierenden Euromärkte und Offshore-Zentren bei freiem Kapitalverkehr dazu führen, dass die öffentliche Kontrolle auch auf dem regulierten Terrain immer löchriger wurde. Denn regulierte und unregulierte Märkte waren faktisch durch nichts als einen

Knopfdruck in den Rechnern der Banken voneinander getrennt. Mit dem Aufschwung der Euromärkte war somit der schleichende Abbau jeder öffentlichen Kontrolle über nationale wie internationale Finanzgeschäfte eingeleitet und beide Entwicklungen bestärkten sich gegenseitig. Je mehr Finanzströme jenseits des Einflussbereichs von Regierungen und Zentralbanken um den Globus flossen, desto leichter konnten bestehende Vorschriften umgangen und zahnlos gemacht werden. Das wiederum gab neoliberalen Forderungen Auftrieb, sich endlich ganz von solchen »marktverzerrenden« Regeln zu verabschieden.

1986 feierte die Londoner City mit dem »Big Bang« der britischen Regierungschefin Maggie Thatcher die umfassendste Deregulierung, die ein großer nationaler Finanzplatz bis dahin erlebt hatte. Fortan wurde in London nicht nur auf jede öffentliche Regulierung von Zinssätzen und Kreditvolumina verzichtet. Auch die in Großbritannien traditionelle Trennung zwischen Banken, Wertpapierhändlern und Börsenmaklern wurde mit dem »Big Bang« aufgehoben. In den USA überlebte das als Lehre aus der Finanzkatastrophe von 1929 eingeführte Trennbankensystem formal noch bis 1999, wurde aber seit Beginn der 90er Jahre zunehmend ausgehöhlt. Endgültig begraben wurde es im Zuge der aktuellen Finanzmarktkrise, als das Geschäftsmodell der reinen Investmentbanken sich als nicht überlebensfähig erwies.

Vorschriften, die eine unverantwortliche Verschuldung von Konsumenten verhindern sollten, wurden im Zuge der Deregulierung ebenfalls bis zur Unkenntlichkeit aufgeweicht. Einen Durchbruch erzielte die kreditvergabe-hungrige US-Bankenlobby etwa im Jahr 2004, als der oberste amerikanische Bankenaufseher per Erlass sämtliche unter seiner Aufsicht stehenden Institute der Gesetzgebung der Bundesstaaten entzog, in denen sie ihre Filialen hatten und deren Verbraucherschutzvorschriften sie fortan nicht mehr beachten mussten. Ohne diese stetige Absenkung gesetzlicher Standards und Regeln wären die Subprime-Exzesse und all die abenteuerlichen Konsumentenkredite mit Zinssätzen von bis zu 100 Prozent schlicht illegal und daher gar nicht möglich gewesen.

Eine wichtige Rolle in diesem Prozess der Deregulierung spielte Alan Greenspan persönlich, der als damaliger Chef der amerikanischen Zentralbank mehrfach aufgefordert wurde, die gewissenlosen Kredit-Praktiken genauer unter die Lupe zu nehmen. Greenspan lehnte nicht nur jede Kontrolle des wilden Treibens ab, sondern unterstützte es ausdrücklich, indem er beispielsweise höchstselbst die Vergabe variabel verzinster Hausdarlehen propagierte. »Die amerikanischen Konsumenten würden davon profitieren«, hatte Greenspan etwa im Februar 2004 geflötet, »wenn Kreditgeber mehr Alternativen zu traditionellen festverzinslichen Hypotheken anbieten würden. Diese traditionellen festverzinslichen Hypotheken scheinen eine teure Methode für den Kauf eines Hauses zu sein.«[28] Dass die variabel verzinsten Darlehen nur so lange billiger waren, solange die Marktzinsen sich auf einem Tiefststand befanden und er, Greenspan, sich gerade anschickte, diese Situation zu ändern, hatte der Fed-Chef und Lobbyist der Wall Street nicht dazugesagt. Im normalen Geschäftsleben würde eine solche wissentliche Irreführung und Vorspiegelung falscher Tatsachen vermutlich als Betrug geahndet.

Greenspan wurde im Nachhinein zuweilen dafür kritisiert, die Kredit-Exzesse durch seine langjährige Niedrigzinspolitik mitverursacht zu haben. Tatsächlich gehört der Mann ganz sicher zu den Verantwortlichen für das entstandene Desaster. Allerdings nicht wegen seiner Zinspolitik, sondern weil er aktiv dabei mithalf, die Kredithaie von allen Zumutungen öffentlicher Kontrolle und Regulierung zu befreien. Denn in erster Linie dadurch und nicht wegen der niedrigen Zinsen war jene beispiellose Explosion auf dem US-Markt für Hypotheken und Konsumentenkredite überhaupt möglich geworden.

Auch die nationalen Finanzplätze anderer Industrieländer wurden in den 80er und 90er Jahren immer stärker von öffentlicher Regulierung befreit, wobei zunehmend exotischere Anlagen und Kreditvarianten legalisiert wurden. Dem globalen Siegeszug der Hedgefonds etwa lagen klare politische Einscheidungen zu Grunde, ohne die sie ihre Anlagen einem größeren Publikum gar nicht hätten anbieten dürfen. Das gleiche gilt für die *Private Equity*-Piraten, denen mit Steuerprivilegien in besonderer Weise der rote Teppich ausgerollt wurde.

Eine ausgesprochen unerfreuliche Rolle bei der Deregulierung der europäischen Finanzmärkte spielte die EU-Kommission, die sich immer wieder für die Wünsche der Finanzlobby stark machte, genau jene Wildwest-Methoden, die in den USA inzwischen üblich geworden waren, auch auf den europäischen Kreditmärkten zu etablieren. Tatsächlich gab es mit den USA vergleichbare Hypotheken-Exzesse mindestens in Großbritannien, Irland und Spanien, auch wenn das Marktvolumen und damit die Auswirkungen auf das internationale Finanzsystem natürlich kleiner waren.

Dass die abenteuerlichsten Darlehen inzwischen auch in Europa angekommen sind, zeigen nicht zuletzt Meldungen über die Verbreitung sogenannter SMS-Kredite in Estland. Bei solchen Krediten reicht eine vom Mobiltelefon abgesandte Kurznachricht, und fünf Minuten später werden dem Betreffenden beträchtliche Summen aufs Konto gekippt. Freilich nur für kurze Zeit und die Zinsen für diesen Wahnwitz liegen in der Regel bei über 100 Prozent. Rund 60.000 Esten sind solchen Kredithaien bisher auf den Leim gegangen, und nicht wenige von ihnen brauchten das Geld, um bei der Zahlung ihrer Hypotheken nicht in Verzug zu geraten. Werden die SMS-Kredite nicht rechtzeitig beglichen, treiben Inkassounternehmen, die oftmals Töchter der SMS-Kreditgeber sind, die Schulden skrupellos wieder ein.[29]

Im Ergebnis all dieser Deregulierungen steht der für den Lebensnerv jeder Volkswirtschaft so wichtige Finanzmarkt heute kaum noch unter öffentlicher Kontrolle. Er ist zudem immer stärker zu einem Weltmarkt geworden, auf dem global einheitliche Preise und Kurse ermittelt werden, Händler aus Singapur, Zürich, London und Los Angeles an einem virtuellen Tisch sitzen und sich eben deshalb jede kleine regionale Erschütterung in Windeseile auf die internationale Bühne überträgt.

Zwar ist der Grad der Globalisierung in den einzelnen Segmenten der Finanzmärkte unterschiedlich. Der Kreditmarkt beispielsweise ist nach wie vor zumindest in dem Sinne national organisiert, als die nationalen Regeln für Hypothekendarlehen oder Konsumentenkredite nach wie vor sehr unterschiedlich sind. Auch kann ein französischer Staatsbürger solche Kredite zwar ebensogut von einer amerikanischen wie einer französischen Bank erhalten, von ersterer aber nur, wenn sie in Frankreich nach französischem Recht solche Kredite anbietet. Hypothekenzinsen und -konditionen können sich daher erheblich unterscheiden, selbst wenn die Darlehen in Ländern mit der gleichen Währung – also etwa im Euroraum – aufgenommen werden. Bei Unternehmenskrediten ist die Vereinheitlichung schon wesentlich weiter fortgeschritten. Mit dem Übergang zu einer zunehmenden Verbriefung von Kreditforderungen und ihrer Absicherung über Credit Default Swaps schließlich haben sämtliche Bereiche des Kreditmarktes eine internationale Dimension erhalten. Auf diesem Wege sind eben auch die mit US-Hausdarlehen oder US-Kreditkartenschulden besicherten Wertpapiere in die Portefeuilles der Finanzinvestoren von Zürich, Frankfurt und Peking gelangt, und Kreditkrisen haben keine Chance mehr, ein nationales Ereignis zu bleiben.

Der Interbankenmarkt, über den die Geldhäuser sich gegenseitig mit kurzfristigen Krediten versorgen, war schon immer ein globaler Markt, dessen Zinssätze von der Währung abhängen, aber nicht von dem Ort, von dem aus sie nachgefragt wird. Der Devisenmarkt, auf dem über das Austauschverhältnis der Währungen entschieden wird, ist mit der Abschaffung der Kapitalverkehrskontrollen zu einem einzigen großen globalen Spielkasino verschmolzen. Das gleiche gilt für den Handel mit Anleihen und Derivaten. Die Aktienmärkte sind zwar nach wie vor in dem Sinne regional, als im Dow Jones andere Aktien gelistet sind als etwa im Dax und deshalb an der New Yorker Börse bevorzugt die Aktien amerikanischer Unternehmen umgesetzt werden, während in Frankfurt europäische und speziell deutsche Titel dominieren. Aber da jede Aktie jedes großen Konzerns überall auf der Welt nachgefragt oder angeboten werden kann, hat sie tendenziell auch überall den gleichen Preis, abgesehen von kleinen Differenzen, die durch unterschiedliche Gebühren oder die Existenz oder Nichtexistenz von Börsenumsatzsteuern verursacht werden.

Arbitrage und Spekulation – ein globales Kasino entsteht

Diese globale Vereinheitlichung von Preisen und Kursen ist vor allem darauf zurück zu führen, dass es überwiegend die gleichen Akteure sind, die in New York, Frankfurt oder London mit Aktien, Devisen oder Derivaten handeln und die die kleinste Preisdifferenz gewinnträchtig ausnutzen und genau dadurch zum Verschwinden bringen. Wäre beispielsweise der Dollar in Euro gerechnet am Finanzplatz London auch nur einen halben Cent billiger als in New York, würden die Devisentrader der Deutschen Bank sofort beginnen, in großem Stil Dollar in London nachzufragen und in New York zu verkaufen. Auch andere Finanzhäuser

122

würden in diesen lukrativen Handel einsteigen, der die Preisdifferenz in kürzester Zeit zum Ausgleich bringt.

Solche Geschäfte, die Preisdifferenzen an unterschiedlichen Orten ausnutzen und daraus risikolos Gewinne schlagen, nennt man Arbitrage. Spekulations-Geschäfte setzen im Gegensatz dazu auf Preisdifferenzen zwischen Gegenwart und Zukunft. Weil letztere niemand kennt, sind sie risikoreich und können schiefgehen.

Durch die Arbitrage- und Spekulations-Geschäfte der Finanzgiganten werden im Übrigen nicht nur Preise und Kurse international vereinheitlicht, sondern auch unterschiedliche Bereiche des globalen Finanzmarktes miteinander verbunden: Etwa die aktuellen Geldmarktzinsen und die Kurse der Währungen. Denn auch der Handel mit Währungen und das Leihen und Verleihen von Geld sind keine separaten Tätigkeiten, die von unterschiedlichen Instituten durchgeführt würden. Engagiert ist hier vielmehr die Trading-Abteilung ein und derselben Bank und ein schönes Geschäft für sie besteht darin, Geld in einer Währung, deren Zentralbank gerade eine Niedrigzinspolitik betreibt, für gewisse Zeit auszuleihen, es in eine andere, höher verzinste Währung umzutauschen und für diese Zeitspanne weiterzuverleihen. Will der Händler jedes Wechselkursrisiko ausschließen, kann er den Betrag sogar schon heute auf dem Termin-Markt in die Niedrigzinswährung zurücktauschen. Dieser Handel lohnt sich so lange, wie die Differenz zwischen Gegenwarts- und Zukunftswechselkurs geringer ist als die Zinsdifferenz zwischen beiden Währungen.

Nehmen wir an, eine Bank leiht sich 100 Millionen Yen zu einem Zinssatz von 1 Prozent in Tokio aus, tauscht diese Yen in 1 Million Dollar um, verleiht letztere für ein Jahr zu 3 Prozent weiter, tauscht sie sofort auf dem Terminmarkt für Ende des Jahres wieder in Yen zurück und tilgt nach Ablauf dieser Zeit den Kredit, würde diese Bank bei einem Terminkurs, der dem aktuellen Kurs entspricht, einen risikolosen Gewinn von 20.000 Dollar im Jahr machen.

Da diesen Gewinn allerdings auch alle anderen Banken und Fonds gern machen würden, wird man zumindest auf dem

Terminmarkt – also dem Markt, wo man schon heute für einen Termin in einem Jahr die Dollar in Yen zurücktauschen kann – für 1,03 Millionen Dollar nicht mehr 103 Millionen Yen bekommen, sondern nur noch 101 Millionen, was den Zinsgewinn wieder zum Verschwinden bringt.

Der Termin- oder Forward-Kurs jeder Währung zu jeder anderen Währung spiegelt daher die Zinsdifferenzen zwischen diesen Währungen wider. Oder man kann es auch anders formulieren: Auf längere Frist spiegeln die Zinsdifferenzen die erwartete Wechselkursentwicklung wider. Was natürlich immer noch nicht heißt, dass die betreffenden Währungen in einem Jahr tatsächlich zu den Kursen gehandelt werden, die heute auf dem Termin-Markt gelten.

Zinsdifferenzen beeinflussen aber auch die aktuellen Wechselkurse. Ist die Anlage in einer Währung dauerhaft weniger lukrativ als in einer anderen, motiviert das die Finanzjongleure, ihre Anlagen in der Niedrigzinswährung aufzulösen und in eine höher verzinsliche umzutauschen. Dadurch kommt die Niedrigzinswährung unter Abwertungsdruck. Zusätzlich verstärkt wird das durch die oben beschriebenen Carry-Trades, also die Kreditaufnahme in der niedrig verzinsten Währung und die Anlage des Geldes in der höher verzinsten. Solange die dadurch aufgebauten Positionen wachsen, steigt das Angebot der Niedrigzinswährung auf dem Devisenmarkt und ihr Wert sinkt. Umgekehrt kann die plötzliche Sorge vor einer Abwertung der höher verzinsten Währung zu einer massiven Auflösung solcher Positionen führen, die die Niedrigzinswährung abrupt nach oben treibt.

Im oben geschilderten Beispiel hieße das, die Trader befürchten, dass der Dollar in einem halben Jahr nicht einmal mehr hundertzehn, sondern vielleicht nur noch hundert Yen wert sein wird. Dann würde sich die Zinsspekulation in ein Verlustgeschäft verwandeln, sie wird daher schleunigst abgebrochen. Im Zuge der Finanzmarktkrise etwa wertete der Yen regelmäßig dann auf, als die Spannungen am Kreditmarkt größer wurden und mit der Verschärfung der Krise auch der künftige Wert des Dollar in unerfreulichem Licht erschien. Eine Ursache der Yen-Aufwertung in dieser Situation war die Auflösung solcher Carry-Trade-Positionen.

124

Dass die Finanzindustrie mit Hilfe ausgefeiltester Softwarepakete den globalen Finanzmarkt ständig nach Arbitragemöglichkeiten durchsucht, trägt wesentlich dazu bei, dass auf diesem Markt letztlich alles mit allem verbunden ist und macht einen Gutteil seiner Komplexität und Unübersichtlichkeit aus. Den Rest erledigt die Spekulation, die kleinste Veränderungen bis zum Exzess verstärken kann und die treibende Kraft hinter der weit überwiegenden Zahl aller heutigen Finanzbewegungen ist. Mit der realen Wirtschaft oder dem Welthandel haben solche Computerspiele nur insofern zu tun, als sie teils massive und oft sehr schädliche Rückwirkungen auf beide haben können.

Kredite ohne Ende

Wir haben am Anfang dieses Kapitels beschrieben, wie Banken mittels Zentralbankgeld Liquidität erzeugen und erläutert, warum auf den Euromärkten fast unlimitierte Mengen an Kreditgeld geschaffen und so immer größere Schulden finanziert werden konnten.

Was für die Euromärkte galt, gilt heute für das gesamte globale Bankensystem. Wer bildliche Vergleiche mag, kann sich dieses System als ein gewaltiges Netz miteinander verbundener Röhren vorstellen, in denen das Wasser, das einmal hineingepumpt wurde, immer hin und her fließt. Jedesmal, wenn das Wasser von einer Röhre in eine andere fließt, entsteht ein neuer Kredit: einer zwischen den Banken, oder einer von einer Bank an einen Maschinenproduzenten, einen Häuslebauer, einen Hedgefonds oder einen Staat. Aber das Wasser im System verringert sich dadurch nicht, sondern es bleibt immer in voller Höhe verfügbar und kann sofort in die nächste Röhre weiterfließen.

Dieses Röhrensystem ist der Interbankenmarkt und das Wasser ist die Liquiditätsreserve, mit der auf diesem Markt gehandelt wird. Zusätzliches Wasser ins System pumpen können nur die Zentralbanken, und wenn einige Röhren plötzlich ihr Wasser speichern und nicht mehr hergeben, werden die Zentralbanken tatsächlich wieder die zentralen Akteure des Geschehens. Denn dann fließt nur noch die Liquidität, die von ihnen bereit gestellt wird. Unter normalen Umständen dagegen reduziert sich ihre Rolle darauf, den Wasserstand zu kontrollieren. Wie oft und wie schnell das Wasser in den Röhren hin und herfließt, darauf haben die Zentralbanken keinen Einfluss. Das bestimmen allein die privaten Banken. Letztere können mit sehr wenig Wasser durch hektisches Hin- und Herpumpen extrem viele Kredite schaffen und sie können sehr viel Wasser sehr langsam fließen lassen. Normalerweise neigen sie dazu, den Durchlauf zu beschleunigen, denn je öfter das Wasser durch die Röhren fließt, desto höher ist ihr Gewinn.

Die Neigung eines global deregulierten Finanzsystems, immer größere Kreditvolumina zur Verfügung zu stellen und damit eine immer größere Verschuldung zu finanzieren, war bereits in den 70er und 80er Jahren offensichtlich geworden. Eine Reaktion darauf war die Debatte über schärfere Eigenkapitalbestimmungen der Banken, die in den Baseler Regeln mündete, die die Kreditkapazität der Banken einschränken sollten. Die Antwort des Finanzsektors auf die Baseler Vorschriften war der Übergang zur Verbriefung und zum Weiterverkauf der Kredite beziehungsweise ihre Auslagerung in außerbilanzielle Schattenvehikel, die nicht unter die Baseler Vorschriften fielen. Das Interesse der Banken an wachsender Kreditvergabe blieb ebenso erhalten wie ihre Fähigkeit, Ponzi-Schulden von immer größerem Umfang zu finanzieren.

So konnte im Verlauf von drei Jahrzehnten jene gewaltige Schuldenblase entstehen, die heute auf der Weltwirtschaft lastet und irgendwann wohl endgültig platzen muss.

Fiktive Einkommen und virtuelle Vermögen

Die Frage, *woher* der billionenschwere Geldschaum kommt, der sich mal hier, mal dort zu riesigen Blasen zusammenklumpt, die irgendwann mit fatalen realwirtschaftlichen Folgen wieder zu platzen pflegen, ist mit dem Verweis auf die Deregulierung und Globalisierung der Finanzmärkte allerdings noch nicht beantwortet.

Auffällig ist, dass, sobald wir über die Finanzsphäre reden, wir plötzlich eine Welt betreten, in der alles um einige Maßeinheiten größer ist als in der normalen Wirtschaft, in der Autos produziert oder Frisuren geschnitten werden. Das zeigt sich schon in der Maßeinheit, die wir benutzen. Lassen sich die meisten realwirtschaftlichen Vorgänge – Umsätze großer Konzerne, reales Anlagevermögen – mit mehrstelligen Milliardensummen ganz gut beschreiben, bewegen wir uns auf den globalen Finanzmärkten fast nur noch in der Dimension von Billionen. 167 Billionen Dollar globales Finanzvermögen, 3 Billionen Dollar täglicher Umsatz auf den Devisenmärkten, schätzungsweise 2,8 Billionen Dollar Abschreibungsbedarf infolge fauler Kredite – es gibt keinen anderen Wirtschaftszweig, dessen Zahlen sich auf einem auch nur annähernd vergleichbaren Niveau bewegen würden.

Die Frage steht also nach wie vor im Raum: Woher kommen die unglaublichen Summen, die auf den Finanzmärkten bewegt werden? Sind die 167 Billionen Geldvermögen, von denen sich etwa 100 Billionen in der Verfügung privater Haushalte befinden, tatsächlich aus der Realwirtschaft abgezweigte Spargroschen, die statt für schöne Reisen, hübsche Autos und neue Designermodelle eben für Aktien oder Schuldpapiere verausgabt wurden? Und wenn es so ist, warum sind die Geldvermögen dann in den zurückliegenden 25 Jahren so unvergleichlich viel schneller gewachsen als die reale Wirtschaft?

Einkommenskonzentration als Geldquelle der Finanzmärkte

Die Antwort auf die Frage, ob die Geldvermögen aus der realen Wirtschaft entstanden sind, lautet: ja und nein.

Wir haben bereits gezeigt, dass die globale Wirtschaftskrise der 70er Jahre zu einer bis dahin beispiellosen Akkumulation von Geldvermögen in den Kassen der großen Unternehmen geführt hat, die nicht, wie in früheren Krisen, entwertet wurden, sondern vor allem dank der Euromärkte lukrative Anlagemöglichkeiten gefunden haben. Wir haben auf die Hochzinsphase Anfang der 80er Jahre verwiesen, die eine tiefe Rezession in den meisten Industrieländern ausgelöst und zugleich aufgrund des Zinseszins-Effektes ein explosives Wachstum sämtlicher Finanzanlagen zur Folge gehabt hat. Während in dieser Zeit allein das gigantische Doppel-Defizit in Staatshaushalt und Leistungsbilanz der Vereinigten Staaten für eine nahezu unerschöpfliche Kreditnachfrage sorgte, wurde das Angebot an anlagesuchendem Geld durch den weltweiten Siegeszug neoliberaler Politikkonzepte verstärkt, die die Einkommen massiv zugunsten derer umverteilten, die ohnehin schon mehr hatten als sie zur Finanzierung ihrer Konsumwünsche brauchten.

In der zweiten Hälfte der 80er und vor allem in den 90er Jahren wuchs die staatliche Kreditnachfrage hingegen nur noch moderat und die Zinsen verharrten auf einem vergleichsweise niedrigen Niveau. Dennoch hat sich der Anteil des Finanzsektors am Weltsozialprodukt in den zwanzig Jahren zwischen 1987 und 2007 noch einmal mehr als verdoppelt und der Anteil der Gewinne der Finanzinstitute an den gesamten Gewinnen der Wirtschaft ist noch wesentlich steiler angestiegen. Am extremsten in den Vereinigten Staaten, wo dieser Anteil vor der Finanzkrise bei etwa einem Drittel lag, also jeder dritte Dollar Gewinn, der in der US-Ökonomie erwirtschaftet wurde, aus Finanzgeschäften stammte.

Zwar verstärkte sich in dieser Zeit ebenfalls die weltweite Umverteilung der Einkommen zugunsten der oberen Zehntausend, und diese fortgesetzte Umverteilung zum Vorteil der mehr als Saturierten hatte zum Ergebnis, dass ein überproportional großer Teil dieser Einkommen eben nicht auf die Gütermärkte zurück, sondern auf die Finanzmärkte floss, mit allen Folgeproblemen für die reale Wirtschaft, mit denen wir uns im letzten Kapitel ausführlich beschäftigen werden. Die historisch beispiellose Explosion der Geldvermögen in dieser Zeit kann das aber nicht erklären, denn eine ähnliche Einkommensungleichheit gab es auch in den zwanziger Jahren des letzten Jahrhunderts und dennoch erreichte die Geldvermögensblase nicht annähernd die Dimension der heutigen.

Wir können also festhalten: Die Finanzmärkte wurden und werden durch eine immer ungleichere Verteilung der realen Einkommen mit ständig neuem Geld versorgt. Die Konzentration der Einkommen in immer weniger Händen hat insofern zur rasanten Expansion der Finanzsphäre wesentlich beigetragen, reicht aber zu ihrer Erklärung nicht aus.

Reale und fiktive Finanzeinkommen

Tatsächlich war ein derart explosives Wachstum des Finanzsektors und der Finanzvermögen nur möglich, weil die heutigen Finanzmärkte die Eigenschaft besitzen, aus eigener Kraft und in nahezu unbegrenztem Umfang Einkommen, Gewinne und Vermögen zu erzeugen, denen keinerlei Käufe und Verkäufe realer Güter zugrunde liegen, sondern, genau besehen, reine Luftbuchungen.

Um mehr Klarheit in dieses unübersichtliche Terrain zu bringen, wollen wir im Folgenden zwischen zwei Arten von Finanzeinkommen unterscheiden: realen und fiktiven. Reale Finanzeinkommen beruhen auf der Umverteilung realer Wertschöpfung, also auf Werten, die außerhalb des Finanzsektors entstanden sind. Reales Finanzeinkommen entsteht beispielsweise, wenn ein Parfümhersteller sich verschuldet und die Zinsen auf den Kredit anschließend aus dem Gewinn zahlt, den er mit dem Verkauf der schönen Düfte gemacht hat. Ebenso real sind die Dividenden, die ein Elektronikgüterproduzent aus dem Gewinn ausschüttet, den er mit Tausenden verkauften Mobiltelefonen, Videorekordern oder Fernsehgeräten erzielt hat. Sehr real sind auch die Anleihezinsen, die ein Staat aus seinen Steuereinnahmen begleicht. Reale Finanzeinkommen beruhen also darauf, dass jenseits des Finanzsektors eine Leistung erbracht wurde, zahlungsfähige Abnehmer gefunden hat und Teile des so erwirtschafteten Einkommens – auf welche Art immer – an die Inhaber von Aktien, Schuldscheinen oder anderen Vermögenstiteln weitergegeben werden.

Diese realen Finanzeinkommen sind über hohe Zinsen in den 80er und über steigende Dividendenausschüttungen seit den 90er Jahren stetig angewachsen. Da sie sich in wesentlich weniger Händen konzentrieren als etwa die Lohneinkommen, werden sie überwiegend wieder angelegt, akkumulieren sich also als zusätzliches Geldvermögen.

Im Gegensatz zu den realen liegen den fiktiven Finanzeinkommen keinerlei realwirtschaftliche Vorgänge zugrunde, sie entstehen vielmehr durch spekulative Finanztransaktionen oder reine Luftbuchungen. Luftbuchungen finden im Rahmen von Ponzi-Finanzierungen statt: Solange die Zinsen auf einen Kredit immer wieder durch neue Kredite bezahlt werden, werden Einkommen – nämlich eben jene Zinseinkommen – geschaffen, die nur in den Computern der Banken existieren und denen kein einziger real produzierter Wert zugrunde liegt. Je größer die Kreditkapazität eines Bankensystems, desto endloser kann es natürlich auch derartige Einkommen erzeugen, die in der Regel sofort wieder als Geldvermögen angelegt werden. Irgendwann freilich kommt der Punkt, wo die Banken von dem Schuldner tatsächlich Cash sehen, das heißt, reales Finanzeinkommen verdienen wollen.

Noch wichtiger, weil noch unlimitierter in seiner Fähigkeit zur Simulation von Wertschöpfung, ist daher die spekulative Erzeugung fiktiver Finanzeinkommen. Dass Spekulationsgeschäfte überhaupt Einkommen schaffen, mag auf den ersten Blick seltsam erscheinen, weil solche Geschäfte nach gängiger Auffassung Nullsummenspiele sind, bei denen der eine gewinnt, was der andere verliert, und sie die Volkswirtschaftsstatistik daher aus gutem Grund nicht als Wertschöpfung oder Einkommen zählt. Wenn beispielsweise ein Aktionär Kursgewinne durch den Verkauf eines Teils seiner Aktienpakete realisiert, ist das Geld, das ihm auf diese Weise zufließt, statistisch kein Einkommen, weil jedem Verkäufer solcher Papiere ein Käufer gegenübersteht und damit Geld lediglich von einem zum nächsten umverteilt wird. Trotzdem beruht ein erheblicher Teil der im Finanzsektor erwirtschafteten Gewinne und Einkommen auf nichts anderem als einem solchen Reihumhandel vorhandener Wertpapiere, der mit realer Wertschöpfung so viel zu tun hat wie die Sandkuchen, die Klein Hänschen in seinem Sandkasten backt.

Der Mechanismus, über den spekulative Geschäfte Einkommen und Gewinne schaffen und dem ein großer Teil der billionenschweren globalen Vermögen seine Existenz verdankt, läßt sich an einem extrem vereinfachten Beispiel erläutern.

Nehmen wir an, der Millionär Heinz möchte sein Geldvermögen, das er einer Erbschaft, einem Bankraub oder einem Lottogewinn verdanken mag, rentierlich mehren. Heinz legt also die 1 Million Euro in dem Investmentfonds Schnellreich an. Der Investmentfonds Schnellreich freut sich über die Million, besorgt sich zusätzlich bei einer Bank 100.000 Euro Kredit, um die erzielbare Rendite zu hebeln, und kauft für die 1,1 Millionen Euro irgendwelche Wertpapiere, nehmen wir an: Aktien von Daimler.

Jetzt tritt der zweite Millionär auf den Plan, den wir Hans nennen wollen. Auch er verfügt über eine Million Euro, die er gern vermehren möchte. In diesem Fall ist es der Investmentfonds Gier, dem er sein Vermögen anvertraut. Der Investmentfonds Gier nimmt die eine Million Euro, außerdem, weil er etwas risikofreudiger ist als sein Konkurrent, einen Kredit von 200.000 Euro, und er kauft dem Investmentfonds Schnellreich die Daimler-Aktien, in die dieser Heinz' Million investiert hatte, für 1,2 Millionen Euro ab. Der Investmentfonds Schnellreich hat jetzt also seinem Namen Ehre und einen Spekulationsgewinn von 100.000 Euro gemacht, von dem er 50.000 Euro an Heinz als Verzinsung für seine Millionenanlage ausschüttet und von dem Rest die Zinsen auf den Bankkredit und die Gehälter seiner Manager zahlt.

Heinz freut sich über eine Rendite von 5 Prozent und legt die 50.000 Euro gleich wieder beim Investmentfonds Schnellreich an. Der verwaltet mittlerweile also schon 1,05 Millionen Euro, und weil alles so gut geklappt hat, nimmt er jetzt 300.000 Euro Kredit auf und kauft für 1,35 Millionen Euro wieder Daimler-Aktien.

Just eben jene, die er dem Investmentfonds Gier für 1,2 Millionen verkauft hatte.

Der Investmentfonds Gier hat jetzt also einen Spekulationsgewinn von 150.000 Euro gemacht, wovon er seinem Anleger Hans ebenfalls 50.000 als Verzinsung für seine Einlage ausschüttet, mit den restlichen 100.000 die Zinsen auf den Bankkredit begleicht und seine Manager bei Laune hält.

Auch Hans hat also jetzt eine Rendite von 5 Prozent eingestrichen, die er wieder beim Investmentfonds Gier anlegt. Der Investmentfonds Gier hat also jetzt gleichfalls Anlagegelder von 1,05 Millionen. Wagemutig geworden, holt er sich nun 450.000 Euro Kredit von der Bank und kauft dem Investmentfonds Schnellreich erneut die gleichen Daimler-Aktien für 1,5 Millionen Euro ab.

Der Investmentfonds Schnellreich hat jetzt einen schönen Gewinn von 250.000 Euro realisiert. Davon mag er 150.000 Euro an den Millionär Heinz ausschütten, der sein Vermögen jetzt schon um insgesamt 200.000 Euro vermehrt hat. Die restlichen 100.000 Euro mögen dem Investmentfonds Schnellreich genügen, um die Zinsen für die Bankkredite und seine Managementfees zu zahlen.

Weil es keinen Grund gibt, das wunderbare Spiel abzubrechen, legt Heinz die 1,2 Millionen, die er mittlerweile sein eigen nennt, wieder beim Investmentfonds Schnellreich an. Der wagt jetzt den großen Wurf, nimmt auf die 1,2 Millionen Anlagegeld noch einmal so viel Kredite auf und kauft dem Investmentfonds Gier das schon bekannte Päckchen Daimler-Aktien für satte 2,4 Millionen Euro ab. Der Investmentfonds Gier hat jetzt einen sagenhaften Schnitt von 900.000 Euro gemacht. Davon mag er dem Millionär Hans 600.000 Euro als Einlageverzinsung ausschütten und mit den restlichen 300.000 Euro seine Kreditzinsen zahlen und seine Manager beglücken.

Dieses Spiel kann endlos weiter gespielt werden. Einzige Bedingung ist, dass den beiden Fonds entweder zusätzliche Anlagegelder zufließen oder sie eben immer höhere Kredite aufnehmen, mit denen sie die Käufe des ewig gleichen Pakets von Daimler-Aktien zu immer höheren Preisen finanzieren können.

Es ist offenkundig, dass dieser ganze Vorgang volkswirtschaftlich ein einziger Schwachsinn ist. Hier wird nichts produziert, keine neue Technologie erfunden, keine einzige intelligente Idee ausgebrütet.

Es wird einfach immer nur dasselbe Aktienpaket hin- und hergeschoben. Trotzdem sind schon in dem kurzen Prozess, den wir uns angesehen haben, erhebliche Einkommen entstanden. Nämlich Zinseinkommen in Höhe von 200.000 Euro für den Millionär Heinz und in Höhe von 650.000 Euro für den Millionär Hans, außerdem die Zinsen, die an die Banken gezahlt wurden, und die Gehälter der Manager beider Fonds, die statistisch selbstverständlich ebenfalls als Einkommen zählen.

Insgesamt wurden 1,4 Millionen Euro Einkommen »erwirtschaftet«, ohne das sich der gesellschaftliche Reichtum in Form realer Güter und Leistungen um einen einzigen müden Euro erhöht hätte.

Das obige Beispiel mag banal und extrem vereinfacht erscheinen, beschreibt aber die Quintessenz jenes Mechanismus, dem ein Großteil der globalen Geldvermögen seine Entstehung verdankt. Solche gegenseitigen Käufe und Verkäufe immer gleicher Wertpapiere innerhalb eines überschaubaren Kreises von Finanzinstituten lagen der explosionsartigen Ausweitung der Finanzsphäre ebenso zugrunde wie den unglaublichen Gewinnen, die die diversen Finanzhaie von Banken bis Hedgefonds in den zurückliegenden zwei Jahrzehnten gemacht haben. Hier wurde also ähnlich wie bei den Ponzi-Finanzierungen mit nichts als heißer Luft gehandelt, die immer von einem Konto auf ein anderes umgebucht wurde und wird. Was von den produktiven Kapazitäten eines Wirtschaftssystems zu halten ist, in dem ein wachsender Teil der volkswirtschaftlichen »Wertschöpfung« auf Luftbuchungen und Spekulationsgeschäfte zurückzuführen ist, überlassen wir dem Urteil des Lesers.

Immerhin ist zu bedenken, dass die beiden Investmentfonds in dem obigen Beispiel in ihrer Kreditaufnahme außerordentlich bescheiden waren. Fonds Gier brachte es am Ende gerade auf ein

Verhältnis von Kredit zu Eigenmitteln von eins zu eins. (Wir werten die Einlagen hier vereinfacht als Eigenkapital; streng genommen hätten die beiden Millionäre dafür mit ihrem Geld Aktien der Fonds erwerben und ihre Einnahmen als Dividenden beziehen müssen, was an der Substanz des Beispiels aber nichts ändern würde). Wir werden in den nächsten Abschnitten sehen, dass Investmentbanken in der Regel mit einem Kredithebel von zwanzig zu eins arbeiteten und bei Hedgefonds sogar Relationen von dreißig zu eins nicht außergewöhnlich sind.

Angenommen, dass alle so geschaffenen fiktiven Finanzeinkommen wieder als Anlagevermögen auf den Finanzmarkt zurückfließen, werden in dem geschilderten Prozess so viele virtuelle Vermögen geschaffen wie Kredite vergeben werden und eine Verzehn- oder Verzwanzigfachung des Vermögens in relativ kurzen Zeiträumen ist damit durchaus kein Kunststück mehr. In der Realität hat sich das globale Finanzvermögen zwischen 1980 und 2006 vervierzehnfacht, und es ist regelmäßig in jenen Jahren besonders schnell gewachsen, in denen auch die Kreditvergabe überdurchschnittlich stark ausgeweitet wurde.

Natürlich liegt der reale Kredithebel im Durchschnitt aller Finanzinstitute längst nicht bei zwanzig, sondern vielleicht bei zehn oder fünfzehn. Darüber hinaus sind Geldvermögen natürlich nicht nur virtuell auf den Finanzmärkten geschaffen worden, sondern immer auch aus Einkommen entstanden, denen der Kauf und Verkauf realer Güter zugrunde lag. Aber letztere können mangels zahlungskräftiger Nachfrage bei kapitalistischen Verteilungsverhältnissen nie in der Größenordnung expandieren wie die fiktiven Finanzeinkommen, die sich in fast beliebigem Umgang in den Computern der Finanzhaie erzeugen lassen.

Der dargestellte Prozess der Schaffung virtueller Vermögen erklärt im übrigen auch, warum die Geldelite in Ländern, in denen fiktive Finanzeinkommen eine größere Rolle spielen als reale Finanzeinkommen, kein Interesse an hohen Zinsen hat. Denn während sich reale Finanzeinkommen in Zeiten steigender Zinsen in der Regel erhöhen, sind Zinssteigerungen für die Erzeugung fiktiver Finanzeinkommen eher hinderlich, weil sie die stete Ausweitung der Kreditvolumina erschweren. Greenspan hatte also mit seiner Zinspolitik keineswegs in höherem Grade Beschäftigung und reales Wachstum im Auge als die Europäische Zentralbank, sondern seine Auftraggeber, die Wall Street und der amerikanische Geldadel, hatten einfach andere Interessen und Prioritäten. Dass eine Niedrigzinspolitik dessen ungeachtet für die reale Wirtschaft vorteilhafter ist als die Inflations-Hysterie und Zins-Borniertheit des EZB-Präsidenten Jean-Claude Trichet, soll damit nicht in Abrede gestellt werden.

Der moderne Kapitalismus hat sich mit dem geschilderten Mechanismus eine Geldmaschine geschaffen, die Einkommen, Gewinne und damit auch Renditen zu produzieren gestattet, ohne auf den beschwerlichen Weg der Suche nach zahlungskräftigen Käufern wirklicher Güter oder Leistungen angewiesen zu sein. Da es ihm genau an dieser zahlungskräftigen Nachfrage regelmäßig zu mangeln pflegt, hat er damit scheinbar eines seiner Grundprobleme gelöst. Allerdings gibt es zwei Voraussetzungen, die gewährleistet sein müssen, um den Motor dieser Geldmaschine am Laufen zu halten: Erstens dürfen die fiktiven Finanzeinkommen nicht in größerem Umfang zum Kauf realer Güter verausgabt werden, sie müssen sich also überwiegend als Geldvermögen akkumulieren, weil sie sonst inflationär entwerten würden (denn ihnen liegt eben keine Erhöhung der realen Produktion zugrunde). Und zweitens muss das Finanzsystem fähig sein, Kredit in immer größerem Umfang zur Finanzierung solcher spekulativen Käufe zur Verfügung zu stellen. Denn bricht dieser Kreditfluss plötzlich ab, ist nicht nur das wunderbare Geldeinstreichen vorbei, sondern auch in diesem Fall würden absehbar erhebliche Teile des virtuellen Vermögens entwertet.

In früheren Zeiten hat es eine derart anhaltende und umfangreiche Selbstalimentierung der Finanzsphäre durch die Erzeugung fiktiver Einkommen und virtueller Vermögen vor allem deshalb nicht gegeben, weil noch nie ein Finanzsystem existierte, dessen Fähigkeiten zur Krediterzeugung so unerschöpflich waren wie die des heutigen.

Sehen wir uns an, was passiert, wenn der Kreditmotor plötzlich stottert. Wir haben den fiktiven »Wertschöpfungsprozess« oben an dem Punkt abgebrochen, an dem der Investmentfonds Schnellreich auf Daimler-Aktien zu einem

Kaufpreis von 2,4 Millionen Euro und einem Kredit in
Höhe von 1,2 Millionen Euro sitzt und versuchen muss,
die Aktien zu einem höheren Preis wieder abzustoßen,
um den Kredit plus Zinsen zurückzuzahlen und außerdem seinem Anleger, dem Millionär Heinz, eine Verzinsung auf seine angelegten 1,2 Millionen Euro auszuschütten.

Sein Counterpart, der Investmentfonds Gier, hat nun
zwar die auf mittlerweile 1,65 Millionen angewachsenen
Anlagegelder des Millionärs Hans zur Verfügung. Bekommt er aber von den Banken plötzlich keinen Kredit
mehr, ist das auch das Maximum, was er ausgeben kann.
Er kann dem Investmentfonds Schnellreich also das schöne Paket von Daimler-Aktien nur für 1,65 Millionen
Euro wieder abkaufen. Der Investmentfonds Schnellreich
macht bei diesem Geschäft eine Dreiviertelmillion Euro
miese, und da die Bank ihren Kredit plus Zins auf jeden
Fall zurück haben will, muss der Millionär Heinz bluten,
dessen Vermögen jetzt auf weniger als ein Drittel seines
Anfangswertes, also etwa 300.000 Euro, zusammenge-
schrumpft ist. Der Millionär Heinz ist damit kein Millionär mehr und vermutlich frustriert.

Noch schlimmer ergeht es nun dem Millionär Hans.
Dessen Investmentfonds Gier sitzt jetzt auf Daimler-
Aktien, die er im Gegenwert von 1,65 Millionen mit
Hansens Vermögen erstanden hat. Aber diese Aktien will
jetzt schon gar keiner mehr haben. Selbst wenn Heinz
seine 300.000 Euro Vermögen dem Investmentfonds
Schnellreich noch einmal in Hoffnung auf bessere Zeiten zur Verfügung stellt, kann dieser, der nun auch keinen Kredit mehr bekommt, für das Daimler-Paket jetzt
auch nur noch maximal 300.000 Euro zahlen. Der
Investmentfonds Gier erhält also gerade noch diese
300.000 Euro, und da er sein Management nicht ver-
hungern lassen mag, sieht der einst 1,65 Millionen Euro
schwere Hans von diesem seinem Vermögen am Ende
vielleicht noch 200.000 Euro wieder.

In der realen Welt natürlich würde man die beiden Ex-Millionäre mit ihrem Kummer nicht allein lassen, sondern es käme der Staat und würde beiden Investmentfonds die elenden Daimler-Aktien mit Steuergeld zu so einem Preis abkaufen, dass Heinz und Hans weiter Millionäre wären, ihre Millionen allerdings fürs erste wohl lieber in Staatspapiere statt in Investmentfonds investieren würden. Auf einen kurzen Nenner gebracht, ist das das Stadium, in dem wir uns gegenwärtig befinden.

Tatsächlich hat diese Scheinwelt nicht nur die statistische Wertschöpfung der großen Volkswirtschaften dieser Erde in den zurückliegenden Jahren erheblich aufgeblasen, also Produktion vorgetäuscht, wo gar keine stattfand. Die erzeugten fiktiven Gewinne haben auch dazu beigetragen, die Kapitalrenditen in den nichtfinanziellen Sektoren wieder nach oben zu treiben, da, wie wir im nächsten Kapitel noch genauer sehen werden, auch Autobauer, Elektronikhersteller und andere Unternehmen des Nichtfinanzsektors zur Steigerung ihrer Gewinne in zunehmendem Maße an dem beschriebenen Finanzmonopoly teilgenommen und so von den spekulativen Luftbuchungen ebenfalls profitiert haben.

Nun mag man einen Kapitalismus, der sich seine Profite und Renditen teilweise einfach erschwindelt und sich damit im Grunde selbst belügt, alles in allem sympathischer finden als einen, der Hunger und Elend über seine Arbeiter bringt, um die gewünschten Profite aus ihnen herauszupressen. Das Problem ist nur, dass der virtuelle Finanzschaum eben nicht neutral ist und sich brav Jahr für Jahr selbst vermehrt, sondern auf die reale Wirtschaft zurückwirkt, indem er für eine angemessene Verwertung der immer aufgeblaseneren Vermögen eine schärfere Ausbeutung, niedrigere Löhne und reduzierte Steuern verlangt. Steigende fiktive Finanzeinkommen erzwingen daher über kurz oder lang auch steigende reale Finanzeinkommen.

Wenn der Investmentfonds Gier etwa Daimler-Aktien im Wert von 2,4 Millionen Euro hält, erwartet er selbstredend eine höhere Dividenden-Ausschüttung auf diese gleichen Aktien als zu einer Zeit, als er sie für 1,2 Millionen Euro erstanden hat. Auch ist wahrscheinlich, dass derselbe Fond am Ende versuchen würde, die Aktien, die er für 1,65 Millionen Euro gekauft hatte, statt sie für 300.000 Euro wieder zu verkaufen, lieber zu halten und das Unternehmen unter Druck zu setzen, seine Dividenden so zu erhöhen, dass er daraus dem Millionär Hans und seinem Management anständige Bezüge zahlen kann.

Die Umverteilung, die der über der Realwirtschaft sich auftürmende Geldschaum bewirkt, ist daher keineswegs fiktiv, sondern ganz real. Ebenso real wie die wirtschaftlichen Zerstörungen, die er anrichtet und die am Ende alle ärmer machen.

Die großen Cash-Jongleure

Mit den wachsenden Anlagevermögen erhöhten sich im Verlaufe der zurückliegenden drei Jahrzehnte natürlich auch Gewicht und Einfluss der Institutionen, die mit der Verwaltung und Verwertung dieses Geldes betraut waren. Dabei sind die globalen Finanzmärkte durchaus nicht so anonym, wie in der beliebten Rede von »den Märkten« oder vom »Urteil der Märkte« suggeriert wird. Tatsächlich ist dieses Urteil das einer äußerst überschaubaren Zahl von Finanzgiganten, die eben durch ihre Größe und ihren internationalen Handlungsradius die globale Vereinheitlichung von Preisen und Kursen herbeiführen und mit ihren Aktionen und Spekulationen den Pulsschlag des Lebens auf den globalen Finanzmärkten bestimmen. Weil die Richtung und Logik der Finanzströme wesentlich von den Motiven, Anreizen und Interessen derer abhängt, die sie bewegen, wollen wir uns in diesem Abschnitt die einflussreichen Cash-Jongleure unserer Zeit und deren Geschäftsmodelle etwas genauer ansehen.

Die großen Kapitalsammler

Noch in den 70er Jahren hatte die globale Geldelite ihr Geld überwiegend entweder auf Bankkonten deponiert oder Aktien von Produktionsunternehmen und Schatzwechsel des Staates gekauft. Das änderte sich ab Mitte der 80er. Von jetzt an floss ein wachsender Teil der Geldvermögen in Firmen, deren Geschäft ausschließlich darin bestand, wiederum Aktien anderer Firmen zu kaufen oder in sonstigen Wertpapieren herumzuspielen, um aus jedem eingesammelten Dollar in möglichst kurzer Zeit zwei oder drei zu machen. Die alten Investment-Trusts, die nach der Katastrophe von 1929 zunächst ausgestorben waren, erlebten ein beispielloses Comeback, allerdings unter neuen Namen und mit differenzierteren Geschäftsmodellen. Sie heißen heute Hedgefonds, Mutual Fonds, Investmentfonds oder einfach Finanzinvestoren. Die Privatisierung der Altersvorsorge, zunächst vor allem in den angelsächsischen Ländern, brachte eine weitere spezifische Art von Finanzinvestoren hervor, die ebenfalls bald riesige Summen dirigierten: die Pensionsfonds.

Die wichtigsten Akteure auf den heutigen Finanzmärkten sind daher zum einen die großen internationalen Bankhäuser und zum anderen die institutionellen Investoren, zu denen neben Hedge-, Pensions- und sonstigen Investmentfonds auch die Versicherungen gehören. Hatten alle institutionellen Investoren zusammen 1985 gerade 5,9 Billionen Dollar auf ihren Konten, verfügen sie heute über das mehr als Zehnfache. Im Geschäft mit den globalen Finanzanlagen haben die institutionellen Investoren die Banken damit inzwischen überholt. Der Anteil des Vermögens aller Finanzinvestoren am Bruttosozialprodukt der USA lag 1990 bei 127 Prozent und im Jahr 2000 schon bei 195 Prozent. In Großbritannien ist diese Relation im gleichen Zeitraum von 131 Prozent auf 226 Prozent angeschwollen und in Deutschland von 34 auf 80 Prozent.

Die vergleichsweise niedrigen Zahlen für Deutschland sind nicht darauf zurückzuführen, dass die deutsche Oberschicht etwa weniger vermögend wäre als die US-amerikanische, sondern widerspiegeln zum einen das nach wie vor hohe, wenngleich auch hier schwindende Gewicht traditioneller Bankanlagen und zum anderen die trotz Riester und Rürup eher dümpelnde private Rentenvorsorge. Angelegt sind die gewaltigen Vermögen, über welche die institutionellen Investoren verfügen, in Aktien, Anleihen und allen möglichen und unmöglichen Wertpapieren und Derivaten.

Die Großbanken

An der Spitze der globalen Finanzmärkte stehen wenig mehr als ein Dutzend internationaler Finanzkonzerne. Dazu gehören Universalbanken wie die Citigroup, die JP Morgan Chase und die Bank of Amerika, die schweizerische UBS, die britische HSBC oder auch die Deutsche Bank. Bis zur aktuellen Finanzkrise zählten zu den führenden Adressen, die an allen wichtigen Finanzplätzen dieser Welt präsent waren, auch die fünf großen Wall Street-Broker Bear Stearns, Merrill Lynch, Lehman Brothers, Morgan Stanley und Goldman Sachs.

Einfluss und Rolle der internationalen Großbanken sind mit dem Aufkommen der institutionellen Investoren nicht kleiner geworden. Vielmehr gibt es ein intensives Zusammenspiel zwischen Banken und Finanzinvestoren, und darüber hinaus enge institutionelle Verflechtungen. Banken managen eigene Hedgefonds und stehen als milliardenschwere Kreditgeber hinter anderen, sie stecken ihr Geld in *Private Equity*-Piraten und entwickeln Investmentkonzepte für Pensionsfonds.

Denn was die großen internationalen Bankhäuser zu dem gemacht hat, was sie heute sind, ist nicht das Einsammeln von Spargeldern und die Kreditvergabe an Mittelständler, sondern das sogenannte Investmentbanking. Dazu gehört vor allem die Beratung und Betreuung von Unternehmensübernahmen, Fusionen und Börsengängen, das Umsorgen von Hedgefonds und anderen Finanzinvestoren, das Konstruieren und Emittieren von Derivaten oder strukturierten Produkten wie den CDOs und der spekulative Handel auf eigene und fremde Rechnung mit fast allem, was auf den globalen Finanzmärkten zu haben ist. Mit der Finanzierung realer Investitionen hat das sogenannte Investmentbanking nur zu tun, dass es sie erschwert und verteuert, indem es immer mehr Geld aus diesem Bereich abzieht.

Es gibt kaum einen Wirtschaftszweig, der sich global in so wenigen Händen konzentriert wie das Investmentbanking. Die zehn größten Finanzhäuser dieser Welt stehen bei rund 80 Prozent aller nichtbörslichen Derivate-Geschäfte auf einer Seite des Deals. Drei Viertel aller Geschäfte mit Hedgefonds gehen über ihren Tisch. Mehr als ein Viertel des weltweiten Devisenhandels findet allein in den Computern der drei größten internationalen Banken statt.

Aber nicht nur die wichtigsten Global Player, sondern jede größere Bank, die etwas auf sich hält, beschäftigt heute ein ganzes Batallion von Tradern, die den lieben langen Tag nichts anderes tun, als zu versuchen, aus kleinsten Preis-, Kurs- oder Währungsschwankungen größtmögliche Gewinne zu ziehen. Wie man seit dem Untergang der alten englischen Barings Bank weiß, können dabei freilich auch immense Verluste entstehen, eine Erfahrung, die vor kurzem erneut die französische Société Générale machen musste. Für letztere verzockte ein einziger Händler durch spekulative Wetten ganze 6,3 Milliarden Euro. Der Betrag zeigt, in welcher Größenordnung selbst in einer mittelgroßen Bank spekuliert und gewettet wird.

Auch das Basteln und der Verkauf von Derivaten trägt seit Jahren erheblich zum Gewinn der Geldhäuser bei. Groß im Geschäft waren hier vor allem die amerikanischen Investmentbanken, aber auch die Deutsche Bank hat in den zurückliegenden Jahren bestens daran verdient, anderen Banken oder auch Mittelständlern und Kommunen selbstgestrickte Derivate zu verkaufen, die etwa gegen Zinsschwankungen absichern sollten. Diese kleinen Finanzbomben, die alles brachten nur keine Sicherheit, haben manchem Unternehmen so viel von seiner Substanz weggefressen, dass es trotz guter Auftragslage beinahe Konkurs gegangen wäre. Einige Kommunen wurden durch solcherart Produkte aus dem Hause Ackermann ebenfalls in die finanzielle Auszehrung getrieben. Auch ein Gutteil des ABS-Schrotts, an dem die deutsche Mittelstandsbank IKB schließlich erstickte, hatte sie sich von Tradern der Deutschen Bank aufschwatzen lassen, die im Handel mit solchen Hochrisiko-Papieren einen guten Schnitt machten, aber offenbar klug genug waren, nicht allzu viele von ihnen in den eigenen Büchern zu behalten.

(Eine besondere Finesse dieser Geschichte besteht darin, dass es am Ende auch die Deutsche Bank war, die die IKB ins Trudeln brachte, weil sie deren Conduit im Jahr 2007 wegen eben dieser zweifelhaften ABS-Papiere die Kreditlinie kappte. Ganz böse Gerüchte besagen sogar, dass die Deutsche Bank in Erwartung des absehbaren Kursverfalls der IKB zuvor noch ein schönes Päckchen IKB-Aktien leerverkauft habe, bevor sie die Bundesanstalt für Finanzdienstleistungsaufsicht (BaFin) über die Schieflage des Instituts informierte, was bei Bekanntwerden die Aktien erwartungsgemäß in den Keller und den Gewinn der Deutschen Bank nach oben trieb.[30])

Die frühere gesetzliche Trennung zwischen Investment- und Geschäftsbanken, die in Großbritannien traditionell bestand und in den USA 1933 eingeführt worden war, hatte in erster Linie den Zweck, die Spareinlagen von Kleinsparern davor zu bewahren, zum Spielgeld hochspekulativer und damit eben auch hochriskanter Wertpapiergeschäfte zu werden. Wie beschrieben, wurde diese Trennung in beiden Ländern im Zuge der Deregulierung aufgehoben. Das hatte zunächst zur Folge, dass frühere Geschäftsbanken wie die Citigroup und die Bank of America sich verstärkt im Investmentbanking engagierten und damit immer größere Teile ihrer Erträge erwirtschafteten. Die Deutsche Bank, die schon immer beides durfte, Spargelder einsammeln und mit Wertpapieren spielen, hat Mitte der 90er Jahre begonnen, ihr Investmentbanking schwerpunktmäßig auszubauen, um zu den Giganten der globalen Finanzszene aufzuschließen.

Die fünf großen Wall Street-Brokerhäuser behielten zunächst ihren Status als reine Investmentbanken. Das hatte für sie den Vorteil einer wesentlich großzügigeren Regulierung, vor allem im Hinblick auf die Möglichkeit, ihr Geschäft mit Fremdkapital zu hebeln und so ihre Renditen zu erhöhen. Während die amerikanischen Geschäftsbanken in der Regel mit einem Verschuldungsgrad von zehn arbeiteten, also für jeden Dollar Eigenkapital zehn geliehene Dollar einsetzten, lag dieser Faktor bei den Investmentbanken bei zwanzig. Entsprechend höher waren die Renditen bei Goldman und Co., die in den letzten Jahren 20 bis 30 Prozent erreichten, während Citigroup und Bank of America sich mit etwa 11 Prozent begnügen mussten. Der Preis, den die Investmentbanken dafür zahlten, war der Verzicht auf den direkten Zugang zu Zentralbankgeld und auf das Einsammeln von Spareinlagen, da beides reinen Investmentbanken nicht erlaubt war.

Da die Renditen im mühsamen Kleinkundengeschäft aber ohnehin eher dürftig waren und der Kapitalmarkt jederzeit hinreichend Liquidität bereitzustellen schien, war das Geschäftsmodell der Brokerhäuser über Jahre hochrentabel. Die dünne Luft in den lichten Höhen des Investmentbankings war immerhin so attraktiv, dass die Deutsche Bank ihre Kleinkunden jahrelang willentlich vergraulte, um diesen renditeschwachen Geschäftszweig loszuwerden und sich möglichst ganz auf das große Rad der Finanzwetten und Fusionsbetreuungen konzentrieren zu können. Eine Eigenkapitalrendite von sagenhaften 41 Prozent im ersten Quartal 2007 schien dieser Strategie rechtzugeben.

Aber dann kam die Krise und der Absturz. Die erste Investmentbank, die aufgeben musste, war der Broker-Gigant Bear Stearns, der über die toxischen Portfolios seiner Hedgefonds im Frühjahr 2008 in die Zahlungsunfähigkeit taumelte und schließlich, ausgestattet mit einer 30 Milliarden-Dollar-Garantie der amerikanischen Zentralbank, zu einem Spottpreis von der Geschäftsbank JP Morgan Chase übernommen wurde. Im Herbst 2008 war es dann auch für die verbliebenen vier einst so strahlenden und mächtigen Wall Street-Häuser vorbei. Sie sind heute entweder tot wie Lehman Brothers oder wurden von großen Geschäftsbanken übernommen wie Merrill Lynch von der Bank of America (BoA). Oder sie haben sich selbst in Geschäftsbanken umgewandelt wie Goldman Sachs und Morgan Stanley.

Dass die Brokerhäuser zusammenbrachen, während Großbanken wie die Bank of America sogar noch große Übernahmen stemmen konnten, hat nichts damit zu tun, dass letztere etwa weniger wild mit Schrottpapieren gehandelt und spekuliert hätten. Im Gegenteil, die globale Liste der größten Geldvernichter wird nicht von den reinen Investmentbanken angeführt, sondern von der Citigroup mit Abschreibungen im Wert von 55,1 Milliarden Dollar und der schweizerischen UBS mit 44,2 Milliarden Dollar. Die Bank of Amerika hat ebenfalls bereits im ersten Jahr der Krise 21,2 Milliarden Dollar in den Sand gesetzt. Der Pleitier Lehman Brothers brachte es mit Abschreibungen von 13,8 Milliarden Dollar auf kaum mehr als die Hälfte dessen.

Die Geschäftsbanken allerdings konnten und können zur kurzfristigen Finanzierung auf die Spareinlagen von Millionen Kleinsparern zurückgreifen, während die Investmentbanken ausschließlich auf den Kapitalmarkt und den Interbankenmarkt verwiesen sind. Das Austrocknen dieser Quellen war deshalb für letztere tödlich. Auch dem britischen Baufinanzierer Northern Rock war diese Kapitalmarktabhängigkeit, die in Zeiten flüssiger Liquidität und niedriger Zinsen überdurchschnittliche Renditen garantiert hatte, nach Ausbruch der Krise bereits zum Verhängnis geworden.

Inzwischen ist klar, dass die Spekulations- und Fusionserträge, von denen das Investmentbanking lebt, hochzyklisch sind und jedenfalls in nächster Zeit spärlicher fließen werden. Um solche Dürreperioden zu überstehen, rücken die klassischen Felder des Bankgeschäfts wie die Erwirtschaftung von Zinserträgen wieder stärker ins Blickfeld. Vor allem hat sich gezeigt, wie wichtig Spargelder sein können, um auch Phasen missgestimmter Kapitalmärkte zu überleben. Dass sich mit der Einbettung der Brokerhäuser in Großbanken, die zugleich die Ersparnisse von Millionen Kleinkunden verwalten, das wirklich gefährliche Krisenpotential erst zusammenbraut, steht auf einem anderen Blatt. Die Investmentbank Lehman Brothers etwa konnte man gerade noch un-

144

tergehen lassen. Bei einer Bank wie der BoA mit 59 Millionen Kunden wäre das undenkbar, und das Management der Bank weiß, dass das so ist.

Auch in Deutschland führen die heftigen Unruhen und die aktuelle Flaute im Spekulationsgeschäft zu einer verstärkten Rückbesinnung auf jene Bereiche, mit denen man zwar nicht 40 Prozent Rendite, aber vielleicht doch annähernd 20 Prozent verdienen kann. Die zwei großen Fusionen der letzten Monate, die Übernahme der Dresdner Bank durch die Commerzbank und der Kauf der Postbank durch die Deutsche Bank gehören in diesen Kontext. Das Privatkundengeschäft ist wieder in Mode: als Stabilitätsanker und Kraftfutter in Krisenzeiten. Was nicht bedeutet, dass die großen Geldhäuser, die dank der Übernahmen heute noch um einiges größer sind als vor einem Jahr, sich in Zukunft beim Spekulieren zurückhalten werden.

Die Versicherungen und Pensionsfonds –
Rente nach der Stimmung der Märkte

Kapitalgiganten unter den institutionellen Investoren sind vor allem die Versicherungskonzerne und die Pensionsfonds. Alle Versicherer zusammen verwalteten im Jahr 2005 Kapitalmassen in Höhe von 17 Billionen Dollar. Für das in Pensionsfonds angelegte Vermögen gibt es unterschiedliche Zahlen. Die Bank für Internationalen Zahlungsausgleich beziffert das Vermögen aller Pensionsfonds für das Jahr 2005 auf 13 Billionen Dollar, wobei knapp neun Billionen davon allein dem Bestand US-amerikanischer und britischer Pensionsfonds zugeschrieben werden. Nach Angaben der Consultingfirma Watson Wyatt dagegen lag der internationale Pensionsfondsmarkt Ende 2007 sogar bei 24,9 Billionen Dollar und hatte gegenüber dem Vorjahr um 2 Billionen Dollar zugelegt.

Ganz gleich, welche dieser beiden Zahlen der Realität näher kommen, sie zeigen, welche Größenordnung an Geldzuflüssen die Finanzhaie zu Recht erwarten können, wenn es ihnen gelingt, eine weitgehende oder sogar vollständige Privatisierung der Alterssicherung auch in den kontinentaleuropäischen Ländern durchzusetzen. Nutznießer einer solchen Entwicklung wären keineswegs nur die Pensionsfonds, sondern sämtliche Finanzvehikel, in denen die Pensionsfonds ihre riesigen Mittel wiederum investieren. Am

Ende profitieren alle, die bereits über Aktien oder Anleihen verfügen und sich dank wachsender anlagesuchender Rentengelder über steigende Nachfrage und weitere Kurssprünge freuen können.

Die *Frankfurter Allgemeine Zeitung* hatte daher gute Gründe, den gerade abgeschlossenen Riester-Deal im Oktober 2000 mit den Worten zu feiern: »Die Rentenreform ist ein positiver Liquiditätsimpuls für Aktien.«[31] Zwar fließen die deutschen Riester-Gelder nicht unmittelbar auf den Aktienmarkt, sondern zunächst einmal in die Kassen von Banken und Versicherungen, die dieses Geld auch nur begrenzt in Aktien anlegen dürfen. Aber je liquider diese Institute sind, desto freudiger können sie ihrerseits an den Finanzmärkten herumspekulieren, und genau das treibt am Ende den Wert sämtlicher Papiere, die dort gehandelt werden, nach oben.

In den USA und in Großbritannien ist der Bezug zwischen Rentensparen und Börsenstimmung noch wesentlich direkter – und zwar in beide Richtungen. Von den insgesamt etwa 100 Millionen US-Bürgern, die Gelder in private Pensionssparpläne einzahlen, nehmen 58 Prozent an sogenannten 401(k)-Sparplänen teil. Mit diesen Sparplänen können Beschäftigte einen Teil ihres Gehalts steuerfrei für die Altersvorsorge zurücklegen. Drei Viertel dieser Gelder werden von den betrieblichen Pensionsfonds in Aktien angelegt, in der Regel bevorzugt in eigenen Aktien des betreffenden Unternehmens. Im Unterschied zu den *defined benefit*-Sparplänen, bei denen immerhin der erworbene Rentenananspruch vertraglich festgelegt wird, handelt es sich bei den 401(k)-Sparplänen um *defined contribution*-Systeme. Hier stehen nur die monatlichen Einzahlungen fest, die am Ende ausgezahlte Rente dagegen hängt von der Stimmungslage auf den Finanzmärkten, speziell am Börsenparkett, ab. Steppt dort der Bulle, können die Senioren ganz gut leben. Trottet dagegen der Bär, erwartet Millionen ein karges Alter.

Im Schnitt liegt die Aktienquote aller US-amerikanischen Pensionsfons bei etwas weniger als der Hälfte ihrer gesamten Anlagen. Die restliche Pensionsvorsorge fließt in festverzinsliche Wertpapiere oder wiederum in andere Fonds, wobei nicht zuletzt Hedgefonds und *Private Equity*-Gesellschaften in wachsendem Maße von anlagesuchenden Rentengeldern profitiert haben. Und selbst wenn der erworbene Rentenanspruch vertraglich fixiert wurde: Gibt die Marktentwicklung ihn nicht her, sind solche Verträge das Papier nicht wert, auf dem sie stehen.

Einen Vorgeschmack, welche Folgen Turbulenzen auf den Finanzmärkten für die Rentenperspektive von Millionen Menschen haben können, gab es in der Zeit nach der Jahrtausendwende, als die geplatzte Internetblase und der folgende Börsencrash eine Deckungslücke von über 300 Milliarden Dollar in den Bilanzen der US-Pensionsfonds hinterlassen hatten. Die britischen Pensionsfonds klagten über ein Pensions-Defizit in Höhe von 70 Milliarden Pfund. Noch 2003 lag der Wert aller amerikanischen Pensionsfonds weit unter dem Barwert ihrer Zahlungsverpflichtungen. Selbst das *Handelsblatt* stellte damals fest: »Das einst hochgelobte System – die Finanzierung der Altersvorsorge über den Aktienmarkt – erweist sich als Strukturproblem.«[32] Besonders dramatisch traf es damals zwanzigtausend Mitarbeiter des Enron-Konzerns, deren Alterssicherung über 401(k)-Sparpläne zum großen Teil in Enron-Aktien geflossen war, die nach dem Bilanzskandal und Bankrott des Unternehmens jeden Wert verloren hatten.

Auch die OECD warnte seinerzeit vor einer sich selbst verstärkenden Abwärtsspirale, indem die sich ausweitenden Fehlbeträge in den betrieblichen Pensionsfonds die Aktienbewertungen der Unternehmen noch weiter nach unten zu drücken drohten, was wiederum die Defizite der in Aktien investierten Pensionskassen zusätzlich erhöhte. Generell sollten daher nach Meinung der OECD Reformen der Alterssicherung »nicht mehr unter der Annahme sicherer Mindestrenditen und nachhaltig steigender Vermögenswerte an den Kapitalmärkten vorgenommen werden«. Kompliziert würde die Reform »zusätzlich durch den Mangel an qualitativ hochwertigen festverzinslichen Papieren, die ein angemessenes Einkommen für Pensionäre bieten«.[33]

Als die Börsen nach 2003 erneut an Fahrt gewannen, verschwanden derlei Nachdenklichkeiten wieder in den Schubladen und Aktenordnern. Im übrigen waren es gerade die in den Folgejahren boomenden Asset Backed Securities, die den Hunger der Pensionsfonds nach festverzinslichen Papieren mit höherer Rendite und scheinbar niedrigem Risiko zu stillen versprachen und in die eben deshalb kräftig investiert wurde. Die Lebensperspektive der amerikanischen Senioren in spe dürfte dadurch nicht besser geworden sein.

Nach anderthalb Jahren Finanzmarktkrise, melden sich die Probleme jetzt mit aller Wucht und Brutalität zurück. Aufgrund taumelnder Aktienkurse und schwindender Werte der strukturierten Kreditpapiere haben die US-Pensionskassen nach eigenen Angaben in nur fünfzehn Monaten 2 Billionen Dollar verloren.[34] Viele Beschäftigte, so wird nüchtern festgestellt, müssten deshalb später in Rente gehen und würden trotzdem weniger bekommen, als sie angenommen und geplant hatten. Ähnliche Warnmeldungen kommen aus Großbritannien. Auch dort wachsen die Löcher in den Rentensparverträgen. Knapp ein Fünftel ihres Werts haben die britischen Pensionsfonds, in die rund fünf Millionen Briten einzahlen, in den zurückliegenden dreizehn Monaten verloren.[35] Auch hier wird das Risiko überwiegend auf die Sparer abgewälzt, die sich jetzt eben auf spärliche Renten einzustellen haben.

Ungemach verheißen inzwischen auch die deutschen privaten Renten- und Lebensversicherer. Beide haben kürzlich verlauten lassen, nur noch die festgelegte Mindestverzinsung von 2,25 Prozent im Jahr zu garantieren. Das ist weniger als die Inflationsrate und mit Sicherheit nicht das, was die meisten Rentensparer erwarten - und was ihnen im Zuge der Teilprivatisierung der Rente versprochen wurde! Noch schlimmer sieht es für die sogenannten Rürup-Sparer aus, die sich – ähnlich den britischen und amerikanischen Pensionssparern – noch nicht einmal auf den Erhalt des eingezahlten Geldes verlassen können. Was den deutschen Versicherern die Zahlen verhagelt ist keineswegs nur die Entwicklung der Aktienmärkte, in denen sie eher unterdurchschnittlich engagiert sind. Umso freudiger hatten sie sich dagegen in Bankschuldverschreibungen eingekauft. Wenn jetzt das vorher Undenkbare eintritt und Banken pleite gehen wie Lehman Brothers oder nur dank öffentlicher Beihilfen knapp am Untergang vorbeischmarren wie die Hypo Real Estate, sieht es schnell zappenduster aus. Zumal die Krise im Bankensektor noch lange nicht ausgestanden ist.

All diese Entwicklungen zeigen, wie verantwortungslos und ignorant es ist, die Alterssicherung von Millionen Menschen auf die Launen der Finanzjongleure und die Stabilität fragiler Finanz-Kartenhäuser zu bauen. Der einzige Ausweg, der die Katastrophe eskalierender Altersarmut verhindern kann, ist die sofortige Wiederherstellung des alten, paritätisch finanzierten Umlagesystems mit Beiträgen, die eine armutssichere Rente tatsächlich gewährleisten.

Hedgefonds – globale Wettbuden der Geldelite

Die Hedgefonds, die aggressivsten und spekulationswütigsten unter den Finanzinvestoren, verwalteten Ende 2007 weltweit Anlagegelder in Höhe von knapp 2,7 Billionen Dollar. Etwa 9.000 solch professioneller Wettbuden gibt es derzeit, wobei ständig neue entstehen und andere Pleite gehen. Die durchschnittliche Lebensdauer eines Hedgefonds liegt bei gerade vierzig Monaten, 60 Prozent aller Fonds verschwinden innerhalb von drei Jahren.

Wie andere Bereiche des Finanzgeschäfts auch, wird die Hedgefonds Industrie von wenigen Giganten dominiert. Die hundert größten dieser Spekulationsvehikel haben allein knapp 1,8 Billionen Dollar unter ihrer Verwaltung, also etwa zwei Drittel aller in Hedgefonds angelegten Gelder. Zu den ganz großen Spielern in diesem Geschäft gehören etwa die britische Man Group, die allein über Anlagegelder von knapp 60 Milliarden Dollar verfügt, oder die Hedgefonds JP Morgan Asset Management und Goldman Sachs Asset Management, die Spekulationsgelder in Höhe von je etwa 35 Milliarden Dollar zu mehren suchen, und die, wie der Name schon sagt, mit den Finanzhäusern JP Morgan und Goldman Sachs eng verbunden sind.

Die Bezeichnung *Hedgefonds* wurde das erste Mal 1966 benutzt. Damals bezeichnete das US-Magazin Fortune mit diesem Titel den 1949 gegründeten Fonds eines gewissen Alfred Winslow Jones, der als Soziologe an der Columbia University arbeitete. Jones' Fonds handelte mit Wertpapieren und versuchte dabei, unterbewertete Papiere zu kaufen und zeitgleich überbewertete zu leihen und zu verkaufen, wobei beide Transaktionen nach Ablauf einer gewissen Zeit wieder rückgängig gemacht wurden. Der Fonds setzte also darauf, Gewinne zu generieren, die nicht von der Gesamtentwicklung am Aktienmarkt abhingen.

Im Prinzip ist das eine für Hedgefonds auch heute noch typische Art von Spekulation. Mit »Hedgen« im wörtlichen Sinn freilich hatte das schon damals nichts zu tun, denn darunter versteht man eigentlich ein Absicherungsgeschäft, also beispielsweise, wenn jemand sich gegen Wechselkursveränderungen absichert, indem er eine Währung bereits heute für ein bestimmtes Datum in der Zukunft in eine andere umtauscht. Die Hedgefonds sichern nichts ab, sondern spekulieren auf Messers Schneide. Dabei vergrößern sie ihren Aktionsradius durch den geballten Einsatz von Fremdkapital.

Bei dem Katastrophen-Hedgefonds *Long Term Capital Management* (LTCM), dessen Beinahe-Zusammenbruch 1998 das globale Finanzsystem erschütterte, lag das Verhältnis zwischen Kredit und Eigenkapital bei zwanzig zu eins. Auf ein verwaltetes Vermögen von weniger als 5 Milliarden Dollar hatte LTCM Kredite in Höhe von 125 Milliarden Dollar aufgenommen. Von den beiden Hedgefonds, die die Investmentbank Bear Stearns in den Untergang rissen, arbeitete der eine mit einem Kredithebel von zehn, der andere sogar von dreißig. Auf jeden Dollar eigenen Kapitals kamen hier also bis zu 30 Dollar Fremdkapital.

Die bei den meisten Hedgefonds heute übliche Relation zwischen Eigen- und Fremdkapital ist nur wenig moderater. Aufgrund dieses starken Kredithebels können diese Fonds kleinste Kursschwankungen in extrem hohe Renditen verwandeln. LTCM beispielsweise brachte seinen Anlegern zunächst tatsächlich sagenhafte 40 Prozent Rendite pro Jahr ein. Ein Zugewinn von 20 Prozent jährlich wird von dieser Art Investmentvehikeln auf jeden Fall erwartet.

In der Regel haben Hedgefonds bestimmte Schwerpunkte, was die Art ihrer Spekulation anbetrifft. Sogenannte *Global Macro*-Fonds beispielsweise wetten auf die Veränderung makroökonomischer Variablen, also auf steigende oder fallende Wechselkurse oder die Entwicklung von Zinssätzen, auf eine Aktienrallye oder einen Börsencrash. Dabei können sie mit letzterem nicht weniger Geld verdienen als mit ersterer, entscheidend ist nur, die Entwicklung richtig vorhergesehen zu haben. Auch der Absturz der Asset Backed Securities, der nicht wenige Hedgefonds bereits in den Ruin getrieben hat und noch mehr voraussichtlich in den Ruin treiben wird, hat andere wiederum steinreich gemacht. Der Hedgefonds Lahnde Capital etwa hatte im Sommer 2007 korrekt auf einen Wertverlust der mit Subprime-Krediten besicherten Papiere gewettet und dabei wunderbare 1.000 Prozent Rendite eingestrichen. Eine andere Spezies von Hedgefonds, die sogenannten Geierfonds, kaufen bevorzugt notleidende Kredite oder Aktien von bankrottgefährdeten Unternehmen zu Niedrigpreisen auf, in der Hoffnung, am Ende doch noch mehr herausschlagen zu können.

Eine Vielzahl von Hedgefonds folgt sogenannten »marktneutralen« Strategien, die auf Differenzen in der Wertentwicklung oder Rendite unterschiedlicher Papiere setzen, wobei die Gewinnchancen gegenüber der allgemeinen Marktentwicklung – etwa einer Hausse oder Baisse am Aktienmarkt – abgesichert werden. Das ist im Grunde das, was bereits Alfred Winslow Jones' Hedgefonds gemacht hat. Marktneutrale Strategien beruhen nahezu immer auf einer sogenannten long-short-Spekulation: Ein Wertpapier wird gekauft, was im plumpen Trader-Englisch heißt, der Fonds geht »long« in diesem Papier. Ein anderes wird zeitgleich leerverkauft, also geliehen und verkauft, hier ist man also »short«. Nach einer gewissen Zeit wird das gekaufte Papier wieder verkauft und das geliehene gekauft und zurückgegeben. Es ist klar, dass die »long«-Position Gewinne bringt, wenn der Preis des Papiers in der Zwischenzeit gestiegen ist, während der Leerverkauf und anschließende Rückkauf sich bei fallenden Kursen auszahlen.

Eine long-short-Spekulation macht beispielsweise Sinn, wenn es sich in beiden Fällen um Aktien von Unternehmen desselben Landes handelt, von denen die einen relativ zum Durchschnitt über- und die anderen unterbewertet erscheinen. Oder im Falle von Anleihen, deren Renditeunterschiede als ungewöhnlich hoch oder ungewöhnlich gering erachtet werden, wobei der Hedgefonds dann auf eine Annäherung oder ein stärkeres Auseinanderdriften wettet.

Long-short-Strategien kommen auch da zum Einsatz, wo zwei Papiere aufgrund unterschiedlicher Risiken generell unterschiedliche Renditen abwerfen. Eine beliebte Spekulation besteht beispielsweise darin, Aktien eines Unternehmens zu kaufen und gleichzeitig die Anleihen dieses Unternehmens leerzuverkaufen. Die Idee hinter dieser Spekulation ist, dass sich Aktien- und Anleihekurse desselben Unternehmens im Regelfall in die gleiche Richtung bewegen. Damit wird ein möglicher Kursverlust der long-Spekulation durch die short-Spekulation ausgeglichen. Bringt das gekaufte Papier eine höhere Rendite als das geliehene kostet, kann diese Differenz scheinbar risikofrei bei fallenden wie steigenden Kursen eingestrichen werden. *Long-short*-Strategien wurden auch bezogen auf die einzelnen Tranchen der CDOs praktiziert. Hier wurden in der Regel die renditeträchtigen Equity-Tranchen gekauft und Mezzanine leerverkauft, wobei diese

Spekulation auf der Annahme beruht, dass der generelle Trend beider Papiere am Markt der gleiche ist.

Selbstverständlich sind solche Geschäfte alles andere als risikolos. Externe Faktoren können Bond- und Aktienkurse desselben Unternehmens weit auseinander treiben, und unverhältnismäßige Renditeunterschiede zwischen verschiedenen Wertpapieren müssen sich keineswegs in einem bestimmten Zeitraum ausgleichen. Sie können sich unter bestimmten Umständen sogar vergrößern. Genau so eine Entwicklung hatte dem Giganten LTCM 1998 das Genick gebrochen, worauf wir später noch einmal zu sprechen kommen. Sämtliche von den Hedgefonds praktizierten Strategien sind also hochspekulativ. Sie können beträchtliche Renditen eintragen oder den gesamten Fonds in den Abgrund ziehen.

Ihren Aufschwung erlebte die Hedgefonds-Industrie seit Mitte der 90er Jahre. Allein seit 1995 haben sich die von den Hedgefonds verwalteten Vermögen fast vertausendfacht. Für dieses rasante Wachstum gibt es verschiedene Gründe: Zum einen ist die Spielwiese der Hedgefonds natürlich mit jeder Deregulierung auf den globalen Finanzmärkten größer geworden. Zum anderen sind die Vermögen der typischen Anleger dieser Investitionsvehikel seit Anfang der 90er Jahre regelrecht explodiert. Denn 80 Prozent der in den Hedgefonds angelegten Gelder stammen von sogenannten *High Net Worth Individuals*, also Leuten, die über ein Finanzvermögen von mehr als 1 Million Dollar verfügen. Überdurchschnittlich in Hedgefonds engagiert ist vor allem die Crème de la Crème dieser Geldelite, die *Ultra High Net Worth Individuals*, die jeweils mehr als 30 Millionen Dollar auffahren können. Gerade 100.000 Leute von dieser Sorte gibt es derzeit weltweit, die allerdings zusammen ein viele Billionen schweres Geldvermögen dirigieren. Die restlichen 20 Prozent der in Hedgefonds geparkten Gelder gehören anderen institutionellen Investoren, darunter, wie erwähnt, auch Pensionsfonds, die mindestens 1 Prozent der ihnen anvertrauten Rentengelder an die Manager der Hedgefonds weiterreichen.

Die von den Hedgefonds praktizierten Finanzwetten führen zu gewaltigen Umsätzen auf den verschiedenen Märkten, zumal diese Spekulationsvehikel ihren Handlungsradius in der Regel nicht nur durch Kredit, sondern auch durch den Einsatz von Derivaten weit über das eigene Kapital hinaus zu vergrößern pflegen. Obwohl die Hedgefonds zusammen weniger als 2 Prozent des globalen Anlagevermögens verwalten, sind sie nach Schätzungen des deutschen Bankenverbandes für 25 bis 50 Prozent der Tagesumsätze auf den globalen Aktienmärkten verantwortlich und für 15 Prozent des Transaktionsvolumens festverzinslicher Wertpapiere. Bei Kreditderivaten wie den Credit Default Swaps wird ihr Marktanteil sogar auf 58 Prozent geschätzt, bei Junk Bonds auf 25 Prozent und am Markt für notleidende Kredite wird ihnen ein Anteil von 47 Prozent zugeschrieben. Im Handel mit den Tranchen der CDOs waren Hedgefonds für etwa ein Drittel aller Umsätze verantwortlich. Solche Zahlen zeigen, dass der Einfluss dieser hochspekulativen Finanzvehikel auf Bewegungen und Entwicklungen des gesamten Finanzmarkts ausschlaggebend sein kann und in jedem Fall weit über ihren Anteil an den verwalteten Vermögen hinausreicht.

Die neuen Großaktionäre: Jagd nach dem schnellen Geld

Das Aufkommen der institutionellen Investoren als großer Kapitalsammelstellen hat die Aktionärsstruktur der Wirtschaftsunternehmen in vielen Ländern grundlegend verändert. Befanden sich in den USA 1960 noch fast 90 Prozent des Aktienkapitals in den Händen reicher Privatleute, besitzen Pensions- und Investmentfonds heute zusammen über 60 Prozent dieser Aktien. Dabei halten die zwanzig größten Fonds allein fast jede zweite Aktie eines US-Unternehmens.

Auch die typische Aktionärsstruktur deutscher Unternehmen hat sich gewandelt. Bis weit in die 90er Jahre hinein waren die großen deutschen Banken, allen voran die Deutsche Bank, die maßgeblichen Halter großer Aktienpakete, die wegen des Depotstimmrechts zudem die Stimmen vieler Kleinaktionäre auf den Hauptversammlungen mitvertreten konnten. Dieses System sicherte ihnen massiven Einfluss auf deutsche Industrieunternehmen, störte aber beim Vordringen in die geweihten Höhen des globalen Investmentbankings. Nicht, weil die Industriebeteiligungen die Mittel der Banken zu stark gebunden hätten und damit kein Spielgeld für andere Verwendungen mehr verfügbar gewesen wäre. Sondern vor allem, weil eine Bank, deren Interesse als Großaktionär oder sogar Aufsichtsratschef mit dem Schicksal einzelner deutscher Industriekonzerne aufs engste verbunden ist, als parteilich gilt und daher die begehrten Aufträge bei der Beratung internationaler Übernahmen nicht erhält.

Die von dem SPD-Kanzler Schröder durchgesetzte Steuerbefreiung für Veräußerungsgewinne war deshalb ein wahres Gottesgeschenk für die deutschen Finanzhäuser, die sich so von ihren Industriebeteiligungen trennen konnten und die immensen Wertzuwächse, die sie dabei realisierten, noch nicht einmal versteuern mussten. An die Stelle der Banken sind auch in der Bundesrepublik mittlerweile mehrheitlich internationale Finanzinvestoren und Pensionsfonds als Aktionäre getreten.

Ob Finanzinvestor, Bank oder Privataktionär – das Grundinteresse, aus jedem Unternehmen möglichst hohe Renditen herauszuholen, ist natürlich immer das gleiche. Ein Unternehmen wie BMW ist um nichts zimperlicher als etwa der Daimler-Konzern, wenn es darum geht, durch Entlassungen, Lohndumping oder Produktionsverlagerungen die Gewinne weiter in die Höhe zu treiben, auch wenn bei BMW nach wie vor eine Familie – nämlich die zu Nazizeiten groß gewordenen Quandts – das Sagen hat, während bei Daimler heute internationale Fonds den Ton angeben. Der entscheidende Unterschied zwischen diesen verschiedenen Aktionärstypen liegt nicht in der generellen Profitorientierung, sondern in dem Zeithorizont, unter dem sie die Maximierung des Shareholder Value betreiben.

Weil der Erfolg der Investmentfonds nicht an ihrer Wertentwicklung über Jahrzehnte, sondern an ihren jährlichen Renditezahlen gemessen wird, achten sie darauf, sich nie mit einem Unternehmen auf Dauer zu verbinden, sondern nur in Anlagen zu investieren, die sich relativ schnell wieder liquidieren lassen. So halten sie in der Regel nicht mehr als 2 bis 3 Prozent der Aktien eines Unternehmens, und sie stecken ihr Geld in unterschiedlichste Firmen mit völlig divergierender Produktpalette. Der zentrale Grund für solche breit gefächerten Portfolios ist neben der Risikostreuung vor allem das Ziel, stets liquide zu bleiben und auf neue Marktnachrichten sofort mit Aktienkäufen oder -verkäufen reagieren zu können. Den Finanzinvestor interessieren daher auch nicht die Profite, die eine Firma in drei oder vier Jahren machen könnte. Gegenstand seines Interesses ist ausschließlich die Rendite, die sich in kürzester Zeit aus einem Unternehmen herausholen läßt. Danach kann er sich schließlich ein neues Anlageobjekt suchen.

Diese Motivation bewirkt zum einen eine besonders aggressive Blockade gewerkschaftlicher Lohnforderungen und das Bestreben, die Lohnsumme im Unternehmen mit allen verfügbaren Mitteln – Auslagerungen, Entlassungen, Leiharbeit – nach unten zu drücken. Das allerdings unterscheidet den institutionellen Investor nicht unbedingt vom privaten Großaktionär. Aus dem kurzfristigen Anlagehorizont der Finanzinvestoren folgt aber zum anderen – und das ist tatsächlich eine Spezifik ihres Interesses – ein massiver Druck, alle Investitionen, die sich erst in längeren Zeiträumen auszahlen, einzuschränken oder ganz aufzugeben und anstelle dessen die Dividendenausschüttungen zu erhöhen oder durch Aktienrückkäufe des Unternehmens die Kurse hochzutreiben. Zu den Ausgaben, die sich kurzfristig nicht auszahlen, gehören vor allem solche für Forschung und Entwicklung, aber auch Großinvestitionen in neue Anlagen, die zwar produktiver und technologisch fortgeschrittener sein mögen, aber erhebliche Mengen an Kapital binden und sich erst nach Jahren rentieren.

War es im Kapitalismus schon immer selbstverständlich, dass nur investiert wurde, wenn höhere Profite lockten, wird dieses Prinzip jetzt bis zu der Perversion getrieben, dass eine kurzfristig erhöhte Rendite in Aussicht stehen muß, um eine Investition zu rechtfertigen. Dass die Investitionsquote in den meisten Industriestaaten seit zwanzig Jahren sinkt und heute teilweise extrem niedrige Werte erreicht hat, ist zwar sicher nicht die alleinige Folge solchen Drucks, aber er hat zu dieser ökonomisch fatalen Entwicklung das Seine beigetragen. Die negativen Folgen für Innovation, Produktivität und technologischen Fortschritt liegen auf der Hand.

Die Staatsfonds

Seit einigen Jahren ist auf den globalen Märkten verstärkt eine neue Gruppe von Anlegern in Erscheinung getreten, die wie normale Investmentfonds in Anleihen und Kreditpapiere, vor allem aber in Aktien investieren und mittlerweile nach konservativer Schätzung etwa 1,5 Prozent des weltweiten Anlagevermögens – also etwa 2,5 Billionen Dollar – repräsentieren. Die Rede ist von den Staatsfonds, auch Sovereign Wealth Funds genannt. In den erdölexportierenden Ländern wurden solche Fonds schon vor langer Zeit gegründet, um die Exporterlöse zu neutralisieren und rentabel anzulegen, zumeist in Aktien großer Konzerne. Das verstärkte Auftreten solcher Staatsfonds in jüngster Zeit hat seine Ursache aber nicht allein und nicht primär in hohen Ölpreisen und daraus resultierenden Rohstofferlösen. Es ist vielmehr aufs engste mit dem Währungssystem verbunden und zugleich eine Folgeerscheinung anhaltender weltwirtschaftlicher Ungleichgewichte, vor allem des gigantischen Leistungsbilanzdefizits der USA.

Wegen der wiederholten Erfahrung, einer Abwertungsspekulation gegen die eigene Währung ohne ausreichende Devisenreserven hilflos ausgeliefert zu sein, haben viele Schwellen- und Entwicklungsländer seit Mitte der 90er Jahre massiv daran gearbeitet, sich immer größere Polster in Form von Währungsreserven zuzulegen. So sind die Devisenreserven allein der Entwicklungsländer bereits in den Neunzigern um 267 Prozent angeschwollen, die gesamten internationalen Reserven um 141 Prozent. Noch wesentlich rasanter vollzieht sich das Wachstum der Währungsreserven seit der Jahrtausendwende. Den Rekord hält bisher das Jahr 2006, in dem sich die Weltwährungsreserven auf einen Schlag um 859 Milliarden Dollar erhöhten. Dabei steht allein Asien für knapp 400 Milliarden Dollar dieser neu aufgetürmten Reservegelder.

Nach wie vor wird ein großer Teil dieser Reserven in der US-amerikanischen Währung gehalten, woran die betreffenden Zentralbanken kurzfristig auch wenig ändern können. Immerhin könnte jede größere Umschichtung, etwa durch Umtausch von Dollar in Euro, ersteren massiv unter Druck bringen und so die Gefahr einer unkontrollierten Entwertung der gesamten Dollarreserven heraufbeschwören. Eine deutliche Dollarabwertung würde darüberhinaus den Export der betreffenden Länder in die USA erheblich belasten und wäre schon deshalb für sie alles andere als wünschenswert. Aus diesen beiden Gründen – Absicherung gegen Währungsspekulation und Stützung des Dollarkurses zur Förderung des eigenen Exports – entschieden sich viele Zentralbanken in den letzten Jahren, immer höhere Dollarreserven aufzutürmen.

Im Ergebnis reden wir heute über einen internationalen Bestand an Reservedollar in Höhe von mehr als 5 Billionen, von denen sich 1,2 Billionen allein in den Büchern der chinesischen Zentralbank befinden. Etwa gleich hoch ist der Wert der gemeinsamen Dollarreserven aller anderen asiatischen Länder. Den OPEC-Staaten werden 600 Milliarden zugeschrieben, Rußland verfügt mit Reserven von 400 Milliarden Dollar über fast ebensoviel. Selbst viele lateinamerikanische Länder haben sich inzwischen dicke Reservepolster zusammengespart.

Möglich wurde diese unglaubliche Akkumulation internationaler Reservegelder durch die hohen Exportüberschüsse der betreffenden Länder, deren Gegenstück das riesige US-Leistungsbilanzdefizit bildet, das in zunehmendem Maße und in den letzten Jahren hauptsächlich über eben diese Währungsreserven finanziert wurde. Die internationalen Zentralbanken gehören so zu den mittlerweile wichtigsten Kreditgebern der Vereinigten Staaten. Es spricht viel dafür, dass der Dollar nur deshalb trotz Finanzkrise bisher so wenig unter Druck geraten ist, weil die Zentralbanken aus den genannten Gründen einen beschleunigten Wertverfall um jeden Preis verhindern wollen und müssen.

Ob dieses instabile System die bevorstehende Weltwirtschaftskrise überleben wird, ist fraglich, aber an dieser Stelle nicht unser Thema. Hier geht es uns nur um die Geburt jener neuen Generation von Staatsfonds, die sich aus dem Problem erklärt, für wachsende Devisenreserven – zumal in einer stark abwertungsverdächtigen Währung – lukrative Anlagemöglichkeiten zu finden. Traditionell wurden die Dollarreserven der Zentralbanken vor allem in amerikanische Staatsanleihen angelegt. Diese bringen aber mittlerweile nicht nur eine extrem niedrige Verzinsung, sie würden im Falle eines massiven Wertverlusts des Dollar auch nahezu wertlos werden. Die strukturierten Kreditpapiere, für die viele Zentralbanken ebenfalls einen erheblichen Teil ihrer Reserven verschleuderten, sind es sogar schon ohne Dollarverfall geworden.

Die Gründung der Staatsfonds erlaubt, was den Zentralbanken nicht gestattet wäre: die Währungsreserven in Aktien amerikanischer und europäischer Unternehmen zu investieren, der einzigen Anlageart, die auch bei einem drastischen Wertverlust der Währung einen Eigenwert behält. Es kann davon ausgegangen werden, dass die aktuelle Finanzmarktkrise und die sehr berechtigte Sorge vor einer Inflationierung des Dollar die Umlenkung der Währungsreserven in solche Fonds weiter beschleunigen wird.

Dass Aktien auch eine Hyperinflation überleben würden, heißt freilich nicht, dass sich solche Investments immer auszahlen müssen. Gerade die chinesischen Staatsfonds hatten in den letzten Jahren an ihren amerikanischen Investments eher wenig Freude. So hatte sich die staatliche China Investment Corp. (CIC) im Sommer 2007 mit 3 Milliarden Dollar beim Börsengang der Heuschrecke Blackstone engagiert, und muss seither den steten Fall des Börsenkurses dieses Unternehmens miterleben, der inzwischen ein Drittel der investierten Summe in Luft aufgelöst hat. Chinesische Staatsfonds nutzten die Finanzkrise auch, um sich bei den großen amerikanischen Brokerhäusern einzukaufen. Auch diese Investments haben sich bisher nicht sonderlich ausgezahlt.

Internationale Staatsfonds sind auch in Deutschland aktiv und halten beispielsweise Anteile an Daimler, ThyssenKrupp und der Deutschen Bank. Beim Management der großen Unternehmen sind sie normalerweise deutlich beliebter als private Investmentfonds oder gar Hedgefonds, da sie weit weniger Druck in Richtung kurzfristiger Renditesteigerung ausüben. So teilte der Finanzvorstand des Siemens-Konzerns der Öffentlichkeit unumwunden mit, dass das Unternehmen »eine aktive Beteiligung eines solchen Investors [eines Staatsfonds] begrüßen« würde.[36]

Insgesamt bedeuten die Staatsfonds, die Sarkozy inzwischen auch mit europäischem Staatsgeld schaffen möchte, eine völlige Perversion der ursprünglichen Idee von öffentlichem Eigentum und Vergesellschaftung, indem sie an der Geschäftspolitik und Renditeorientierung der Unternehmen ausdrücklich nichts verändern sollen. Zumal Sarkozys Vorschlag letztlich nur darauf hinausläuft, mit Staatsgeld die Kapitaldecke europäischer Aktiengesellschaften in Zeiten von Verlusten und Krisen zu stärken und die staatlichen Anteile in dem Augenblick zu privatisieren, in dem tatsächlich wieder Gewinne zu verteilen wären.

Eine vernünftige Strategie wäre dagegen, das Kasinospiel mit Aktienwerten und Arbeitsplätzen durch staatliche Mehrheitsbeteiligungen an den großen, volkswirtschaftlich entscheidenden Unternehmen zu beenden, allerdings nicht nur als Überbrückungshilfe in Krisenzeiten, sondern auch zur Sozialisierung der Gewinne und vor allem mit dem Ziel, die Prioritäten der Unternehmensführung von einer blinden Profitorientierung in Richtung volkswirtschaftlich vernünftiger Investitionen, sicherer Arbeitsplätze und ausreichender Mitspracherechte der Beschäftigten zu verschieben. Das schliesst die anhaltende Ausrichtung an betriebswirtschaftlichen Effizienzkriterien nicht aus, wohl aber die sklavische Unterwerfung unter das Diktat der kurzfristigen Maximalrendite.

Balancieren am Abgrund

Die Dominanz kurzfristiger Anlagehorizonte und das wachsende Gewicht der Spekulation auf Kursgewinne seit Mitte der 80er Jahre läßt sich an den immer höheren Umsätzen in Aktien und anderen Wertpapieren ablesen. In den 60er Jahren etwa lag die Umschlaghäufigkeit amerikanischer Aktien bei gerade mal 12 Prozent. Das heißt, im Schnitt hielten die Aktionäre ihre Aktienpakete über acht Jahre lang. Schon bis 1987 war der jährliche Aktienumsatz auf über 73 Prozent des Aktienbestandes angestiegen, Aktien wurden also jetzt bereits nach durchschnittlich anderthalb Jahren wieder verkauft. Im Jahr 2000, als die Dotcom-Blase ihren Gipfel erreichte und schließlich platzte, überstieg das Volumen des globalen Aktienhandels das der Aktienbestände um fast das Doppelte. Jede Aktie wurden also jetzt im Schnitt schon nach sechs bis sieben Monaten wieder verkauft. 2006 und 2007 wurde selbst dieser Wert noch einmal übertroffen.

Spekulieren mit Monatshorizont

Das steigende Umsatzvolumen an den Weltbörsen hat zum einen mit dem größeren Gewicht strategischer Finanzinvestoren zu tun, die gezielt Aktienpakete bestimmter Unternehmen aufkaufen, um auf kurze Frist maximale Renditen zu erzwingen, und dann wieder zu verkaufen. Aber auch reiche Privataktionäre arbeiten heute wesentlich rühriger daran, ihr Aktiendepot unter Renditegesichtspunkten immer wieder neu zu strukturieren und die global am lukrativsten erscheinenden Papiere zu kaufen. Das belegt etwa der jährlich erscheinende World Wealth Report der Investmentbank Merrill Lynch, der sich mit dem Anlageverhalten des globalen Geldadels befaßt. Auch der von der amerikanischen Fed erstellte Survey of Consumer Finances (SCF), der im Unterschied zu den meisten vergleichbaren Erhebungen in einem speziellen Panel auch die Geldvermögen der Reichsten untersucht, kommt zu dem Schluss, dass die oberen Zehntausend »much more frequently«[37]

als der Rest der Gesellschaft Aktien kaufen und wieder verkaufen. Je größer die Vermögenskonzentration, desto höher daher auch die von Privatanlegern getätigten Finanzmarktumsätze, was auch damit zu tun haben mag, dass sich diese Spielerei wegen der erhobenen Gebühren nur bei großen Einsätzen wirklich lohnt.

Darüber hinaus wurden und werden Aktien natürlich auch von Hedgefonds, Investmentbanken und sonstigen Finanzvehikeln in immer größerem Umfang einfach zu spekulativen Zwecken gekauft und wieder verkauft. Wir haben uns oben einige typische Finanzwetten der Hedgefonds angesehen. Jede long-short-Spekulation etwa ist mit dem zweimaligen Kauf und Verkauf von Wertpapieren verbunden. Und gerade weil es um das Ausnutzen kleinster Kurs- oder Renditedifferenzen geht, werden solche Spekulationen oft in kürzesten Zeiträumen wiederholt. Spekuliert wird dabei natürlich nicht nur in Aktien, sondern auch in Unternehmensbonds, Staatsanleihen und in allen Arten von Derivaten. Eben deshalb ist auch das Umsatzvolumen dieser Finanztitel in den vergangenen zwei Jahrzehnten regelrecht explodiert.

So sind die Finanzmärkte seit den 90er Jahren der Wirtschaftsbereich, der weltweit die mit Abstand höchsten Zuwächse aufzuweisen hat. Während das Weltsozialprodukt zwischen 1990 und 1999 jährlich um 3,8 Prozent gewachsen ist und die Investitionen sogar nur noch um 3 Prozent, sind die Umsätze auf den Aktienmärkten in diesem Zeitraum um 23,3 Prozent pro Jahr nach oben geschossen. Beim Kauf und Verkauf von Anleihen lag der jährliche Zuwachs bei fast 25 Prozent. Die gehandelten Derivate haben sich alle zwei Jahre fast verdoppelt. Nach der Jahrtausendwende hat sich die Kluft zwischen den Umsatzdaten der Finanzmärkte und der Entwicklung der realen Wirtschaft weiter vergrößert. Allein zwischen 2004 und 2007 sind die Umsätze am internationalen Devisenmarkt um nochmals 70 Prozent angeschwollen. Mit heute über 3 Billionen Dollar täglich haben sie eine kaum mehr vorstellbare Dimension erreicht. Nicht wesentlich niedriger liegt der tägliche Umsatz in den ausserhalb der Börse gehandelten Finanzderivaten. Der börslich abgewickelte Derivatenhandel ist sogar von täglich 2,1 Billionen Dollar 2001 auf über 6 Billionen Dollar am Tag im Jahr 2007 explodiert.

Die Leistung all dieser in Finanztiteln herumspielenden Fonds wie auch die der Trading-Abteilungen der Banken wird im Zeithorizont von Quartalen, maximal von einem Jahr gemessen. Das gilt in extremer Weise natürlich für Hedgefonds und andere von vornherein auf kurze Frist orientierte Spekulationsvehikel, die meist schon nach zwölf Monaten schlechter Performance durch Abzug von Anlagegeldern bestraft werden. Zwei oder gar drei Jahre dürftiger Rendite – was noch nicht einmal Verluste bedeuten muss – überleben Hedgefonds in der Regel nicht. Aber selbst Versicherer und Pensionsfonds, die Gelder mit einem ausdrücklich langfristigen Anlagehorizont verwalten, müssen Quartal für Quartal, Jahr für Jahr ihre Erfolgsrechnung veröffentlichen und rechtfertigen. Fällt diese schlechter aus als die Ergebnisse vergleichbarer Institute, mögen Finanzgiganten dieser Art zwar nicht gleich Kapital verlieren, aber die glücklosen Manager sehr wahrscheinlich ihren Job. Das genügt als Anreiz, alles dafür zu geben, unterdurchschnittliche Renditen in jedem einzelnen Quartal zu vermeiden.

Rationale Herdentiere

Wir haben im letzten Kapitel die Logik von Finanzblasen untersucht und festgestellt, dass es gerade der kurzfristige Horizont von Spekulationsgeldern ist, der es rational macht, auch völlig überteuerte Papiere zu kaufen, solange man davon ausgeht, dass die Blase noch nicht unmittelbar vor dem Platzen steht. Früher waren Blasen eher singuläre Ereignisse, weil es einfach nicht so viele Anlagegelder gab, die von kurzfristigem Spekulationskitzel getrieben in eine sich aufblähende Blase kanalisiert werden konnten. Das heutige System konkurrierender Fonds und Investmentbanken, die alle an der Rendite vergleichbarer Fonds und Banken gemessen werden, bedeutet dagegen einen massiven Druck, sich an jeder großen oder auch kleinen Spekulationsmanie zu beteiligen und sie bis zur äußersten Grenze auszureizen.

Ein Fondsanager, der überbewertete Papiere zu lange hält und beim Platzen der Blase hohe Verluste einfährt, wird zwar am Ende vielleicht auch gefeuert. Aber er kann doch auf milde Bewertung hoffen, denn nach dem Absturz rutschen die meisten Konkurrenten ebenfalls in die Miesen. Ein Fondsmanager dagegen, der zu früh aus einer Blase aussteigt und damit riesige Gewinnmöglichkeiten verschenkt, die die konkurrierenden Fonds noch machen, hat sein berufliches Todesurteil unterschrieben. »It is better for reputation to fail conventionally than to succeed unconventionally«[38] – es ist besser, auf konventionellem Wege zu scheitern als auf unkonventionellem Erfolg zu haben – hatte schon Keynes über die eigentümliche Motivationslage eines kurzfristig orientierten, an der Konkurrenz gemessenen Investors vermerkt.

In der Tat gibt es Beispiele für Investmentfonds, die deshalb bankrott gingen, weil sie sich an einem gerade aktuellen Spekulationswahn nicht beteiligen wollten und statt dessen in solide Papiere mit vernünftigem Kurs-Gewinn-Verhältnis investierten. Ein solches Beispiel sind die Hedgefonds der Tiger Managment LLC, die von dem in Finanzkreisen hochangesehen Manager Julian Robertson gegründet und verwaltet wurden. Letzterer hatte sich stur geweigert, den New Economy-Irrsinn mitzumachen und anstelle dessen auf eine Annäherung der Aktienkurse an die realen Gewinnaussichten der betreffenden Unternehmen gewettet: also auf die Aufwertung der unterbewerteten Aktien der Old Economy und die Abwertung der schon 1998 hoffnungslos überteuerten Technologie- und Internet-Papiere. Mit dieser an sich rationalen Strategie hatte Robertson in den Jahren 1998 und 1999 immer höhere Verluste eingefahren und einen Großteil seiner Anlagegelder verloren. Als in den ersten drei Monaten des Jahres 2000 die Verluste gänzlich zu eskalieren drohten und auch die letzten Anleger das Weite suchen wollten, leitete Robertson – mit lauten Klagen über einen »irrationalen Markt«[39] – die Liquidation seiner Tiger-Fonds ein und gab den verbliebenen Investoren die Reste ihres Vermögens zurück. Ironischerweise platzte weniger als einen Monat später die Internet-Blase tatsächlich und Robertsons Anlagestrategie hätte nunmehr Traumrenditen gebracht.

Eine anderes Beispiel für das grandiose Scheitern einer Strategie, die auf die Vernunft der Finanzmärkte setzt, war der bereits erwähnte Hedgefonds-Gigant *Long Term Capital Management*, zu dessen Gründern und Managern immerhin mit Myron Scholes und Robert Merton zwei Nobelpreisträger für Ökonomie gehörten. Sinnigerweise hatten sie diesen Nobelpreis ausgerechnet für ein Modell rationaler Preisbildung bei bestimmten Finanzderivaten erhalten, das auch heute noch zu den Standardmodellen gehört, mit denen die orthodoxe Volkswirtschaftslehre das Finanzmarktgeschehen analytisch in den Griff zu bekommen glaubt.

Die Finanzwetten, in die LTCM sein Vermögen investiert hatte, vergrößert durch einen beispiellosen Kredithebel und verstärkt durch den Einsatz von Derivaten, waren an sich ebenfalls völlig rational. Der Hedgefonds setzte nämlich darauf, dass sich die extremen Renditeunterschiede zwischen Anleihen guter und schlechterer Bonität, die im Gefolge der Südostasien-Krise entstanden waren und die die tatsächlichen Differenzen in der Ausfallwahrscheinlichkeit weit überzeichneten, allmählich wieder angleichen würden. LTCM kaufte also eine ganze Palette von Hochrendite-Bonds, deren einzige Gemeinsamkeit darin bestand, dass ihr Fundamentalwert sehr wahrscheinlich höher war als ihr aktueller Kurs. Zu seinem Portefeuille gehörten neben Anleihen von Schwellenländern auch dänische Mortgage Backed Securities oder Junk Bonds internationaler Unternehmen. Im Gegenzug leerverkaufte der Hedgefonds insbesondere US-Schatzanleihen, die damals sehr geringe Renditen brachten. Faktisch wettete LTCM damit auf den im Sinne der Standardmodelle rationalen Investor, der die unterbewerteten Anleihen verstärkt nachfragen, die überbewerteten verkaufen, und damit den Preis von beiden wieder mit ihrem Fundamentalwert in Übereinstimmung bringen würde.

Das Unglück für LTCM bestand darin, dass diese Spezies von Investoren auf den realen Märkten einfach nicht auftauchen wollte. Stattdessen vergrößerten sich die Renditeunterschiede immer weiter. Als der Südostasienkrise schließlich auch noch der Staatsbankrott Rußlands folgte, stürzten die Preise sämtlicher Anleihen, die sich nicht mit einem erstklassigen Rating schmücken konnten, hoffnungslos in die Tiefe, obwohl die meisten von ihnen mit Russland oder der russischen Wirtschaft nicht das Geringste zu tun hatten. Anders als von LTCM erwartet, entfernten sich die Bondpreise damit immer weiter von ihren vermuteten Werten. Der Hedgefonds hatte also genau auf die falsche Karte gesetzt, und das in einer Größenordnung, die die amerikanische Federal Reserve auf den Plan rief, die eine milliardenschwere Rettungsaktion der Banken organisierte, um eine Kettenreaktion mit gefährlichen Folgen für das gesamte globale Finanzsystem zu vermeiden.

Der Hedgefonds-Manager Georg Soros hat den Kern des Spekulationsgeschäfts einmal so zusammengefasst: »So wie bestimmte Tiere gute Gründe haben, Herden zu bilden, gilt das auch für Investoren: Nur an Wendepunkten kommen Trendfolger zu Scha-

163

den. [...] Anders gewendet: Investoren, die sich aus Prinzip absondern und ihr Glück strikt an die Fundamentaldaten binden, werden nicht selten von der Herde niedergetrampelt.«[40] Genau das war Julian Robertson, aber auch Myron Scholes und Robert Merton passiert.

Es ist also völlig rational, sich auf abgefressene Wiesen zu drängen und die saftigen zu verschmähen, solange alle anderen Schafe das gleiche tun. Weil der Erfolg oder Misserfolg kurzfristiger Finanzanlagen nicht von der korrekten Einschätzung fundamentaler ökonomischer Daten, sondern vom richtigen Instinkt für verbreitete Stimmungen und Erwartungen abhängt, ist die Orientierung am Verhalten der Herde selbst dann eine gute Entscheidung, wenn diese ganz offensichtlich auf einen Abgrund zurennt. Man muss eben nur versuchen, unmittelbar vor der Klippe den Absprung zu schaffen.

Ansteckende Stimmungen

Der kurzfristige Horizont ist der, in dem nicht ökonomische Analyse, sondern die Logik von Keynes' Beauty Contest die Anlageentscheidungen bestimmt. Wenn sehr viele und vor allem sehr große Akteure am Markt sich nach dieser Logik verhalten, hat das zur Konsequenz, dass kleinste Veränderungen in den realökonomischen Daten extreme Ausschläge nach oben oder unten auf den Finanzmärkten nach sich ziehen können. Genau darin liegt eine wesentliche Ursache der Fragilität und Instabilität des heutigen Finanzsystems. Es muß außerdem noch nicht einmal eine reale Schwankung in den ökonomischen Daten sein, die erratische Fluktuationen milliardenschwerer Kapitalmassen auslöst. Wie wir im Kapitel über Blasen gesehen haben, genügen schon Gerüchte über Schwankungen oder einfach nur die verbreitete Annahme, dass eine bestimmte Annahme verbreitet ist, um Aktien- oder Bondkurse bestimmter Länder oder Unternehmen zum Höhenflug oder zum Zusammenbruch zu bringen.

Vor allem auf dieser Logik beruht der in den letzten Jahren mehrfach beobachtete »Ansteckungseffekt« von Finanzkrisen, bei denen sich Kapitalabzüge von einem Land auf andere übertragen, die bestimmte ähnliche Merkmale haben, ansonsten aber in keiner Weise über einen Kamm zu scheren sind. Als der thailändische

Bath abwertete, setzte eine milliardenschwere Kapitalflucht aus sämtlichen Ländern Südostasiens ein, obwohl die wirtschaftlichen Bedingungen in den einzelnen Ländern ziemlich unterschiedlich waren. Nachdem diese abrupte Umkehr der Geldströme die Aktienbörsen der Region in den Keller getrieben und ihre Währungen entwertet hatte, befanden sich natürlich alle einstigen Tigerstaaten in einer wirtschaftlichen Depression, aber Ursache und Wirkung sollten hier nicht verwechselt werden.

Als Rußland 1998 seine Zahlungsunfähigkeit erklärte, kam es unversehens auch zu einer massiven Kapitalflucht aus Lateinamerika, die insbesondere Brasilien traf und das brasilianische Finanzsystem in eine tiefe Krise stürzte. Natürlich war Brasilien weder Anleger in russischen Bonds noch unterhielten die Brasilianer überdurchschnittlich enge Wirtschaftsbeziehungen zu Russland. Es genügte völlig, dass Brasilien ein Schwellenland wie Russland war und die Finanztrader offenbar davon ausgingen, dass der Kollaps im Osten auch das Standing brasilianischer Bonds und Aktien massiv verschlechtern würde. Genau deshalb tat er das dann auch.

Das gleiche gilt für Kapitalbewegungen, die Konzerne der gleichen Branche betreffen. Während der New Economy-Blase genügte der Umstand, dass ein Unternehmen mit dem Telekommunikationsgeschäft zu tun hatte, um seine Kurse in aberwitzige Höhen zu treiben. Nach dem Platzen der Blase und spätestens, nachdem der Telekom-Riese Worldcom mit massiven Bilanzfälschungen in die Schlagzeilen geraten war, verfielen die Kurse sämtlicher Telekom-Firmen, und Telekom-Aktien wurden fast unverkäuflich. Zugleich verteuerten sich die Anleihezinsen erheblich, die Firmen der Telekombranche zu zahlen hatten.

Wo immer ein Unternehmen strauchelt, wird in der Regel die Branche abgestraft. So waren spätestens mit der Insolvenz des US-Brokerhauses Lehman Brothers auch die Tage aller anderen US-Investmentbanken gezählt, obwohl sie, wie im Fall Morgan Stanley oder Goldman Sachs, noch nicht einmal Verluste schrieben, sondern positive Quartalsergebnisse ausweisen konnten. Dennoch erhielten die Brokerhäuser auf den Kapitalmärkten fortan weder neues Kapital noch kurzfristige Liquidität und waren dadurch nach kurzer Zeit zur Aufgabe gezwungen. Als Nachrichten über existentielle Schwierigkeiten des amerikanischen Versicherungsgiganten AIG die Runde machten, fiel unversehens auch der Börsenkurs der deutschen Allianz um mehr als 3 Prozent und anderen Versicherern ging es ähnlich. Unzählige weitere Beispiele ließen sich nennen.

Vermutlich um das Gespür für den Trott der Herde zu schärfen, wird der Wertpapierhandel der großen Finanzhäuser heute extra so organisiert, dass jeder verfolgen und sich daran orientieren kann, was andere tun. So sitzen in der Handelsetage der Investmentbanken etwa zweihundert Händler, die jeweils mit Aktien, Bonds oder Währungen herumspielen, in einem einzigen großen Raum. In diesen gemeinsamen Raum werden sie nicht aus Geiz und Kostengründen gesteckt, sondern weil sie wahrnehmen sollen, was an den anderen Schreibtischen vor sich geht und so ein Gefühl für die »Stimmung des Marktes« bekommen. Es hat sich offenbar herausgestellt, dass Händler mit diesem Feedback erfolgreicher spekulieren als solche, die sich allein auf ihr eigenes Urteil verlassen.

Verstärkt wird die Uniformität der Handlungen zudem durch die hochgradige Computerisierung des heutigen Wertpapierhandels. Denn trotz der Unterschiede im Detail ist die Software all dieser Computer im Kern ähnlich programmiert und wirft damit auch regelmäßig ähnliche Kauf- beziehungsweise Verkauf-Order aus.

Der Kredithebel - Maximale Rendite mit maximalem Risiko

Jede Spekulation läuft letztlich darauf hinaus, aus der Preisveränderung von Wertpapieren, Häusern oder anderen Dingen Gewinn zu schlagen. Wenn der Preistrend richtig eingeschätzt wurde, ist der dabei erzielbare Gewinn natürlich umso größer, je mehr Aktien, Anleihen oder Immobilien tatsächlich gekauft wurden und damit am Ende auch wieder verkauft werden können. Wir haben in dem Kapitel über Finanzblasen gesehen, dass aus diesem Grund schon immer versucht wurde, durch die Inanspruchnahme von Kredit eine Spekulation über das Volumen des verfügbaren eigenen Kapitals hinaus auszudehnen, und dass diese Kreditvergabe umgekehrt dazu beitrug, die am Markt durchsetzbaren Preissteigerungen erheblich zu erhöhen.

Die exzessive Ausweitung von Kredit war also für alle Spekulationsmanien der Geschichte typisch und eine entscheidende

Vorausetzung für das Entstehen jeder wirklichen Blase. Aber nie zuvor gab es ein Finanzsystem, das in der Lage war, Kreditgeld in faktisch unbegrenzter Menge zur Finanzierung jeder Art von Finanzakrobatik zur Verfügung zu stellen. Wie gezeigt, haben die Banken heute ein ausgesprochenes Interesse daran, jeden Euro oder Dollar, der auf ihren Konten eingeht, möglichst sofort weiterzuverleihen. Die diversen Finanzinvestoren sind dabei zu ihren wichtigsten Kunden geworden. Die Fähigkeit eines deregulierten und globalisierten Finanzsystems zur nahezu endlosen Kreditgeldschöpfung ist somit ein weiterer Faktor, der dazu beiträgt, den Umfang und die Ausmaße spekulativer Finanzbewegungen massiv zu verstärken.

Für die Hedgefonds, Zweckgesellschaften und sonstigen Finanzinvestoren unserer Tage gehört die ausgiebige Nutzung von Fremdkapital zum elementaren Handwerkszeug. Der durch den Kredit erzeugte Hebeleffekt ist die Grundbedingung dafür, selbst mit kleinsten Kursdifferenzen hohe Renditen zu erzielen. Wer etwa mit 1 Million Dollar eigenen Kapitals Aktien kauft und sie nach einem Jahr für 1,2 Millionen Dollar wieder verkauft, hat 20 Prozent Rendite gemacht. Wer dagegen mit 1 Million Dollar eigenen Geldes und noch einmal so viel Kredit die doppelte Menge an Aktien kauft und diese nach einem Jahr für 2,4 Millionen Dollar wieder verkauft, glänzt – je nach dem Zinssatz für den Kredit – mit einer Rendite von bis zu 40 Prozent.

Und kein anständiger Hedgefonds würde sich heute mit einem Verhältnis zwischen Kredit und Eigenkapital von 1 zu 1 begnügen. Wir haben oben erwähnt, dass der Gigant LTCM für seine Spekulationen auf ein Eigenkapital von weniger als 5 Milliarden Dollar Kredite in Höhe von 125 Milliarden Dollar aufnahm, also eine Hebelwirkung von zwanzig zu eins erzielte. Für unser Beispiel würde das heißen, mit einem Eigenkapital von 1 Millionen Dollar Aktien im Gesamtwert von 21 Millionen Dollar zu kaufen. Steigen auch diese Aktien um 20 Prozent, bedeutete das auf das eingesetzte Kapital berechnet eine Rendite nicht von 20 oder 40, sondern von annähernd 400 Prozent. Selbst wenn die Aktien nur um 2 Prozent steigen, sind damit fast 40 Prozent Rendite drin.

Eine Spezifik der modernen Finanzmärkte im Unterschied zu den übersichtlichen Tagen früherer Spekulation besteht darin, dass man heute nicht nur auf steigende, sondern auch auf fallende Kurse wetten und dabei hohe Gewinne machen kann. Ein wichtiges Instrument solcher Wetten sind die Leerverkäufe, denen wir bereits an verschiedenen Stellen begegnet sind. Auch Leerverkäufe beruhen auf der Inanspruchnahme von Kredit: Allerdings werden in diesem Fall nicht die Finanzmittel, sondern die Papiere selbst geliehen, deren Wertverlust der Trader erwartet. So wie beim Kredit der Zins, wird hier eine Gebühr fällig, verbunden mit der Zusage, die Finanztitel zu einem bestimmten Zeitpunkt zurückzugeben.

Im Falle von Leerverkäufen können mit niedrigem eigenen Kapitaleinsatz gewaltige Umsätze getätigt werden. Denn das einzige, was der Leerverkäufer wirklich vorstrecken muss, ist die Leihgebühr.

Liegt die Leihgebühr beispielsweise bei 1 Prozent pro Monat, kann ein Händler mit einem Einsatz von 10.000 Dollar Aktien oder Anleihen im Volumen von 1 Million Dollar bewegen. Entsprechend hoch sind die Renditechancen, wenn die Spekulation aufgeht und die leerverkauften Papiere tatsächlich an Wert verlieren.
Angenommen, es wurden Aktien geliehen und verkauft, die nach einem Monat um 10 Prozent gefallen sind. Der Leerverkäufer, der für den Verkauf dieser Aktien 1 Millionen Dollar erlöst hat, braucht jetzt also nur noch 900.000 Dollar, um sie zurückzukaufen. Abzüglich der verauslagten Gebühr ergibt das einen Reingewinn von 90.000 Dollar oder eine Rendite von 900 Prozent in nur dreißig Tagen.

Ausgesprochen beliebt sind Leerverkäufe auch bei Währungsspekulationen. In diesem Fall werden Kredite in einer abwertungsverdächtigen Währung aufgenommen und diese so lange auf den Devisenmarkt geworfen, bis der erhoffte Wertverlust eingetreten ist. Anschließend wird zu dem niedrigeren Kurs zurückgetauscht, der Kredit plus Zins zurückbezahlt und die Differenz eingestrichen. Auch dabei sind Renditen von mehreren hundert Prozent keine Seltenheit. Der Quantum Fund von George Soros etwa verdiente allein an seiner Spekulation gegen das britische Pfund 1992, die exakt diesem Muster folgte, insgesamt 1 Milliarde Dollar.

Es sind nicht zuletzt solche Leerverkäufe auf den Devisenmärkten, die Wechselkursschwankungen bis zum Exzess verstärken können. Denn das Volumen an Pfund, Bath oder welcher Währung auch immer, das auf diese Weise den Markt überflutet, ist im Grunde durch nichts als die Kreditwürdigkeit der spekulierenden Finanzinvestoren limitiert. Ist letztere hoch und glauben auch die Banken an den Erfolg der Spekulation, kann das Spiel fast immer so lange weiter getrieben werden, bis die Verteidigungskapazitäten der Zentralbank erschöpft sind. Auch das ist eine Folge der unerschöpflichen und von keiner öffentlichen Instanz mehr kontrollierbaren Kreditkapazität des heutigen Finanzsystems.

Dass der hohe Kredithebel die Rendite vervielfacht, die sich aus einer bestimmten Preisschwankung ziehen läßt, ist allerdings nur die eine Seite der Medaille. Die andere ist, dass eine einzige Fehlspekulation unter solchen Bedingungen existenzbedrohend werden kann, weil der Hebel dann in umgekehrter Richtung wirkt. Wer auf steigende Kurse setzt und mit eigenem Geld Aktien kauft, um sie später wieder zu verkaufen, kann maximal sein eingesetztes Kapital verlieren. Und selbst das ist unwahrscheinlich, denn dafür muss das betreffende Unternehmen schon Konkurs machen und die Aktie jeden Wert verlieren. Wer hingegen mit einem Eigenkapital von 1 Million Dollar Aktien im Wert von 21 Millionen kauft und deren Kurse steigen nicht, sondern sinken beispielsweise um 10 Prozent, der kann mit dem Verkaufserlös bei weitem nicht mehr die aufgenommenen Kredite zurückzahlen. Gibt es keine sonstigen Reserven, bedeutet das Überschuldung und Bankrott. Nicht minder hoch ist das eingegangene Risiko im Falle von Leerverkäufen. Immerhin können auch hier mit niedrigstem Einsatz riesige Volumina an Wertpapieren bewegt werden. Wenn deren Preise dann allerdings nicht fallen, sondern steigen, drohen Verluste in Höhe eines Vielfachen des eigenen Kapitals.

Derivate – Hochseilakrobatik ohne Netz

Ins Extrem getrieben wird das Grundprinzip, mit möglichst wenig Kapital ein möglichst großes Volumen an Wertpapieren zu bewegen, durch den Einsatz von Derivaten. Diese abgeleiteten

Instrumente reduzieren die Finanzwette auf ihren eigentlichen spekulativen Kern. Wer Aktien kauft, um sie zu höheren Preisen wieder zu verkaufen, den interessieren nicht die Aktien, sondern allein die Kurssteigerung. Also liegt es nahe, gleich nur ein bestimmtes Kursniveau oder einen bestimmten Wechselkurs der Zukunft zu kaufen. Genau diesem Zweck dienen die Forwards und Futures, die sich heute auf nahezu alle Preise, Kurse oder sogar auf ganze Indizes abschließen lassen.

Derivate schreiben in der Regel einen bestimmten Handel zu einem festgelegten Preis für einen bestimmten Zeitraum oder einen Tag in der Zukunft fest. Der Verkäufer eines Derivats kann sich beispielsweise verpflichten, dem Käufer des Derivats zweitausend Aktien von General Motors zwei Monate später zum Preis von je 100 Dollar abzukaufen. Ist der zum Zeitpunkt der Fälligkeit aktuelle Kurs der General Motors-Aktien niedriger als 100 Dollar, hat sich das Derivat für seinen Käufer gelohnt, der die Differenz als seinen Gewinn verbucht.

Die vorab notwendigen Auslagen für den Erwerb solcher Futures und Forwards sind im Verhältnis zum nominellen Wert der Kontrakte relativ gering. Mit kleinstem Kapitaleinsatz lassen sich also über Derivate gigantische Wertpapierumsätze auslösen. Selbst minimale Kursveränderungen in der erwarteten Richtung können daher Traumrenditen bescheren. Bei einer Fehlspekulation allerdings drohen praktisch unbegrenzte Verluste.

Eine andere Art von Derivaten sind die Optionen. Wer eine Aktienoption kauft, der hat die Möglichkeit, Aktien zu einem bestimmten Zeitpunkt zu einem bestimmten Preis zu kaufen oder zu verkaufen, kann davon aber auch Abstand nehmen. Eine Kaufoption lohnt sich, wenn die tatsächlichen Kurse bei Fälligkeit höher sind als die in ihr festgeschriebenen. Der Trader löst dann die Option ein und verkauft die Papiere sofort wieder. Bei einer Verkaufsoption sind die Verhältnisse umgekehrt: sie lohnt sich in einem fallenden Markt. Geht die Wette nicht auf, ist der Verlust bei Optionen zwar auf das eingesetzte Kapital begrenzt, das aber ist dann immer in Gänze verloren.

Beliebte Derivate sind auch verschiedene Arten von Swap-Geschäften. Auf dem Swap-Markt tauschen die Trader Zinssätze, Währungen oder auch Kreditrisiken mit mindestens ebensoviel Begeisterung wie einst Grundschüler Briefmarken oder Abziehbilder. Geradezu explodiert ist in den letzten Jahren das Volumen eines Swaps, dem wir bereits bei der Behandlung der synthetischen CDOs begegnet sind: des *Credit Default Swaps* (CDS). Bei einem Credit Default Swap zahlt der Käufer dem Verkäufer eine Gebühr dafür, dass letzterer ihm das Ausfallrisiko bestimmter Kredite abnimmt. Werden keine Kredite faul, hat der Verkäufer des Swaps mit geringstem Kapitaleinsatz regelmäßige Einnahmen. Muss er allerdings tatsächlich in größerem Umfang für faule Kredite gerade stehen, kann das das eigene Kapital schnell erschöpfen.

Credit Default Swaps wurden in den letzten Jahren auf nahezu alle größeren Anleihen und Kreditpapiere abgeschlossen, und es wurden sogar eigene Indizes eingerichtet, auf denen der Wert solcher CDS für bestimmte Anleiheprodukte gemessen wird und auf deren Verlauf wiederum eigenständige Wetten abgeschlossen werden können.

Die Existenz von Credit Default Swaps, die sich mittlerweile im Volumen von 62 Billionen Dollar auf dem Markt befinden, hat zur beispiellosen Explosion des Kreditmarktes in den letzten Jahren wesentlich beigetragen. Denn sobald eine Anleihe mit einem Credit Default Swap abgesichert wurde, konnte jeder Investor sie als risikolose Anlageform betrachten, da im Falle eines Zahlungsverzugs oder gänzlichen Ausfalls ja der Sicherungsgeber einspringen muss. Diese Möglichkeit, hochriskante Kreditprodukte zu kaufen, ohne das Risiko tragen zu müssen, hat die Nachfrage nach solchen Papieren erheblich nach oben getrieben und zugleich deren Verzinsung abgesenkt.

Tatsächlich sind die mit den Hochrisiko-Krediten verbundenen Gefahren durch die CDS natürlich nicht verschwunden, sondern wurden nur an andere weitergereicht. Dass sie sogar ganz unvermittelt auf die Inhaber der Anleihen und Kreditpapiere zurückschlagen können, mussten letztere beim Untergang des Brokerhauses Lehman Brothers erleben, der alle von Lehman verkauften Credit Default Swaps auf einen Schlag entwertete. Wer sein Portfolio durch solche CDS abgesichert hatte, hatte also plötzlich wieder das volle Ausfallrisiko selbst am Hals.

Es gibt tausend Varianten von Derivaten, auch solche, in denen diese Instrumente wiederum miteinander verknüpft und verschachtelt werden. Insgesamt sollen derzeit Derivate im unglaublichen Volumen von 600 Billionen Dollar auf dem Markt sein. Weniger als 30 Prozent solcher Finanzwetten sind standardisiert und werden an Börsen gehandelt. Der Rest wird auf einem völlig unregulierten Markt im direkten Kontakt zwischen Trader und Trader zurechtgebastelt und *over the counter* (OTC) verkauft. Natürlich werden Derivate auch nicht nur wegen der ihnen zugrunde liegenden Finanzwetten gekauft, sondern sie sind selbst eine spekulative Anlage, die vor Fälligkeit oft mehrfach weiterverkauft wird.

Insbesondere der Markt für OTC-Derivate ist extrem unübersichtlich und die Zahlen über seine Ausmaße schwanken. Sicher ist eigentlich nur, dass die Erzeugung solcher abgeleiteten Finanzbomben, die der Milliardär und Finanzinvestor Warren Buffett nicht unzutreffend als »finanzielle Massenvernichtungswaffen« bezeichnet hat, seit Mitte der 90er Jahre explosionsartig zugenommen hat. Geschätzt wird, dass 2003 auf den *over the counter*-Märkten Derivate im Volumen von knapp 200 Billionen Dollar im Umlauf waren. Seither wuchs das Volumen an gehandelten Derivaten um knapp 40 Prozent jährlich. Allein *over the counter* werden heute täglich Derivate im Nominalwert von über 2 Billionen Dollar umgesetzt. Das Handelsvolumen auf dem börslichen Derivate-Markt liegt bei 6 Billionen Dollar am Tag.

Hauptarrangeure und Anbieter der Derivate sind eine Handvoll großer Banken und Brokerhäuser. Wie erwähnt, sind allein die zehn größten Banken eine der beiden Vertragsparteien für etwa die Hälfte aller auf dem Markt befindlichen Derivate. Diese hohe Konzentration macht den Markt selbstverständlich nicht stabiler. Sie bedeutet, dass der Konkurs auch nur eines Hauses eine massenhafte Entwertung solcher Derivate nach sich zieht und damit viele andere Investoren in den Konkurs reißen kann. Bis heute werden wohlweislich keine genauen Zahlen etwa über die von Lehman garantierten CDS oder andere von der Bank gehaltene Derivate veröffentlicht.

Ein besonderes Problem der OTC-Derivate besteht darin, dass sie jenseits ihres unmittelbaren Verkaufs keinen gültigen Preis oder Wert haben. Denn hier gibt es eben keine zentralisierte Kursfeststellung und auch keine allgemeine Handelsplattform. Die Investition in solche Derivate ist daher auch nicht wirklich liquide, ihr Weiterverkauf hängt vielmehr immer davon ab, einen anderen Trader zu finden, der Interesse an genau diesem speziellen Finanzkonstrukt hat.

Wie verwickelt und unübersichtlich die Derivate im einzelnen auch gestrickt sein mögen, ihr entscheidendes Merkmal ist immer das gleiche: sie gestatten dem Finanzinvestor, mit vergleichsweise niedrigem Kapitaleinsatz auf irgendwelche Finanzereignisse – steigende Kurse, fallende Zinsen oder die Zahlungsunfähigkeit von Kreditnehmern – zu wetten, die ein ungleich größeres Wertpapier- oder Währungsbündel betreffen.

Derivate ermöglichen damit, kleine Preisdifferenzen in hohe Renditen zu verwandeln - oder aber bankrott zu gehen. Tatsächlich zeigt der Hedgefonds LTCM auf besonders eindrucksvolle Weise, wie durch den Einsatz von Derivaten mit verhältnismäßig kleinem Kapital gigantische Volumina an Wertpapieren bewegt werden können. Wir haben bereits erwähnt, dass LTCM sein Eigenkapital von unter 5 Milliarden Dollar mit dem Zwanzigfachen an Kreditgeld aufgebläht hatte. Mit diesen knapp 130 Milliarden Dollar wiederum war LTCM in der Lage, dank des Einsatzes von Derivaten spekulative Geschäfte im Umfang von über 1 Billion Dollar zu finanzieren. Konkret hatte LTCM Swaps im Nominalwert von 700 Milliarden Dollar und Futures im Wert von knapp 500 Milliarden in seinen Büchern.

Es ist diese Grundeigenschaft der Derivate, den Spekulationsradius fast grenzenlos auszuweiten, die sie bei den Finanzhaien so beliebt, aber eben auch so gefährlich macht. Und zwar nicht so sehr für die Anleger, die meistens ihre Schäfchen sowieso auf vielen Wiesen weiden lassen, als vor allem für diejenigen, die die Folgen massiver Schwankungen von Aktien- und Währungskursen ausbaden und ein auf morschen Fundamenten aufgebautes und daher stets einsturzgefährdetes Weltfinanzsystem mit billionenschwerem Steuergeld am Ende wieder stabilisieren müssen.

Morbide Finanzpyramiden

Ein wichtiger Faktor, der dazu beiträgt, das Finanzsystem unserer Tage in ein von Dominoeffekten und Kettenreaktionen gezeichnetes Kartenhaus zu verwandeln, sind die Verschachtelungen der Finanzanlagen der verschiedenen Finanzinvestoren und Banken, die die Wellen jeder kleinen Erschütterung nicht nur als Stimmung, sondern ganz real über tausend Kanäle auf andere Institute, andere Märkte und sogar andere Kontinente weiter tragen. Die jüngsten Beben auf dem Weltfinanzmarkt und die Sturmwellen an Verlusten, die die Pleite von Lehman Brothers bei Instituten verschiedener Couleur ausgelöst hat, haben davon ein eindrucksvolles Beispiel gegeben.

Und dabei war Lehman mit 640 Milliarden Dollar Vermögenswerten und 613 Milliarden Dollar Verlusten sogar noch ein eher überschaubarer Fall, dessen Pleite immerhin riskiert werden konnte. Der Versicherer AIG, die Hypothekenriesen Fannie Mae und Freddie Mac und mittlerweile große Teile der gesamten US- und europäischen Finanzindustrie wurden dagegen unter Einsatz billionenschwerer Steuergelder mit der ausdrücklichen Begründung verstaatlicht, die Dominoeffekte eines Konkurses verhindern zu müssen, weil das globale Finanzsystem sie nicht überleben würde.

Natürlich gab und gibt es genügend Fälle, bei denen diese Begründung nur ein Vorwand war. Bei der deutschen IKB etwa ging es einfach darum, andere Banken und am Ende wohlhabende Anleger mit sprudelnder Staatshilfe vor Verlusten zu schützen, die für sie schmerzhaft und ärgerlich gewesen wären, aber niemals das Potential gehabt hätten, das gesamte Finanzsystem in den Untergang zu ziehen. Bei Konzernen wie dem Versicherungsgiganten AIG allerdings, der allein Credit Default Swaps über 441 Milliarden Dollar garantierte, von anderen Verbindlichkeiten zu schweigen, war das Argument der Systembedrohung schon weit weniger von der Hand zu weisen.

In jedem Fall ist die heutige Finanzindustrie mit ihren unterschiedlichen Akteuren so eng ineinander verwoben und miteinander vernetzt, dass das alte Prinzip »Mitgefangen-Mitgehangen« tatsächlich für sehr viele Bereiche gilt. So verdienen die großen Banken einen erheblichen Teil ihrer Gewinne damit, Hedgefonds mit milliardenschweren Krediten für deren Spekulationsgeschäfte zu versorgen, sind also selbst in das Risiko dieser Geschäfte eingebunden. Auf dem Interbankenmarkt wird sehr viel Geld ohne größere Sicherheiten weitergegeben, weshalb eine Pleite-Bank andere mit sich in die Tiefe reißen kann. Genau das ist der Grund, warum dieser Markt in Krisenzeiten austrocknet.

Auch institutionelle Investoren kaufen keineswegs nur Industriebeteiligungen, sondern legen ihr Geld gern und ausgiebig wiederum bei anderen institutionellen Investoren an. So spielen Hedgefonds mit den Aktien von Pensionsfonds, die wiederum einen Teil ihrer Kapitalmassen eben diesen Hedgefonds als Einlage zur Verfügung stellen. Einen anderen Teil ihres Geldes mögen die Pensionsfonds in den Aktien eines Versicherers parken, der seinerseits die Commercial Paper kauft, mit denen die Conduits einer Bank sich refinanzieren, zu der auch eben jene Hedgefonds gehören. So entstehen verzweigte Finanzpyramiden mit Ansteckungs- und Verstärkungsdynamiken, die kaum noch einer wirklich überblickt und versteht. Im Normalfall ist das auch nicht nötig. Bricht aber ein Glied dieser Kette, zieht es alle anderen mit nach unten. Jede Bank ist daher heute mit dem Schicksal der konkurrierenden Banken und großer Finanzinvestoren über tausend Fäden verbunden, und die Finanzinvestoren wiederum mit dem der Banken. Nicht wenige Hedgefonds sind im Herbst 2008 deshalb kaputt gegangen, weil ihre Kreditlinien wegen der Pleite von Lehman Brothers nicht erneuert wurden oder die von ihnen bei dem Institut hinterlegten Sicherheiten von ihm weiter verpfändet worden und daher nach dem Konkurs nicht mehr zurückzubekommen waren.

Der klassische Typus einer solchen Pyramide waren die Investment-Trusts der 20er Jahre. Auch damals schon hat das Aufkommen dieser Investitionsvehikel das Volumen des vorhandenen Aktien- und Geldvermögens um ein Vielfaches vergrößert, und zugleich die Dynamik der Spekulationsblase extrem verstärkt. Und zwar in beide Richtungen: im Aufschwung, aber auch im folgenden Crash. Denn das Grundproblem solcher Verschachtelungen ist, dass gute oder eben auch schlechte Nachrichten sich von einem einzelnen Unternehmen oder begrenzten Teilmarkt sofort auf andere Bereiche übertragen, und dass sich ihre Auswirkungen durch die eingebauten Selbstverstärkungsmechanismen drastisch vergrößern können.

Wenn beispielsweise die Aktien des Automobilbauers Chrysler eintausend Privatleuten gehören, dann interessieren Verkaufsrückgänge dieses Automobilbauers genau diese tausend Aktionäre, außerdem natürlich die Beschäftigten und vielleicht noch die Zulieferer. Alle anderen Leute haben andere Sorgen.

Werden hingegen Chrysler-Aktien in größerer Zahl von einem Pensionsfonds gehalten und hat außerdem ein Hedgefonds ein großes Paket dieser Aktien in der Hoffnung auf steigende Kurse auf Termin gekauft, um sie sofort wieder zu verkaufen, haben die dümpelnden Autoverkäufe wesentlich weitreichendere Folgen. Zunächst einmal fallen mit den Aktien der Chrysler AG natürlich auch die Kurse des Pensionsfonds, in dessen Kassen die Chrysler-Verluste ja als Dividendenausfälle zu Buche schlagen. Die Anleger des Hedgefonds mögen wegen einer Einlagenbindung vorerst keine Chance haben, auf die absehbaren Verluste zu reagieren, wohl aber die kreditgebenden Banken, die Sorge haben müssen, wegen des Verlustgeschäfts ihr Geld nicht zurück zu bekommen. Sollte eine dieser Banken durch Kündigung der Kreditlinie den Hedgefonds in seiner Existenz gefährden, werden freilich auch alle alten Kredite zweifelhaft, die sie oder eine andere Bank diesem Hedgefonds bereits gegeben haben.

Handelt es sich um einen großen Hedgefonds und ist mindestens eine Bank stark engagiert, wird vermutlich auch ihr Aktienkurs unter der drohenden Hedgefonds-Pleite leiden. Vielleicht schädigt das Ereignis die Reputation der Bank sogar so stark, dass ihr Rating sinkt und sich so ihre Refinanzierung erheblich verteuert. Weil diese Bank jetzt dringend Geld braucht, wirft sie womöglich einen Teil ihres eigenen Aktienportefeuilles auf den Markt. Damit bringt sie auch die Aktien eines Energieversorgers und eines Luxusuhrenproduzenten, an denen sie besonders hohe Bestände hat, unter Druck. Am Ende fallen also wegen der lahmenden Absätze des Automobilherstellers Chrysler nicht nur dessen Aktien, sondern auch die eines Pensionsfonds, die einer Bank und außerdem noch die eines Energieversorgers und eines Luxusgüterherstellers, die beide mit den Chrysler-Autos allenfalls so viel zu tun haben mögen, dass sie diese als Firmenwagen nutzen.

Und dieses Beispiel untertreibt die realen Verflechtungen erheblich. In der Realität wären in den Chrysler-Aktien vermutlich nicht nur ein Hedgefonds, sondern zehn oder zwanzig engagiert, und der Pensionsfonds hätte in mindestens einem dieser Fonds Rentengelder geparkt, die er jetzt auch abschreiben könnte. Und Chrysler hätte natürlich selbst auch einen Pensionsfonds, der primär in Chrysler-Aktien investiert wäre und bei einem Wertverlust dieser Aktien Defizite anhäufen würde, die das Unternehmen zusätzlich belasten. Und vielleicht hätte die zu Chysler gehörige Autobank, die Ratenkredite und Leasingverträge verwaltet, auch ihrerseits Geld in den Aktien jener Bank geparkt, die wegen der Hedgefonds gerade erheblich an Wert verlieren, und würde daher ebenfalls Verluste machen. Und so weiter.

Ein reales Beispiel für die Übertragung eines Abwärtstrends von einem Markt auf einen anderen, der mit ihm in keinem realwirtschaftlichen Zusammenhang steht, ist folgendes. Mit dem Zusammenbruch des ABS-Marktes im Sommer 2007 gingen weltweit auch die Aktienbörsen auf Talfahrt. Das hatte nichts damit zu tun, dass bereits damals vermutet wurde, die Finanzkrise könnte eine weltweite Rezession auslösen. Die Kurse hatten sich seither vielmehr immer wieder erholt, obwohl die Wirtschaftsaussichten im Sommer 2008 wesentlich trüber waren als im Sommer 2007. Der Grund für den damaligen Kursverfall war in erster Linie, dass eine Reihe großer Hedgefonds zu massiven Aktienverkäufen gezwungen waren, weil sie in der Spekulation mit den ABS erhebliche Verluste eingefahren hatten und dringend Liquidität brauchten. Da die ABS vorläufig nicht mehr verkäuflich waren, warfen sie ihre Aktienbestände auf den Markt und verursachten damit einen Fall der Kurse.

Verstärkt wurde dieser Trend damals noch durch sogenannte Quants. Das sind Fonds, die Computermodelle und Softwarepakete nicht nur, wie alle anderen, zur Entscheidungsfindung nutzen, sondern bei denen die Computer selbst nach mathematischen Modellen entscheiden, welche Wertpapiere gekauft und welche verkauft werden. Die durch keinerlei Nachrichten aus dem Aktienmarkt motivierten Notverkäufe der Hedgefonds führten zu einer massiven Fehlsteuerung dieser Modelle und lösten eine Verkaufswelle der Quants in Aktien aus, was den Kursverfall weiter verstärkte.

Ein Beispiel für einen Selbstverstärkungsmechanismus haben wir im Abschnitt über die Pensionsfonds kurz erwähnt. Als unmittelbar nach der Jahrtausendwende die Bären auf dem Aktienparkett tanzten und den betrieblichen Pensionsfonds in den USA erhebliche Verluste bescherten, wurde die Abwärtsspirale dadurch verstärkt, dass die Defizite dieser Fonds ihrerseits auf die Aktienbewertung der Unternehmen drückten, zu denen sie gehörten und die für ihre Deckung hafteten. Da diese Fonds selbst überproportional in den Aktien des eigenen Unternehmens investiert waren, vergrößerte dieser Druck ihre Verluste und verschlechterte damit wiederum das Standing der Unternehmen. Ein selbstverstärkender Zirkel, der damals noch rechtzeitig durch eine erneute Aktien-Hausse durchbrochen wurde, der aber auch zu einem Absturz ohne Halt und Boden hätte werden können und jederzeit wieder werden kann.

Kleinste Erschütterungen können sich auch gerade deshalb auf ganze Märkte übertragen, weil niemand genau weiß, wer wo in welcher Höhe engagiert ist. Welche Banken und Fonds beispielsweise ein strauchelnder Hedgefonds oder ein bankrottes Unternehmen mit in die Tiefe zieht, ist nie wirklich klar. Der Verdacht trifft daher vorsichtshalber alle, die in der entsprechenden Region oder Branche oder Geschäftsart tätig sind. Als im Sommer 2007 die Finanzkrise zu wüten begann und sich herumsprach, dass die Assets in den Asset Backed Securities ausgesprochen zweifelhafter Natur waren, standen unversehens sämtliche Banken unter Generalverdacht, sich über Zweckgesellschaften, Hedgefonds oder auf andere Weise in den entsprechenden Papieren verspekuliert zu haben. Folgerichtig wurden Interbankenkredite rar und teuer.

Als im Herbst 2008 nach dem Untergang von Lehman Brothers die Angst vor weiteren Bankenpleiten um sich griff, war auf dem ungesicherten Interbankenmarkt schon gar kein Geld mehr zu haben, und die Banken hatten auch kaum noch eine Chance, ihr Kapital über den Aktienmarkt zu erhöhen. Das hatte auch damit zu tun, dass niemand wußte, welches Institut wieviel Geld durch die Lehman-Pleite verloren hatte und damit möglicherweise selbst gefährdet war. »Niemand hat den Überblick, wer wieviel Exposure bei Lehmann hat. Das Ganze ist eine Black Box«, erklärte ein Analyst die fragile Lage.[41] Ins gleiche Horn blies Gordon Charlop von Rosenblatt Securities zur Erklärung der allgemeinen Verunsicherung, die die Risikoprämien sämtlicher Bankanleihen in extreme Höhen getrieben hatte: »Niemand weiß, welche Institution bei welchem Pleitier wie stark engagiert ist.«[42]

Von einem Markt, auf dem niemand nichts genaues weiß, es aber zugleich um sehr viel Geld und letztlich um Sein oder Nichtsein milliardenschwerer Institute geht, sollte man nicht erwarten, dass er auch nur einigermaßen vernünftig funktioniert. Dass ausgerechnet so ein Markt in der Mainstream-Ökonomie unter der Annahme »vollständiger Information« modelliert wird und Modelle, die auf dieser Annahme beruhen, fast drei Jahrzehnte lang die Wirtschaftspolitik bestimmten, gehört zu den traurigen Treppenwitzen der Geschichte.

Fragile Schuldentürme

Der wichtigste Krisenbeschleuniger, der die heutigen Finanzmärkte auf allen Ebenen durchzieht, ist der umgekehrte Preismechanismus. Wer stark erscheint, wird dadurch noch stärker gemacht; wer leichte Schwäche zeigt, wird schnell ganz fallen gelassen. Gerät ein Institut ins Taumeln oder wird auch nur vermutet, es könnte ins Taumeln geraten, fällt der Wert seiner Aktien und Anleihen. Mit dem fallenden Preis wird die Nachfrage nach diesen Aktien oder Anleihen aber nicht größer, sondern noch kleiner. Besonders dramatisch wird der Absturz, wenn auch noch das Rating herabgestuft wird. Denn institutionelle Investoren stoßen Papiere, deren Bonität sich verschlechtert, oft automatisch ab. Gerade in einer Zeit, in der ein Unternehmen oder eine Bank besonders dringend Geld braucht, wird neues Geld damit extrem verteuert und ist oft gar nicht mehr zu haben. Dadurch kann aus einer kleinen Schieflage ein existenzbedrohendes Drama werden.

Der Zusammenbruch des Versicherungsriesen AIG etwa war die direkte Folge einer Herabstufung seines Ratings: Dieser Bonitätsverlust zwang den Konzern, höhere Sicherheiten für seine Kreditversicherungen zu hinterlegen und verbaute ihm zugleich den Zugang zu der Liquidität, die er dazu benötigte. Natürlich hatte AIG Schrottpapiere in Milliardenhöhe versichert und damit enorme Verluste zu verkraften. Aber wann, bei wem und ob die Bankrott-Falle zuschnappt, hängt nicht so sehr von den Verlusten ab als davon, ob der Zugang zu neuem Kapital erhalten bleibt oder nicht. Während deregulierte Finanzmärkte dazu neigen, in krisenfreien Zeiten die irrwitzigsten Schuldentürme bereitwillig zu finanzieren, schlägt ihr Pendel im Falle einer Krise ebenso radikal ins Gegenteil um: Wer auch nur einen Anflug von Schwäche zeigt, dem wird der Geldhahn zugedreht.

Diese Situation ist besonders gefährlich aufgrund der verbreiteten Hedge- und Ponzi-Finanzierungen. Manche Unternehmen, die meisten Banken und Finanzinvestoren sowie nahezu alle Staaten müssen auslaufende Anleihen oder Kredite immer wieder durch Aufnahme neuer Kredite refinanzieren. Funktioniert das reibungslos, bleibt alles stabil und der Schuldner zahlungsfähig. Wird die Refinanzierung dagegen plötzlich vom Kapitalmarkt verweigert oder extrem verteuert, kann das selbst Schuldner in den Bankrott treiben, deren Geschäftslage und Gewinn sich nicht im Mindesten verschlechtert haben.

Diese Mechanismen, nicht die Schrottpapiere als solche, waren auch für das Bankensterben und den Finanzcrash im Herbst 2008 verantwortlich. Lehman ging kaputt, weil das Institut keine Kapitalerhöhung mehr durchsetzen konnte und ihm durch eskalierende Abschreibungen auf seine Hypothekenportfolios das Eigenkapital weggeschmolzen war. Die anderen Brokerhäuser mit Ausnahme von Merrill Lynch hatten gar keine allzu hohen Abschreibungen und machten im aktuellen Geschäft sogar Gewinne. Sie mussten aufgeben, weil ihre kurzfristige Refinanzierung auf dem Kapitalmarkt so teuer geworden war, dass sie damit tatsächlich bald tief in die roten Zahlen gekommen wären. Längerfristig lebt jede Geschäftsbank in der gleichen Gefahr.

Selbst die Staaten der Industrieländer können nur deshalb jene ungeheuerlichen Billionensummen in das marode Finanzsystem pumpen, weil sie im Unterschied zu den Finanzinstituten immer noch als kreditwürdig gelten. Deshalb sind sie in der Lage, problemlos ihre Schulden zu refinanzieren und sie sogar noch einmal drastisch auszuweiten. Aber auch dieser Bogen könnte irgendwann überspannt sein. Die gegenwärtigen Rettungsaktionen erfordern eine solche Neuverschuldungswelle, dass die Gesamtschulden nicht allein von Kleinstaaten wie Island, sondern auch der großen Industrieländer einen Umfang erreichen könnten, bei dem es auch dem Letzten auffällt, dass kein Steuerzahler für solche Beträge je auch nur die Zinsen zahlen kann. Sollte das eintreten, wäre selbst dieser letzte Rettungsanker verloren und die Finanzmärkte würden sich und die auf ihnen angelegten Vermögen selbst zerstören.

Tödlicher Schaum

Die Existenz hochliquider Banktrader, Hedgefonds, Investmentgesellschaften und anderer Finanzvehikel, ihr Wettbewerb um Anlagegelder, in dem die Leistung jedes einzelnen an der durchschnittlichen Marktrendite gemessen wird, die ähnlich strukturierten Computerprogramme, die ihren Handel lenken, das alles hat zur Folge, dass riesige Geldströme auf den heutigen Finanzmärkten immer wieder exakt in die gleiche Richtung fließen und sich gegenseitig verstärken. Zusätzlich destabilisierend wirken die schlichte Größe der wichtigsten Spieler, ihre gegenseitige Verflechtung und damit Abhängigkeit, außerdem die Fähigkeit des heutigen Finanzsystems, die Spekulation durch faktisch unbegrenzte Kredite zu hebeln, und schließlich der Wildwuchs der Derivate, die den Radius möglicher Transaktionen auf das mehr als Hundertfache des eingesetzten Kapitals vergrößern. Kleinste Veränderungen in der Realökonomie können so völlig unverhältnismäßige Schwankungen von Aktien-, Bond- und Wechselkursen nach sich ziehen und dadurch immer neue Spekulationsblasen zeugen.

Wenn der über die Welt wabernde Finanzschaum keine schlimmeren Auswirkungen hätte als die, den einen Finanzinvestor reich zu machen und den anderen in den Bankrott zu treiben, den einen Milliardär in der Forbes-Liste weiter nach oben zu schieben und den anderen um einen Teil seines Vermögens zu bringen, könnte das Geschehen auf diesen Märkten uns relativ gleichgültig lassen. Die Verteilung und Umverteilung der Gelder innerhalb des globalen Geldadels ist ganz sicher kein Gegenstand von besonderem Interesse.

Dass nur die Reichsten der Reichen ihr Geld beispielsweise in Hedgefonds mehren würden, ist tatsächlich eine übliche Begründung dafür, warum diese Finanzvehikel frei von jeder Regulierung, Offenlegungspflicht und Kontrolle ihre Hochrisikowetten bestreiten dürfen. Auch Derivate scheinen vordergründig nur die etwas anzugehen, die mit ihnen spielen. Egal ob die Kurse steigen oder fallen, wird am Ende der eine Trader genau das gewinnen, was der andere verliert. Viele Finanzwetten sind auf den ersten Blick solche Nullsummenspiele, die die reale Ökonomie und die große Mehrheit der Menschen gar nicht zu berühren scheinen. Aber genau das ist in doppelter Hinsicht nur Schein. Erstens stimmt es nicht, dass die großen Spekulationsagenturen allein mit dem Vermögen der Reichsten spielen. Und zweitens hat die Spekulation gravierende realwirtschaftliche Auswirkungen, die die am Ende verteilbaren Einkommen erheblich dezimieren können.

Zum ersten: Wir haben gesehen, dass selbst die Pensionsfonds etwa 1 Prozent ihrer Gelder in Hedgefonds anlegen. Fleißige Anleger in diesen Spekulationsvehikeln sind auch die Versicherungen. Und Finanziers der Hedgefonds sind die Banken, bei denen Millionen Kunden ihre Spargroschen mehren. Hier wird also durchaus mit dem Geld von Kleinsparern gezockt. Vor allem aber haftet am Ende die gesamte Gesellschaft, wenn es wieder einmal darum geht, das Schlimmste zu verhindern, weil der institutionalisierte Wahnsinn das System der Weltfinanzen an den Rand eines Abgrunds getrieben hat.

Zum zweiten: Jede Spekulationswelle hat massiven Einfluß auf den Stand der Börsenbarometer oder das Tauschverhältnis der Währungen. Und beide interessieren eben nicht nur die Trader. Der Wechselkurs bestimmt reale Exportchancen, Inflationsraten und die Last öffentlicher wie privater Auslandsschulden. Ein Kursanstieg von einem Yen pro Dollar kostet etwa den japanischen Automobilhersteller Toyota aufs Jahr gerechnet rund 35 Milliarden. Abrupte Wendungen in den globalen Kapitalströmen können nationale Finanzsysteme zum Einsturz bringen und ganze Volkswirtschaften in die Depression treiben.

Nahezu alle mexikanischen Banken waren bankrott, als 1994 der Peso einen Großteil seines Wertes verlor. Das gleiche Schicksal widerfuhr den Banken der südostasiatischen Tigerstaaten 1997. Und mit den Banken kollabierte die Wirtschaft. In Indonesien verringerte sich die Produktion nach Ausbruch der Krise um 15 Prozent. Die Inflation schnellte auf 60 Prozent nach oben, die Arbeitslosigkeit verdreifachte sich und Millionen Menschen verarmten. Unzählige Kinder konnten nicht mehr zur Schule gehen, sondern mussten arbeiten, um das Überleben ihrer Familien zu sichern.

Auch die jetzt ins Haus stehende Weltwirtschaftskrise wird durch den großen Finanzmarkt-Kater wesentlich verschlimmert. Gefeiert haben in den letzten Jahren vor allem die oberen Zehntausend. Die Rechnung für deren Party sollen heute hunderte Millionen Menschen übernehmen, als Steuerzahler und als Beschäftigte, die um ihren Arbeitsplatz fürchten müssen oder ihn schon bald verloren haben könnten.

Fußnoten

25 McKinsey. Mapping Global Financial Markets. Januar 2008
26 Edward Gamber, David Hakes, Study Guide to Mishkin's Money, Banking and Financial Markets, Boston, 2007
27 Monatsbericht der Deutschen Bundesbank vom Januar 1983, S. 33
28 Zit. nach *FAZ*, 15. August 2007
29 *Handelsblatt*, 30. Juli 2008
30 *Financial Times Deutschland*, 25. August 2008
31 *FAZ*, 18. Oktober 2000
32 *Handelsblatt*, 30. Januar 2003
33 *Handelsblatt*, 1. April 2003
34 *Handelsblatt*, 8. Oktober 2008
35 *Handelsblatt*, 14. Oktober 2008
36 *Handelsblatt*, 8. September 2008
37 Survey of Consumer Finances – Federal Reserve Board, Financial Characteristics of High-Income Families (March 1986)
38 J. M. Keynes, The General Theory of Employment, Interest and Money, London, 1936, Seite 158
39 *FAZ*, 1. April 2000
40 Georg Soros, Die Krise des globalen Kapitalismus, Berlin 1998, S. 86
41 *Handelsblatt*, 16. September 2008
42 *Handelsblatt*, 19. September 2008

Résumé

Eine Quelle, die die Finanzmärkte mit immer neuem Anlagegeld versorgt und zu deren Expansion in den vergangenen dreißig Jahren wesentlich beigetragen hat, ist die zunehmend ungleichere Verteilung der realen Einkommen. Die zweite Bedingung für die historisch beispiellose Expansion des Finanzsektors war und ist seine Fähigkeit, fiktive Einkommen zu erzeugen, die nicht durch die zahlungsfähige Nachfrage auf realen Gütermärkten limitiert werden und deren einzige Voraussetzung stetig wachsende Kredite sind. Die von den Zentralbanken nicht mehr steuerbare Kapazität eines deregulierten und globalisierten Finanzsystems, Kreditgeld in fast unbegrenztem Umfang bereitzustellen, war daher eine wichtige Grundlage seines explosiven Wachstums und der gigantischen Vermögensblase, die sich in den zurückliegenden Jahrzehnten aufgebaut hat.

Der Umfang und die hohe Liquidität der Gelder, die die großen Kapitalsammler heute dirigieren, die Gleichförmigkeit ihrer Bewegungen, die filigrane Verschachtelung ihrer Anlagen, ihre schlichte Größe und in der Regel hohe Verschuldung sowie der umgekehrte Preismechanismus erklären zugleich die zutiefst instabile Verfassung des Weltfinanzsystems unserer Zeit: seinen Hang zu Blasen, Exzessen, Übertreibungen und Zusammenbrüchen.

Die Krisenanfälligkeit der heutigen Finanzmärkte ist nicht deshalb ein Problem, weil Krisen das Vermögen einiger Millionäre vernichten können. Sie ist ein Problem, weil ein funktionstüchtiges und stabiles Finanzsystem zu den Grundbedingungen einer stabilen Wirtschaft gehört. Die Finanzmärkte unserer Tage tun genau das nicht, was ihre Aufgabe wäre: die Ersparnisse der Gesellschaft in jene Investitionen zu lenken, die die Wirtschaft produktiver, umweltverträglicher oder auf irgendeine andere Art reicher machen. Statt dessen leiten sie tausende Milliarden in die Finanzierung aberwitziger Finanzwetten und hochspekulativer Investmentvehikel, die volkswirtschaftlich so überflüssig sind wie der Wiener Opernball.

Und die hyperliquiden Anlagemonster sind nicht nur überflüssig, sie richten Schaden an. Sie erzwingen die Ausrichtung der realen Wirtschaft an ihrem eigenen, extrem kurzfristigen

Zeithorizont und setzen Unternehmen unter Druck, die Löhne zu kürzen und Investitionen in Forschung und Innovation zurückzufahren, um die Ausschüttungen an die Aktionäre zu erhöhen und so die Vermögensblase immer weiter zu vergrößern.

Das heutige Finanzsystem ist – im Wortsinn – gemeingefährlich. Gefährlich nicht für den globalen Geldadel, dessen Macht und Einfluss es vielmehr stärkt und schützt, sondern gefährlich für die Allgemeinheit: für die Lebensverhältnisse der großen Mehrheit der Menschen.

4. Kapitel
Kreditblase und Profit

Während aber in der Bedarfsdeckungswirtschaft die Konsumtion die Ausdehnung der Produktion bestimmt, die unter diesen Verhältnissen ihre Schranke nur findet an dem erreichten Stand der Technik, wird in der kapitalistischen Produktion umgekehrt die Konsumtion bestimmt durch das Ausmaß der Produktion. Dieses aber ist begrenzt [...] durch die Notwendigkeit, daß das Kapital und sein Zuwachs eine bestimmte Profitrate abwerfen.

Karl Marx

Kapitalismus und Krisen – das Problem der profitablen Nachfrage

Wir haben in den letzten Kapiteln gezeigt, warum ein dereguliertes und globalisiertes Finanzsystem eine nahezu unbegrenzte Fähigkeit zur Schöpfung von Kreditgeld besitzt und dass die Zentralbanken unter diesen Bedingungen auf die verfügbare Liquidität, ihre erratischen Bewegungen und ihre Verwendung fast keinen Einfluss mehr haben. Wir haben außerdem gesehen, weshalb unkontrollierte Finanzströme dazu neigen, sich selbst zu verstärken, auf kleinste Anlässe mit extremen Ausschlägen zu reagieren und so unaufhaltsam immer neue Spekulationsblasen und Crashs erzeugen.

Seit der Insolvenzvirus immer größere Geldhäuser in die Knie zwingt und kein Ende der Unruhen in Aussicht steht, ist die aktuelle Marktverfassung offenbar niemandem mehr geheuer. Wer eine stärkere Regulierung der Finanzmärkte fordert, ist plötzlich nicht mehr ein einsam belächelter Rufer in der Wüste des Mainstreams, sondern gehört zu diesem. Diesseits und jenseits des Atlantik werden, wenn auch widerstrebend, Gesetze auf den Weg gebracht, die den Finanzdschungel zumindest an jenen Stellen etwas lichten sollen, an denen seine Schlingpflanzen am tödlichsten gewuchert haben. Leerverkäufe wurden an einigen Börsenplätzen verboten, zumindest zeitweilig und für bestimmte Aktien. Auch soll das Verbriefungsunwesen eingeschränkt, die Eigenkapitalbasis der Banken gestärkt und das Versenken von Risiken in außerbilanziellen Spekulationsvehikeln erschwert werden.

Profitable Nachfrage und Ungleichgewicht

Alles das ist so richtig wie unzureichend. Aber selbst ein konsequenter Versuch zur Re-Regulierung der Weltfinanzmärkte würde sehr wahrscheinlich scheitern, solange die wirklichen Ursachen der sich abzeichnenden Katastrophe ausgeblendet bleiben. Zwar kann man einen Sumpf immer wieder dadurch halbwegs begehbar machen, dass man Baumstämme und Bretter hineinlegt und sich dann auf diesen hinüberhangelt. Eine besonders schöne Lösung ist das allerdings nicht, denn erstens bleibt ein solcher Übertritt immer gefährlich und zweitens ist vorhersehbar, dass nach einer gewissen Zeit alles wieder in Moder und Morast versinkt. Wer das Terrain dauerhaft zugänglich machen will, sollte daher lieber versuchen, den Sumpf trocken zu legen. Aber dafür braucht es mehr als einiger stabilisierender Balken.

Die aktuelle Krise ist eben nicht nur das Werk unkontrollierter Spekulanten und geldgieriger Investmentbanker, die durch eine bessere Regulierung wieder auf den Pfad der Tugend zurückzuführen wären. Der endlose Finanzschaum speist sich aus Reservoirs, die sehr viel tiefer liegen. Er quillt aus den Lebensadern eines Wirtschaftssystems, das nur produziert und investiert, wenn die Rendite für die Kapitalgeber stimmt, und für das daher Löhne, Sozialabgaben oder auch Unternehmenssteuern nichts als lästige Kostenfaktoren sind, deren man sich nach Möglichkeit zu entledigen hat. In dieser Fixierung auf Profit statt Bedarf liegt die letzte Ursache aller Ungleichgewichte, Instabilitäten und Krisen, die selbst ein besser regulierter Kapitalismus immer wieder erzeugen wird, von einem ungezügelten und enthemmten nicht zu reden. Denn je erfolgreicher jedes einzelne Unternehmen solche »Kosten« zu reduzieren versteht und je mehr legale und halblegale Möglichkeiten es dazu hat, desto schwieriger wird es für die Wirtschaft insgesamt, die produzierten Autos, Mobiltelefone oder Fernsehgeräte am Ende noch an den Mann oder die Frau zu bringen. Und hier beißt die Katze sich in den berühmten Schwanz. Egal, wie billig produziert wurde: ohne Absatz kein Gewinn und ohne Gewinn keine Rendite auf das eingesetzte Kapital.

In der Volkswirtschaftslehre findet dieser innerkapitalistische Widerspruch in einer alten Fehde zwischen den sogenannten Angebots- und den Nachfragetheoretikern seinen Niederschlag. Die ersteren sind die abgebrühten Ideologen der neoliberalen Epoche, die rüdes Lohndumping, sinkende Steuern, sozialen Raubbau und wachsende gesellschaftliche Ungleichheit kühl damit begründen, dass dem privaten Kapital nun einmal die Lust am Produzieren und Investieren vergeht, wenn die in Aussicht stehende Rendite zu gering ist. Ihr Ratschlag ist, die Unternehmen mit Profit zu verwöhnen, damit sie nicht in Investitionsstreik treten, weil sonst die Wirtschaft stagniert, die Arbeitslosigkeit steigt und alle ärmer werden. Es versteht sich von selbst, dass diese Schule bei den Beziehern von Kapitaleinkommen außerordentlich gut angesehen ist. Die Nachfragetheoretiker halten dieser Argumentation tapfer entgegen, dass Unternehmen natürlich auch nur dann investieren, wenn sie das Gefühl haben, ihre Erzeugnisse auch absetzen zu können und genau diese Nachfrage mit dem neoliberalen Programm zerstört wird.

Unabhängig davon, dass die Nachfragetheoretiker ungleich sympathischere Leute sind als die aalglatten Zyniker der Angebotsseite, beschreibt jede dieser beiden Schulen exakt eine der zwei Bedingungen, von deren Zusammentreffen die Dynamik einer kapitalistischen Ökonomie abhängt. Fallen sie auseinander, sind Stagnation, Krisen und Zerstörungen kleineren und größten Ausmaßes vorprogrammiert. Für Marx war genau das der »Grundwiderspruch« des Kapitalismus, und es gibt wenig Grund, diese Ansicht für überholt zu halten.

Dem einzelnen Unternehmer ist es egal, wer seine Waren kauft, solange sie überhaupt gekauft werden. Wenn er Damendessous produziert und die Nachfrage nimmt sprunghaft zu, weil ein harter Arbeitskampf im Einzelhandel eine deutliche Lohnsteigerung für die vor allem weiblichen Beschäftigten erzwungen hat, soll es ihm recht sein. Er wird sich über höhere Gewinne freuen und seine Produktion ausweiten. Im Maßstab der gesamten Volkswirtschaft ist das anders. Zwar können auch hier Gewinne und Löhne gleichzeitig wachsen, wenn die Produktivität der Arbeit steigt. Aber die Kaufkraft aus Lohneinkommen selbst kann nie zu den Gewinnen beitragen, sondern bleibt mit Blick auf die Rendite immer ein Kostenfaktor. Das gleiche gilt für die Konsumnachfrage aus beitragsfinanzierten Sozialleistungen oder steuerfinanzierten Staatsausgaben. Damit sind die wichtigsten Komponenten der gesellschaftlichen Nachfrage, deren Höhe immerhin über den Lebensstandard der großen Mehrheit der Menschen entscheidet, für eine kapitalistische Ökonomie immer nur ein Nebenprodukt, das bestenfalls nicht stört, weil die Gewinne aus anderen Quellen kräftig sprudeln, und das gnadenlos abgewürgt wird, wenn letzteres nicht der Fall ist.

Unter privatwirtschaftlichen Renditegesichtspunkten kostenneutral und daher letztlich profitabel ist allein die Nachfrage aus folgenden Quellen: den privaten Investitionen; dem Konsum von Unternehmern, Dividendenbeziehern und Zinsrentiers, also jenem Teil der Konsumnachfrage, der nicht aus Löhnen, Beiträgen oder Steuern bezahlt wird; den kreditfinanzierten Staatsausgaben; dem kreditfinanzierten Konsum; und schließlich dem Exportüberschuss. Es ist die Summe dieser mit Ausnahme der Investitionen eher abwegig und künstlich wirkenden Nachfragekomponenten, die darüber entscheidet, wieviele Gewinne alle Unternehmen einer Volkswirtschaft gemeinsam in einem bestimmten Zeitraum machen können. In einer Ökonomie, deren Lebenselexier die Profiterzielung ist, kommt es also entscheidend darauf an, mindestens eine dieser Gewinnquellen – Investitionen, Upper-Class-Konsum, Neuverschuldung oder Export – auf einem so hohen Niveau zu halten, dass sie den Rest der Wirtschaft mitziehen kann.

Das ist gar nicht so einfach und funktioniert bestenfalls zeitweise. Eine selbsttragende Investitionsdynamik findet meist da ihre Grenze, wo die neuen Kapazitäten selbst produktiv werden, und sich herausstellt, dass die zahlungsfähige Nachfrage überschätzt wurde. Die Oberklasse wiederum mag zwar gern im Luxus schwelgen, aber wenn sie allzu viel verdient, wird selbst der üppigste Konsum immer nur einen Teil des Geldes absorbieren, das ihr zufließt. Das Streben nach Exportüberschüssen setzt voraus, dass andere Volkswirtschaften mehr importieren als exportieren und kann daher nie eine globale Lösung sein. Und ein kreditfinanziertes Aufblasen der Kaufkraft, sei es des Staates oder der Konsumenten, findet irgendwann in aussichtsloser Überschuldung seine Grenze, auch wenn sich diese Grenze durch die uns bereits bekannten Ponzi-Kredite lange hinausschieben läßt.

Jede dieser Lösungen beruht letztlich auf einem ökonomischen Ungleichgewicht, das sich früher oder später ausgleichen muss. Je später das geschieht, desto größer ist in der Regel der Crash, wobei der Kapitalismus im Verlaufe seiner Geschichte eine erstaunliche Fähigkeit entwickelt hat, immer extremere Ungleichgewichte auszuhalten und so den Absturz hinauszuzögern. Stabiler oder gar produktiver ist die Weltökonomie dadurch allerdings nicht geworden.

190

Frühe Zyklen im Konkurrenzkapitalismus

Auf eine unter humanitären Gesichtspunkten zwar recht barbarische, aber unbestreitbar wachstums- und produktivitätsfördernde Weise funktionierte das Wechselspiel zwischen Aufschwung und Krise etwa in den Anfangszeiten des Kapitalismus. Damals war es fast immer die Investitionsdynamik, die den wirtschaftlichen Aufschwung trug, der dann auch zu höherer Beschäftigung, mehr Profiten und Konsum und kurz vor dem Gipfel des Booms meist auch zu steigenden Löhnen führte. Wenn die mit der aufstrebenden Konjunktur neu geschaffenen Kapazitäten allerdings auch zu produzieren begannen, stellte sich meist heraus, dass es zu viele waren, was die Investitionslust abrupt abbremste und so den Angebotsüberhang noch mehr vergrößerte.

An diesem Punkt begannen damals meist die Preise zu fallen, was zwar zunächst die Löhne und deren Kaufkraft erhöhte, aber die Renditen in den Keller trieb und die Investitionstätigkeit zum Erliegen brachte. Unternehmen mit unterdurchschnittlicher Produktivität und veralteten Anlagen wurden in dieser Phase in großer Zahl in den Konkurs getrieben. Irgendwann waren so die Überkapazitäten wieder abgebaut, die Produktion auf einem höheren Technologieniveau angekommen und neue technische Erfindungen oder Produkte boten wieder interessante Investitionschancen. Dann begann das ganze Spiel von vorn. Bis kurz vor Ende des neunzehnten Jahrhunderts bewegte sich der Kapitalismus in Zyklen nach diesem Muster, die ziemlich genau alle zehn Jahre in eine Krise mündeten. Da die Ungleichgewichte, die sich innerhalb von zehn Jahren aufbauen konnten, begrenzt waren, dauerte meist auch das reinigende Gewitter nicht allzu lange.

Dieses Modell funktionierte, solange die Konkurrenz rege und die Marktmacht der einzelnen Unternehmen gering war, was sich im Übergang zum 20. Jahrhundert zu ändern begann. Damals entstand zum ersten Mal ein globalisierter Kapitalismus mit freiem Kapitalverkehr und international aufgestellten, ihre Heimatmärkte beherrschenden Konzernen, die Preise, Löhne und politische Rahmenbedingungen in ganz anderer Weise diktieren konnten als ihre Vorgänger im 19. Jahrhundert. Hauptgrund dieser wirtschaftlichen Konzentration waren nicht so sehr mangelnde Kartellgesetze, als die neuen Fertigungstechnologien in der

Schwerindustrie und aufstrebenden Automobilproduktion, die mit ihren hohen Kapitalanforderungen von kleineren Unternehmen gar nicht zu bewältigen waren.

Die neue Ordnung hatte zur Folge, dass die wirtschaftliche Dynamik spürbar nachließ, weil ökonomische Terraingewinne zunehmend unter Einsatz politischer und militärischer Machtmittel statt durch technologische Überlegenheit angestrebt und auch erreicht wurden, dass die Einkommensverteilung immer ungleicher wurde und eine rege Spekulationstätigeit auf den Wertpapiermärkten einsetzte. In der verheerenden Depression der 30er Jahre entluden sich dann die binnen- und weltwirtschaftlichen Ungleichgewichte, die sich seit der Jahrhundertwende und besonders in der Zeit nach dem Ersten Weltkrieg aufgebaut hatten.

1929 und heute – erschreckende Parallelen

Geschichte wiederholt sich nicht, aber es gibt immer wieder Perioden, die verblüffende oder auch erschreckende Parallelen zueinander erkennen lassen. Der Ökonom und Wirtschaftshistoriker John Kenneth Galbraith sieht in seinem Buch »Der große Crash« die wesentlichen Ursachen für jenes explosive Krisengemisch, das die Weltwirtschaft nach 1930 in den Abgrund riss und schlimmste Formen von Armut und Hunger in die Industrieländer zurückbrachte, in fünf Entwicklungen, deren Beschreibung uns heute Lebenden seltsam bekannt vorkommen sollte.

Erste und vielleicht wichtigste Krisenursache war nach Galbraith eine »schlechte Einkommensverteilung«, also eine immer extremere Einkommenskonzentration am oberen Ende, die die Konsumnachfrage abschnürte. Diese Umverteilung der Einkommen ergab sich im wesentlichen daraus, dass die Produktivitätsgewinne der zwanziger Jahre – immerhin war die Produktivität pro Beschäftigten in den USA zwischen 1919 und 1929 um 43 Prozent gestiegen – sich ausschließlich in höheren Gewinnen niederschlugen, während die Löhne stagnierten. Verstärkt wurde die Ungleichheit noch durch großzügige Steuergeschenke, mit denen die amerikanische Regierung die Oberschicht verwöhnte. Die Konjunktur speiste sich damit in erster Linie aus deren Luxuskonsum sowie aus den Investitionen in die Investitionsgüterindustrie, die in den USA der 20er Jahre immerhin noch um 6,5 Prozent jährlich zulegte. Sehr viel niedriger waren dagegen Investitionen und Wachstum in den Konsumbereichen. Als 1929 auch die Investitionen in Kapitalgüter aufgrund spürbarer Anzeichen von Überkapazität an Dynamik verloren und der Börsencrash den oberen Zehntausend die Lust am Luxus verdarb, waren binnenwirtschaftlich alle Voraussetzungen einer Abwärtsspirale gegeben.

Als zweiten krisenverstärkenden Faktor führt Galbraith einen Umstand an, den er höflich »ungünstige Gesellschaftsstruktur« nennt und an anderer Stelle als »Bluff und Schwindel an der Spitze vieler Unternehmen« beschreibt. Tatsächlich geht es hier um den institutionalisierten Bluff und Schwindel infolge des Aufkommens der Holdings und Investment-Trusts, die auch treibende Kraft einer Welle von Unternehmensübernahmen und Zusammenschlüssen waren. So wurde zwar überschüssiges Kapital vernichtet, was die Renditen erhöhte, zugleich entstanden aber außerordentlich unübersichtliche und hochgradig verschachtelte Unternehmensungetüme, die Produktionskonzern und Finanzgigant in einem waren, über hohe Marktmacht verfügten und außerordentlich geringes Interesse an Innovation und Entwicklung hatten, da spekulative Investments in der Regel höhere Erträge brachten. Natürlich begünstigte die Unübersichtlichkeit dieser Enrons der 20er Jahre auch alle Arten der Bilanzmanipulation, mit denen die Gewinne fiktiv nach oben getrieben werden konnten. Dramatischer allerdings war, dass aufgrund dieser engen Verflechtung von Produktion und Wall Street strauchelnde Finanzpyramiden die in ihnen integrierten Unternehmen gleich mit in die Tiefe rissen. Beispielsweise benötigten die Investment-Trusts hohe Dividendenzahlungen »ihrer« Unternehmen, um ihrerseits die Zinsen für ihre Hebelkredite zur Finanzierung der Spekulation zu zahlen. Sie erpressten daher höhere Ausschüttungen auf Kosten realer Investitionen, was die wirtschaftliche Dynamik zusätzlich abwürgte.

Verschlimmert wurde dieser Einbruch schließlich durch den bei Galbraith dritten Faktor, nämlich den »desolaten Zustand der amerikanischen Außenhandelsbilanz«, also weltwirtschaftliche Ungleichgewichte, die sich seit dem Ersten Weltkrieg aufgetürmt hatten und damals allerdings ein anderes Vorzeichen trugen als heute. Bereits während des Krieges hatten sich die Vereinigten Staaten zum größten Gläubiger auf den internationalen Finanzmärkten entwickelt und diese Position in den 20er Jahren immer weiter ausgebaut. Denn die amerikanische Wirtschaft exportierte damals weit mehr als sie importierte, wobei die Überschüsse zum einen durch die Einfuhr von Gold und Silber finanziert wurden, zum anderen durch Anleihen, die der amerikanischen Oberschicht eine lukrative Anlagemöglichkeit für ihre überschüssigen Gelder boten.

So dienten amerikanische Anleihen pikanterweise auch zur Finanzierung eines erheblichen Teils der deutschen Reparationszahlungen. Das Geld, das amerikanische Anleger in diese Anleihen investierten, floß also nur virtuell nach Deutschland, faktisch jedoch – eben als Reparation – an die Regierungen der ehemaligen Kriegsgegner, unter anderem also an die US-amerikanische. Letztere wiederum brauchte das Geld nicht zuletzt dafür, um die eigenen Zinsen auf ihre Staatsanleihen zu zahlen, die – und hier schließt sich der kuriose Kreis – letztlich von der gleichen Gruppe reicher Anleger gehalten wurden, die auch die deutschen Anleihen gezeichnet hatte. Dass die amerikanische Oberschicht sich mit dem Kauf der deutschen Anleihen so faktisch ihre eigenen Zinsen auf ihre amerikanischen Staatspapiere zahlte, mag man nicht weiter tragisch finden, das Problem war eben nur, dass dieser absurde Finanzkreislauf das Volumen von anlagesuchendem Finanzvermögen auf der einen und Schulden auf der anderen Seite auch im globalen Maßstab immer mehr aufblähte. Und wie bei jeder Ponzi-Finanzierung gab es natürlich auch keine realistische Aussicht, dass diese Schulden jemals zurückgezahlt werden konnten.

Die fragile Konstruktion, auf der die Weltwirtschaft der 20er Jahre beruhte, geriet endgültig aus dem Gleichgewicht, als der Börsenboom an der Wall Street in seine heiße Phase kam und amerikanische Aktien oder hochverzinsliche Effektenkredite die europäischen Anleihen in puncto Renditechancen bei weitem ausstachen. Infolge dessen begann der Strom amerikanischen Geldes über den Atlantik allmählich zu versiegen, und mit ihm die Finanzierungsquelle der amerikanischen Exporte, was die Investitionsdynamik in den USA – und natürlich auch in allen anderen Ländern – zusätzlich dämpfte. Vier europäische Länder, darunter Deutschland, befanden sich daher schon vor dem Herbst 1929 in einem spürbaren Wirtschaftsabschwung, der durch den Börsencrash und nachfolgenden Zusammenbruch des weltweiten Banken- und Finanzsystems allerdings eine völlig neue Dimension erhielt.

194

Damit ist auch schon Galbraiths vierter Krisenfaktor benannt, nämlich die »Labilität des Bankwesens«, also die Verflechtungen der Banken untereinander, aufgrund derer ab 1930 ein kollabierendes Geldhaus das nächste in den Untergang riss. Als fünften Faktor führt Galbraith schließlich den seinerzeitigen Zustand der Mainstream-Ökonomie an, die mit ihren abwegigen Ratschlägen in Richtung Budgetausgleich und Reduzierung der Staatsausgaben die Lage zusätzlich verschlimmerte. »Es scheint sicher zu sein«, stellt Galbraith mit von heute aus betrachtet allzu großem Optimismus fest, »dass die Ökonomen, die sich Ende der 20er Jahre und Anfang der 30er Jahre als Wirtschaftsberater anboten, von einer geradezu einmaligen Verderbtheit waren.«

Als entscheidende Ursachen der Großen Depression diagnostiziert Galbraith also genau jene Entwicklungen, die eine kapitalistische Wirtschaft, deren ökonomische Entscheidungsträger zudem Macht über Märkte und Politik besitzen, mit einer gewissen Folgerichtigkeit immer wieder hervorbringt: extreme Ungleichheit der Einkommensverteilung, wachsendes Gewicht der Finanzsphäre bis hin zur Finanzialisierung der Produktionsunternehmen, Instabilität und Kettenreaktionen auf dem aufgeblähten Finanzmarkt und – als i-Tüpfelchen – bornierte Mainstream-Ökonomen a lá Rürup, Sinn und Co., deren überflüssige Ratschläge alles noch schlimmer machen.

Nachfragekurve und Investitionsdynamik

In den 30er Jahren hatte sich diese Mischung als derart explosiv und gemeingefährlich erwiesen, dass die Apologeten freier Märkte und ungezügelter Kapitalverwertung zumindest für die nächsten vierzig Jahre einen schweren Stand hatten. Der Keynesianismus war die aus der Katastrophe und ihren Folgen gezogene Lehre, dass kapitalistische Märkte, sich selbst überlassen, in den Untergang führen, dass somit der Staat für Rahmen und Regeln und im Zweifelsfall auch für die nötige profitable Nachfrage sorgen muss, was in der unmittelbaren Nachkriegszeit erst einmal gut zu funktionieren schien.

Dabei war es erneut die Investitionsdynamik, welche die fast zwei Jahrzehnte andauernde Nachkriegsprosperität vorantrieb und die von den Erfordernissen des Wiederaufbaus, der Verbreitung der neuen Industriegüter und dem nachholenden Konsum getragen wurde. Kontinuierliche Lohnsteigerungen – die Voraussetzung für schnell wachsende Konsumausgaben – waren unter diesen Bedingungen mit hohen Renditen vereinbar, weil der rasante Anstieg der Produktivität für große Verteilungsspielräume sorgte.

In der ökonomischen Theorie wird die Entwicklung der Nachfrage nach neuen Produkten oft mit einer S-Kurve verglichen. Sie fängt langsam an: Die ersten kaufen sich Waschmaschinen oder Kühlschränke, während die Mehrheit noch auf dem Wäschebrett schruppt oder sich frische Milch jeden Morgen neu kaufen muss. Dann steigen die Einkommen, immer mehr Haushalte können sich den neuen Luxus leisten, die Kurve kommt in ihren steilen Abschnitt, die Nachfrage wächst stürmisch. Irgendwann gehören Waschmaschinen oder Kühlschränke zum Standard und stehen in jeder Wohnung. Jetzt kaufen nur noch junge Leute, die einen neuen Haushalt gründen, oder die, deren Gerät kaputt gegangen ist. Die Nachfragekurve ist jetzt wieder flach und wächst kaum noch. Oft gibt es dann erst wieder einen Schub, wenn neue Varianten eigentlich schon eingeführter Produkte auf den Markt kommen. Etwa die Waschmaschine mit integrierter Schleuder oder internetfähige Handys.

Immer jedoch haben wir einen S-förmigen Verlauf und das rasante Nachfragewachstum auf dem steilen Ast stimuliert jedesmal überdurchschnittlich hohe Investitionen, um die nötigen Kapazitäten zu schaffen. Weil von dem gerade aktuellen Nachfragewachstum auf das künftige geschlossen wird, wird dabei in der Regel übers Ziel hinausgeschossen. Erreicht die S-Kurve dann den oberen Wendepunkt, sind mehr Kapazitäten da als nötig, eine Bereinigung setzt ein und nicht wenige Anbieter verschwinden wieder vom Markt. Einen solchen Zyklus haben wir erst vor wenigen Jahren auf dem Handymarkt erlebt oder im Geschäft mit DSL-Anschlüssen.

Das Besondere der Nachkriegszeit war jedoch, dass außerordentlich viele Produkte auf einmal zu Massengütern wurden und dass die notwendigen Investitionen zum Aufbau und zur Ausweitung der Produktionskapazitäten in diesem Fall sehr hoch waren. Ein Unternehmen, das seine Autoproduktion verdoppeln möchte, braucht eben sehr viel mehr und teurere Investitionsgüter, als eins, das doppelt so viele Handys auf den Markt werfen will. Die Erweiterung der Kapazitäten europäischer Unternehmen in der Nachkriegszeit war damit zugleich ein wichtiger Stimulator der US-Konjunktur, immerhin waren die amerikanischen Konzerne zunächst die einzigen, die die dringend benötigten Investitionsgüter liefern konnten.

Irgendwann allerdings wurden aus den europäischen Investitions-Nachfragern Konkurrenten, die den Markt mit den gleichen Produkten zu versorgen begannen wie die amerikanischen Konzerne. In den 60er Jahren war zudem die Nachfragekurve nach den Standardgütern der Industriegesellschaft am oberen Wendepunkt angekommen. Die weltweit aufgebauten Kapazitäten erwiesen sich jetzt unter Renditeaspekten als viel zu hoch, die Konkurenz auf dem Weltmarkt wurde schärfer und die Gewinne fielen. Zugleich war viel zu viel Kapital investiert worden, das sich erst noch auszahlen musste, als dass die Konzerne einfach in ein anderes Geschäftsfeld hätten wechseln können. In der Folge brachen die Investitionen ein und kamen als relevante Quelle profitabler Nachfrage vorerst nicht mehr in Betracht. In dieser Konstellation, nicht in Währungsturbulenzen oder der Ölpreisexplosion, lagen die tieferen Ursachen der ersten großen Weltwirtschaftskrise nach dem Zweiten Weltkrieg, die Anfang der 70er Jahre begann.

Die neoliberale Wende

Die politische Wende zum Neoliberalismus Anfang der 80er Jahre und auch die Strategien der großen Unternehmen in den nachfolgenden Jahrzehnten lassen sich auf einen großen gemeinsamen Nenner bringen: Es ging um die Wiedererhöhung der Kapitalrenditen oder, um den Marxschen Begriff zu gebrauchen, der Profitrate. Im Rahmen des *Shareholder Value*-Konzepts wurde dieses Ziel später offen anerkannt und verteidigt. Tatsächlich wird die gesellschaftliche Entwicklung in den westlichen Industrieländern in den zurückliegenden knapp drei Jahrzehnten nur verständlich, wenn wir sie unter dem Blickwinkel dieser übergeordneten Zielstellung sehen.

Der Unterschied zwischen den Vereinigten Staaten und Europa besteht dabei vor allem darin, dass eine Ausrichtung der Politik am Ziel höherer Profite jenseits des Atlantik wegen anderer gesellschaftlicher Kräfteverhältnisse wesentlich früher und bedingungsloser durchsetzbar war. Mit Ausnahme Großbritanniens haben die meisten europäischen Länder diesen Prozess erst in den 90er Jahren nachgeholt, in Deutschland setzte er in scharfer und rabiater Form sogar erst vor zehn Jahren ein.

Der Zustand, in dem sich die US-Wirtschaft heute befindet und der nicht zu unrecht als Ausgangspunkt der gegenwärtigen Finanzmarktkrise angesehen wird, ist daher keineswegs ein spezifisch amerikanisches Problem. Eine Wirtschaft, deren verarbeitendes Gewerbe einen schleichenden Tod stirbt und als deren wichtigste Exportgüter am Ende nur noch Waffen und Schrottpapiere übrig bleiben, ist nicht das zufällige Ergebnis einer Verkettung unglücklicher Umstände, sondern letzte Konsequenz eines Entwicklungspfads, auf dem sich längst auch die meisten europäischen Länder befinden und den spätestens seit Ende der 90er Jahre auch Deutschland eingeschlagen hat.

Wir sind also nicht besser als die Amerikaner, wir haben nur später angefangen und sind deshalb noch nicht ganz so weit. Und wir haben, was ein großer Vorteil ist, immerhin noch die Chance zur Umkehr, bevor die produktiven Kapazitäten der europäischen Wirtschaften in ähnlicher Weise am Boden liegen wie heute schon die der amerikanischen.

Schulden für Rendite

Die untenstehende Grafik vermittelt einen Eindruck von der Entwicklung des globalen Anlagevermögens seit 1980. Mit diesem Vermögen wurden entweder Schuldtitel oder Aktienkäufe finanziert. Der Kurvenverlauf zeigt, dass sämtliche Arten des globalen Geldvermögens weit schneller gewachsen sind als das (nominale) Bruttosozialprodukt, wobei das dramatischste Wachstum weder Staatsanleihen noch Aktienwerte zu verzeichnen hatten, sondern Investitionen in Schuldtitel privater Unternehmen und Kreditpapiere, deren Volumen sich zwischen 1980 und 2005 mehr als verzwanzigfacht hat. Auch die Schulden der Staaten allerdings sind, nach einer längeren Stagnation in den 90er Jahren, seit der Jahrtausendwende noch einmal steil angestiegen.

Wenn wir im Folgenden von einer Kredit- oder Schuldenblase sprechen, meinen wir ausdrücklich nicht nur die jüngsten Exzesse auf dem Kreditmarkt, sondern die dramatische Zunahme der privaten und öffentlichen Verschuldung in den zurückliegenden 25 Jahren, die das realwirtschaftliche Wachstum um ein Vielfaches übertroffen hat.

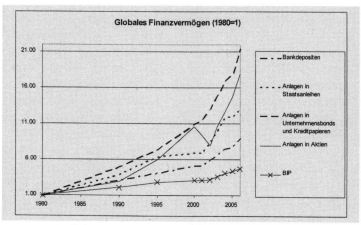

Quelle: McKinsey, Mapping Global Financial Markets, Januar 2008

199

Diese Kreditblase, die sich in den 80er Jahren aufzubauen begann, in den 90ern bereits bedenkliche Dimensionen annahm und seit der Jahrtausendwende ein Volumen gewonnen hat, das menschliches Vorstellungsvermögen übersteigt, war, wie wir im folgenden detailliert zeigen werden, eine direkte Folge des Strebens nach höheren Kapitalrenditen. Denn Lohndumping und Steuererleichterungen allein, die die neoliberale Wende überall mit sich brachte, verbilligen zwar die Produktion und senken die Kosten. Aber sie können das Problem der profitablen Nachfrage nicht lösen, sondern verschlimmern es, indem sie Kaufkraft abwürgen und so eine selbsttragende Investitionsdynamik erst recht unmöglich machen.

Eine Politik, die ernsthaft die Renditen nach oben treiben will, muß also Rahmenbedingungen für eine spürbare Erhöhung der Nachfrage aus mindestens einer der genannten gewinnträchtigen Quellen schaffen: dem Oberklasse-Konsum, den kreditfinanzierten Staatsausgaben, der Konsumentenverschuldung oder dem Export. Die Gewichtung, die diesen verschiedenen Komponenten beigemessen wurde, war von Land zu Land unterschiedlich und änderte sich im Laufe der Zeit. Aber ganz gleich, was im Vordergrund stand oder steht, alle genannten Formen, der Nachfrage künstlich auf die Sprünge zu helfen, produzierten und produzieren eben jenen Finanzschaum, der sich seither immer höher und übermächtiger über dem eigentlichen Produktionsgeschehen auftürmt und dieses zunehmend verdeckt, überlagert und bestimmt. Denn eine über längere Zeit hohe Kreditvergabe an Staat oder Konsumenten führt ebenso zu einer Aufblähung von Schulden auf der einen und Finanzvermögen auf der Gegenseite wie anhaltende Exportüberschüsse, denen zwangsläufig immer die Defizite anderer Länder gegenüber stehen müssen. Auch die Förderung des Luxuskonsums in den USA basierte wesentlich auf spekulativen Kapitalgewinnen, die, wie wir noch sehen werden, die Unternehmen zu einem großen Teil durch steigende Verschuldung finanzierten.

Die verschiedenen Strategien von Politik und Unternehmen zur Wiederherstellung der Kapitalrenditen und die Art, wie sie auf ihre je spezifische Weise die globale Kreditblase nährten und blähten, wollen wir uns jetzt genauer ansehen.

Staaten als Ponzi-Finanzierer

Die unmittelbare Reaktion nahezu aller westlichen Staaten auf die Wirtschaftskrise der 70er Jahre war eine deutliche Ausweitung der staatlichen Kreditaufnahme. Das war zunächst weitgehend alternativlos. Mit der Krise brachen die öffentlichen Einnahmen weg, während die steigende Arbeitslosigkeit höhere Sozialausgaben verlangte. In dieser Situation den wirtschaftlichen Niedergang nicht noch durch staatliche Ausgabenkürzungen zu verschärfen, sondern ihm durch ausgedehntes deficit spending entgegenzusteuern, entsprach nicht allein der damals noch vorherrschenden keynesianischen Lehre, sondern war das einzig Vernünftige, was die Politik in dieser Situation tun konnte.

Reagans Hochtreiben der amerikanischen Staatsverschuldung durch exzessive Steuersenkungen zugunsten von Konzernen und der Oberschicht sowie eine beispiellose Ausweitung der Rüstungsausgaben war von anderem Kaliber. Jetzt ging es bereits vordergründig und brutal um die Wiederherstellung der Kapitalrenditen, und zwar auf zweifachem Wege. Zum einen durch die künstlich erzeugte profitable Nachfrage des Staates, die sich allerdings nahezu ausschließlich auf Waffen und Kriegsgüter bezog, was die Dominanz des Rüstungssektors in der amerikanischen Wirtschaft deutlich verstärkte. Zum anderen durch die Schaffung rentabler Anlagemöglichkeiten für das im Produktionsprozess nicht mehr benötigte Kapital. Denn dafür sorgte die sprunghaft ansteigende Kreditnachfrage der öffentlichen Hand gleich mit, wobei die damals emittierten Staatspapiere ausgesprochen rentierlich waren. Immerhin wurde Reagans Rüstungskeynesianismus in den ersten Jahren von einer aggressiven Hochzinspolitik der amerikanischen Zentralbank flankiert, was reale Investitionen zusätzlich unattraktiv machte. So wurde in der ersten Hälfte der 80er Jahre das Fundament für jene unglaubliche Aufblähung des Finanzsektors gelegt, die die Entwicklung der US-Wirtschaft in den folgenden Jahrzehnten prägen und bestimmen sollte.

Die Staatsverschuldung in Europa in den 80er Jahren war deutlich weniger rüstungsfixiert und diente durchaus der Aufrechterhaltung einer gewissen sozialen Balance. Allerdings wurden die Spielräume mit dem Ansteigen der auf den öffentlichen Haushalten lastenden Schulden und entsprechend wachsenden Zinszahlungen immer geringer. Denn tatsächlich wirkt die staatliche Kreditaufnahme nur so lange expansiv – im Sinne der Schaffung profitabler Nachfrage –, solange die Neuverschuldung höher ist als die gezahlten Zinsen. Das aber bedeutet nichts anderes als dass die alten Zinsen mit neuen Krediten bezahlt werden müssen, also eine klassische Ponzi-Finanzierung.

Da solche Finanzierungen sich wegen ihrer explosiven Schuldenvermehrung allerdings nie auf Dauer fortschreiben lassen und außerdem, in großem Stil betrieben, inflationäre Folgen haben können, formierte sich immer mehr Widerstand gegen eine solche Politik. Erschwerend kam hinzu, dass die in Europa bereits damals dominante deutsche Wirtschaft klar andere Prioritäten setzte: eine harte DM und eine aggressive Stützung und Förderung der Exportwirtschaft. Das Problem der profitablen Nachfrage wurde (und wird) hier also in erster Linie durch die Erzielung von Exportüberschüssen zu lösen versucht. Diese Strategie Deutschlands schränkte auch den Aktionsradius der anderen europäischen Regierungen ein, die bei einer expansiveren Fiskalpolitik und niedrigeren Zinsen immer wieder mit Kapitalabflüssen und Abwertungsspekulationen gegen ihre Währungen konfrontiert waren. Mit den Defizitkriterien des Maastricht-Vertrages, die die staatliche Neuverschuldung auf 3 Prozent der Wirtschaftsleistung begrenzten, wurden die Möglichkeiten, den Staat zur Schaffung profitabler Nachfrage einzusetzen, im Vorfeld der Währungsunion schließlich auch vertraglich limitiert. Ob diese Vertragsbestimmungen die aktuelle Krise überleben werden, scheint mehr als zweifelhaft, aber das ist eine andere Frage, der wir an dieser Stelle nicht nachgehen wollen.

Schulden statt Löhne

Je mehr die staatlichen Spielräume zur Stabilisierung von Nachfrage und Profiten ausgeschöpft schienen, desto stärker rückte insbesondere in den USA eine andere Strategie in den Vordergrund: die Konsumentenverschuldung. Passend zum neuzeitlichen Privatisierungs-Trend handelt es sich im Grunde um eine Art Privat-Keynesianismus: Nicht der Staat nimmt rote Zahlen in Kauf, um der Wirtschaft mehr profitable Nachfrage zu verschaffen, sondern die große Mehrheit der Bevölkerung halst sich einen wachsenden Berg

Schulden auf, um ein Konsumniveau zu finanzieren, das sie sich mit ihren Löhnen und Gehältern bei weitem nicht leisten könnte.

Normalerweise führt fortgesetztes Lohndumping dazu, den Binnenmarkt zu strangulieren und in die Agonie zu treiben, wie wir das in drastischer Weise seit 1998 in Deutschland erleben. Die Löhne in den USA wurden indessen bereits seit den 80er Jahren auf ähnlich brutale Weise nach unten gedrückt und immer mehr Menschen in Billig- und Billigstjobs abgedrängt. Für 70 Prozent aller amerikanischen Beschäftigten lagen die Reallöhne 1989 unter dem Niveau von 1979. Für die unteren 40 Prozent sanken sie innerhalb dieser zehn Jahre sogar um fast ein Zehntel. Die 90er Jahre brachten bestenfalls Stagnation, für die unteren Lohngruppen ging es weiter bergab. Im Dezember 2000 lag der reale Stundenlohn in der privaten US-Wirtschaft im Schnitt (ohne höheres Management und leitende Tätigkeiten) um mehr als 5 Prozent unter dem des Jahres 1979.

Zwar reagierten die Amerikaner auf diese Lohnsenkungen durch immer längere Arbeitszeiten und dadurch, Zweit- und Drittjobs anzunehmen, aber ausgeglichen wurden die Verluste auf diese Weise kaum. Trotz angeblichen Wirtschaftsbooms ist das durchschnittliche mittlere Familieneinkommen weder in den 90er Jahren noch nach der Jahrtausendwende relevant gestiegen. Für die unteren 20 Prozent der Familien ging es deutlich zurück und lag am Ende gut 10 Prozent unter dem Niveau der 70er Jahre.

Dem amerikanischen Konsum aber konnte das alles nichts anhaben. Er wuchs zwischen 1985 und 1995 mit einer passablen Jahresrate von knapp 3 Prozent, in den Folgejahren sogar mit rasanten 4,3 Prozent und hielt auf diese Weise nicht nur die US-Wirtschaft, sondern wegen der hohen Importquote die Wirtschaft der ganzen Welt auf Trab. Verantwortlich für dieses auf den ersten Blick erstaunliche Konsumwachstum war zum einen der exzessive Luxuskonsum der amerikanischen Oberschicht, auf den wir noch zu sprechen kommen. Dieser allein hätte einen Einbruch in den Konsumausgaben der großen Mehrheit der Amerikaner jedoch nicht ausgleichen können. Der robuste und scheinbar unerschütterliche private Konsum als tragende Säule der US-Konjunktur war vielmehr nur zu halten, weil auch die sprichwörtliche Familie Jones während all der Jahre, in der ihr das Einkommen wegschmolz, ihren Konsum nie spürbar eingeschränkt hat.

Die wachsende Kluft zwischen Einnahmen und Ausgaben wurde vielmehr zunächst durch Abräumen der vorhandenen Sparguthaben und in steigendem Maße durch Kredite und Schulden überbrückt. Infolge dessen war die Verschuldung amerikanischer Privathaushalte bereits in der zweiten Hälfte der 80er Jahre auf 80 Prozent des verfügbaren Einkommens angeschwollen. Dieser Anteil reduzierte sich im Verlaufe der Rezession zu Beginn der 90er Jahre, nahm allerdings ab Mitte des Jahrzehnts wieder rasant zu und erreichte im Jahr 2000 fast 100 Prozent. Den ultimativen Kick gab es nach der Jahrtausendwende, als leichte Hypotheken, niedrige Zinsen und scheinbar endlos steigende Immobilienpreise das perfekte Umfeld boten, um dem durchschnittlichen US-Haushalt geradezu aberwitzige Schulden aufzuhalsen. Es waren im wesentlichen die durch diese Verschuldungswelle finanzierten Ausgaben, die der US-Wirtschaft halfen, die durch das Platzen der Internet-Blase ausgelöste Rezession relativ schnell wieder zu überwinden. Und alle Exportwirtschaften, einschließlich der deutschen, profitierten mit.

Auf diese Weise konnte einerseits ein künstlicher Bauboom am Leben erhalten werden, der die Konjunktur stützte. Der übergroße Teil der Hypothekenschulden allerdings wurde nicht zum Erwerb oder Bau neuer Häuser genutzt. Vielmehr annimierten die Lockangebote und scheinbar zinsgünstigen Baukredite Millionen Haushalte zur Aufstockung der bereits vorhandenen Hypothek oder

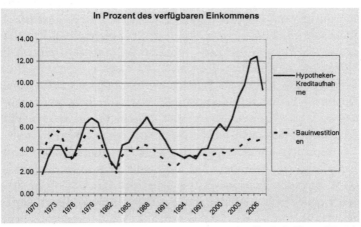

Quelle: Fed, Flow of Funds

auch zum Beleihen vorher völlig schuldenfreier Häuser, um auf diesem Wege billiges Geld für Konsumzwecke flüssig zu machen.

Die untenstehende Grafik zeigt die Entwicklung der jährlich neu vergebenen Hypothekendarlehen (abzüglich Tilgung) und der Bauinvestitionen privater Haushalte, jeweils im Verhältnis zum verfügbaren Einkommen. Man sieht, dass sich beide Größen lange Zeit parallel entwickelt haben, was einfach nur bedeutet, daß Hypotheken für das verwandt wurden, wofür sie eigentlich da sind: zur Finanzierung von Hauskäufen. Bereits in den 80er Jahren begannen beide Postitionen auseinanderzuklaffen, schon damals wurden also Hauskredite in erheblichem Maße zur Konsumfinanzierung genutzt. Ab Mitte der 90er Jahre schließlich begann der Wert neuer Hypotheken beispiellos nach oben zu schießen, während für den tatsächlichen Kauf neuer Häuser geringere Teile des Einkommens verausgabt wurden als in den späten 70er Jahren.

Im Ergebnis dieses Hypothekenwahns lag die Verschuldung amerikanischer Konsumenten Ende 2006 im Schnitt bei 125 Prozent des Jahreseinkommens. Eine Familie, die im Jahr 40.000 Dollar verdiente, hatte damit durchschnittlich 50.000 Dollar Schulden am Hals und allein Zinszahlungen von vielleicht 400 Dollar im Monat. Wobei diese Durchschnittsgrößen die Dramatik der realen Lage noch verharmlosen, denn sowohl Einkommen als auch Schulden waren (und sind) sehr ungleich verteilt, und zwar jeweils in entgegengesetzter Richtung: Gerade auf Haushalten mit unterdurchschnittlichem Einkommen lasten weit überdurchschnittliche Schulden, was die Relation zwischen Zinslast und Einkommen – von der Tilgung nicht zu reden – erheblich verschärft.

Verwendet wurden all diese Kredite – entgegen dem üblichen Vorurteil – kaum für Luxusgüter, sondern in der Regel zur Finanzierung banaler Dinge wie Krankenhausrechnungen oder Schulgebühren. Wegen der geschilderten Lohnentwicklung war für viele Familien nur über den Weg steigender Verschuldung überhaupt der gewohnte Lebensstandard aufrechtzuerhalten, zumal die Preise für elementare Dienste schnell anstiegen.

Wieviel die amerikanischen Haushalte verschiedener Einkommensgruppen für welche Arten von Konsum ausgegeben haben, läßt sich an Statistiken wie dem jährlich erhobenen Consumption

Expenditure Survey (CEX) ablesen. Da beim CEX, wie bei den meisten derartigen Erhebungen, die oberen Zehntausend ausgeklammert bleiben, vermitteln die Daten ein relativ gutes Bild von den Konsumgewohnheiten der Mittelschicht und der ärmeren Haushalte.

Wenn vom Luxusrausch der amerikanischen Konsumenten gesprochen wird, werden unter dieser Rubrik normalerweise Ausgaben für neue Autos, teure Kleidung, Schmuck, Funparks, Reisen, Unterhaltungselektronik oder Urlaubswohnungen verstanden. Summiert man eben diese Ausgabearten nach den CEX-Daten und berechnet ihren Anteil am verfügbaren Einkommen, ergibt sich kein steigender, sondern seit den 80er Jahren ein fallender Trend. Die untenstehende Grafik zeigt den Verlauf dieser Ausgabenkurve für das dritte, vierte und obere Fünftel der vom CEX erfaßten Haushalte – also die eigentlichen Mittelschichten - und für den Durchschnitt aller Haushalte. Von überzogenem Hang zum Luxus kann hier keine Rede sein. Deutlich gestiegen, auch das zeigt der CEX, sind im Gegensatz zu den Luxuskategorien vielmehr die Ausgaben für Gesundheit und Bildung und die notwendigen Zahlungen rund um den Erhalt des eigenen Heims.

Ohne die exzessive Verschuldung der amerikanischen Mittel- und (im Zuge des Subprime-Booms) auch Unterschichten wäre

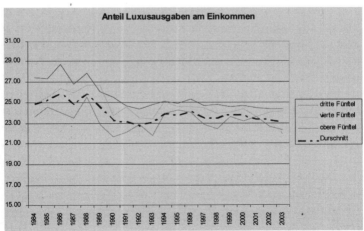

Quelle: Consumption and Expenditure Survey

206

das Wachstum der US-Wirtschaft zweifellos schon weit früher zum Erliegen gekommen. Sie leistete damit einen wichtigen Beitrag zur Stabilisierung des Konsums und ermöglichte weit höhere Profite in- und ausländischer Konsumgüterproduzenten als sie ohne diesen Faktor erreichbar gewesen wären.

Allerdings ist diese Dynamik zwangsläufig ebenso endlich wie jene, die durch ausgeweitete Staatsverschuldung angetrieben wird. Denn auch für die Verbraucher gilt: Expansiv und damit gewinnerhöhend wirkt die kreditfinanzierte Konsumnachfrage nur, so lange die Neuverschuldung die Zinszahlungen übersteigt. Auch die Konsumenten – als Gemeinschaft! – müssen sich also als Ponzi-Finanzierer betätigen und Zins und Tilgung ihrer alten Kredite mit immer neuen, größeren Krediten finanzieren, wie sie es in den USA tatsächlich über viele Jahre getan haben. Aber irgendwann ist auch hier das Limit erreicht. Und in dem Augenblick, in dem neben stagnierenden Löhnen auch noch Zins und Tilgung die für Konsumzwecke verfügbaren Einkommen dezimieren, verkehrt sich die Dynamik mit aller Härte und Brutalität ins Gegenteil.

Wir haben uns in diesem Abschnitt allein auf die Verschuldung der US-Konsumenten konzentriert, weil die hier entstandene Schuldenblase in ihrer Ausdehnung und ihrem wirtschaftlichen Effekt tatsächlich ohne Beispiel ist und die europäischen Unternehmen als Exporteure von dieser Blase vielleicht sogar stärker profitiert haben als von dem kreditfinanzierten Konsum innerhalb Europas. Das soll nicht heißen, dass Konsumentenschulden hier keine Rolle spielten. Insbesondere in Großbritannien und Irland, aber auch in vielen anderen Ländern war die steigende Kreditaufnahme ebenfalls ein wichtiges Mittel, die Konsumausgaben weit über die mit den Masseneinkommen gegebenen Möglichkeiten hinaus auszuweiten. Selbst in Deutschland war schon 2003 fast jeder vierte Haushalt mit Verbraucherschulden belastet, arme Haushalte hatten durchschnittlich 23 Prozent ihres Einkommens für Zins und Tilgung aufzubringen, fast drei Millionen Haushalte galten als überschuldet. Dennoch ist – auch aufgrund derzeit noch besserer gesetzlicher Regulierung – die Dimension der Konsumentenverschuldung mit der US-amerikanischen nicht zu vergleichen.

Der Luxusrausch der oberen Zehntausend

Während die immer höhere Verschuldung von Familie Jones gerade eben ausreichte, um bei sinkenden Einkommen den vorhandenen Lebensstandard zu sichern, geht die Zunahme des US-Konsums in den zurückliegenden anderthalb Jahrzehnten nahezu ausschließlich auf den Luxusrausch der wohlhabendsten 20 Prozent der US-Amerikaner zurück. In besonders exzessiver Weise haben die oberen 1 bis 5 Prozent ihren Konsum ausgeweitet und Luxusgüterproduzenten aus aller Welt reich und glücklich gemacht.

Dieses überdurchschnittliche Wachstum der Konsumlust der Reichsten scheint zunächst einfach die Folge ihres weit überdurchschnittlichen Einkommenswachstums gewesen zu sein. Tatsächlich haben die oberen 10 Prozent aller amerikanischen Familien ihren Anteil an den gesamten Einkommen in den letzten 25 Jahren um 12 Prozentpunkte – von 37 auf 46 Prozent – ausgedehnt. Im Gegensatz zu stagnierenden und sinkenden Einkommen der großen Mehrheit ist das Realeinkommen des reichsten Fünftels der US-Amerikaner zwischen Ende der 70er Jahre und der Jahrtausendwende um 43 Prozent gestiegen, und das Einkommen der Top-1-Prozent hatte sich in dieser Zeit mehr als verdoppelt.[43]

Dass Leute, die immer reicher werden, auch mehr konsumieren, ist nichts Ungewöhnliches. Normalerweise steigt mit den Einkommen allerdings auch der Teil des Geldes, der auf die Finanzmärkte geschoben wird, gerade bei den Superreichen, die sich bereits ohne weitere Einkommenssprünge ein luxuriöses Leben mit allen Schikanen leisten konnten. Eben deshalb führt eine zunehmend ungleiche Einkommensverteilung in der Regel zu steigenden Sparquoten und sinkender Nachfrage auf den Gütermärkten.

Das Besondere des US-Modells der letzten fünfzehn Jahre besteht darin, dass genau dieser Effekt ausgeblieben ist. Die Einkommensungleichheit hat geradezu perverse Werte erreicht, aber die Sparquote der Haushalte ist nicht nur nicht angestiegen, sondern rapide gesunken und liegt jetzt seit Jahren nahe Null und sogar darunter. Das ist natürlich einerseits die Folge wachsender Verschuldung der amerikanischen Mittelschichten und Geringverdiener, deren Kreditaufnahme bei Berechnung der Sparquote von den Ersparnissen der übrigen Haushalte abgezogen wird. Aber das ist es nicht allein. Obwohl endlos in Geld gebadet, hat auch die amerikanische Oberschicht, wenn man den Statistiken glauben darf, nicht größere, sondern eher kleinere Teile ihres Einkommens gespart. Der Luxuskonsum der oberen Zehntausend hat damit einen eigenständigen Beitrag zur Schaffung von profitabler Nachfrage und zur Erhöhung der Kapitalrenditen geleistet. Das ist ungewöhnlich, und die Gründe liegen nicht auf der Hand.

Eine in der heutigen Mainstream-Ökonomie übliche Erklärung für den robusten amerikanischen Konsum seit Mitte der 90er Jahre stellt den sogenannten *Vermögenseffekt* in den Mittelpunkt. Steigende Immobilienpreise oder auch Aktienwerte führen nach dieser Theorie dazu, dass sich die Leute reicher fühlen und deshalb freudiger konsumieren und weniger sparen. Wir haben gesehen, dass steigende Immobilienpreise tatsächlich eine wesentliche Voraussetzung dafür waren, ein Durchschlagen sinkender Einkommen auf den Konsum zu verhindern. Allerdings hat das wenig mit gefühltem Reichtum zu tun und sehr viel mit realen Möglichkeiten, steigende Immobilienwerte über aufgestockte Hypotheken in bare Münze zu verwandeln.

Die Aktienhausse berührte die meisten US-Bürger weniger als der Häuserboom, weil selbst in den USA nur etwa 20 Prozent der Bevölkerung Aktien besitzen, wobei die wirklich großen Aktiendepots sich in den Händen der oberen 5 Prozent konzentrieren. Deren Reichtum hat tatsächlich in beispielloser Weise zugenommen, seit der amerikanische Aktienmarkt Mitte der 80er Jahre zum Höhenflug ansetzte und diesen, mit Unterbrechungen, bis Mitte des Jahres 2008 beibehielt. Da die Top-Verdiener der US-Einkommenspyramide natürlich auch über größere und teurere Immobilien verfügen, haben sie ebenfalls von boomenden Hauspreisen mit deutlich höheren Vermögenszuwächsen profitiert als der amerikanische Durchschnittsverdiener. War es dieses Gefühl endlosen, sich immer weiter vermehrenden Reichtums, das die reichsten US-Amerikaner verführt hat, immer weniger zu sparen, exzessiv zu konsumieren und so dabei zu helfen, das Problem der profitablen Nachfrage zu lösen?

Es gibt einiges, was dagegen spricht. Beispielsweise ist auch in Deutschland der Aktienbesitz in wenigen Händen konzentriert und die oberen Zehntausend konnten sich zu Zeiten bommender Aktienmärkte vor und nach der Jahrtausendwende über ebenso üppige Vermögenszuwächse freuen. Dennoch ist hier – wie in vielen anderen europäischen Ländern – eine der amerikanischen vergleichbare Art von Konsumrausch ausgeblieben. Vielmehr trat ein, was normalerweise eintritt, wenn sich Einkommen ganz oben konzentrieren: Es wird fleißig gespart, die Güternachfrage schrumpft und der Binnenmarkt siecht.

Manch einer mag diese unterschiedliche Reaktion auf Vermögensblasen auf Mentalitätsunterschiede zurückführen. Bei genauem Hinsehen zeigt sich jedoch, dass es tiefere Gründe gibt. Denn die amerikanische Oberschicht fühlte sich eben nicht nur immer reicher, sie konnte den Wertzuwachs ihrer Aktien auch zu einem erheblichen Teil in bare Münze verwandeln. Dafür musste sie die Aktien durchaus nicht beleihen, wie die Mittelschicht ihre Häuser, sondern konnte sie einfach peu à peu verkaufen. Die Kursgewinne standen damit nicht nur auf dem Papier, sondern schlugen sich in wachsenden realen Einnahmen nieder.

Die Flow of Funds-Statistiken der amerikanischen Zentralbank weisen diesen Vorgang sehr deutlich aus. Tatsächlich haben die amerikanischen Haushalte – und das sind in diesem Fall vor allem die Reichen und Superreichen – gerade in den Jahren boomender Börsen per Saldo Aktien nicht etwa gekauft, sondern verkauft, wobei ihr Aktienvermögen wegen der Kursgewinne trotzdem immer größer wurde. Diese Verkäufe konnten der Hausse nichts anhaben, weil anderweitig für ausreichend Nachfrage gesorgt war. Abgekauft wurden der US-Oberschicht die teuren Aktien vor allem von zwei Gruppen von Interessenten: ausländischen Investoren und amerikanischen Produktionsunternehmen.

Der endlose Strom ausländischen Geldes, der sich seit Mitte der 90er Jahre über die amerikanischen Wertpapiermärkte ergoß, war die Kehrseite des immer größeren US-Leistungsbilanzdefizits. Jedes Land mit einem Defizit lebt davon, dass das Ausland ihm Kredit gewährt, weil sonst die Importgüter gar nicht gekauft werden könnten. Eine Volkswirtschaft, die täglich für 2 bis 3 Milliarden Dollar mehr Güter importiert als exportiert, braucht ebensoviele Milliarden am Tag in Form anlagesuchender ausländischer Gelder, um die Lücke zu schließen.

Die Idee allerdings, Handelsdefizite über ausländische Aktienkäufe im Zuge einer Spekulationsblase zu finanzieren, bringt den enormen Vorteil, dass in diesem Prozess keine Schulden entstehen, sondern mit dem Platzen der Blase auch alle Ansprüche erloschen sind. Insbesondere in der zweiten Hälfte der 90er lieferte das Ausland der amerikanischen Oberschicht also nicht nur die Luxusgüter, die diese freudig konsumierte, sondern durch den Kauf überteuerter Aktien gratis gleich noch das Geld dazu, mit dem sie diese Güter bezahlen konnte. Die sogenannte Rubin-Doktrin, die auf einen starken Dollar und die bedingungslose Förderung der Aktienhausse setzte und von der amerikanischen Zentralbank massiv unterstützt wurde, war zwar eine Killerstrategie für die eigene Industrie. Unter dem Aspekt, die Auslandsnachfrage nach US-Aktien hoch zu halten und so die Einnahmebasis der oberen Zehntausend zu sichern, war sie aber durchaus schlüssig.

Natürlich haben die Vereinigten Staaten es nie vermocht, ihre gesamten Importüberschüsse über den Aktienmarkt zu finanzieren. Unternehmensbonds und Staatsanleihen spielten ebenfalls immer eine wichtige Rolle, und in den letzten Jahren eben in zunehmenden Maße jene verbrieften Schrottpapiere, die den weltweiten Finanzcrash im Sommer 2007 ausgelöst haben. Aber das heißt nicht, dass das Ausland in dieser Zeit keine Aktien mehr gekauft hat. Auch während des letzten großen Börsenbooms, der nach 2003 begann, musste sich die amerikanische Oberschicht durchaus nicht damit begnügen, den steigenden virtuellen Wert ihrer Aktiendepots zu genießen, sondern konnte auch diese Wertzuwächse zu erheblichen Teilen in Cash einstreichen.

Der übergroße Teil dieser realisierten Kursgewinne wurde natürlich nicht konsumiert, sondern in neue spekulative Käufe von Aktien oder anderen Wertpapieren gesteckt. Der Ökonom und Wirtschaftshistoriker Charles Kindleberger geht in einer Untersuchung davon aus, dass zwischen 95 und 97 Prozent der dank ausländischer Nachfrage realisierten Kursgewinne am amerikanischen Aktienmarkt erneut zum Kauf von Finanztiteln verwandt wurden, während zwischen 3 und 5 Prozent tatsächlich in den Konsum geflossen sind.[44] Angesichts von Tausenden Milliarden Dollar, von denen hier die Rede ist, stehen auch 3 bis 5 Prozent für gewaltige Summen, die Spielgeld für einen immer exzessiveren Konsumrausch lieferten.

Zudem war das Ausland nicht der einzige Nachfrager, der den oberen Zehntausend ihre teuren Aktienpakete abnahm. Schon seit Mitte der 80er Jahre gehörte es zu den Besonderheiten und Absurditäten der amerikanischen Wirtschaft, dass die Unternehmen in weit größerer Zahl Aktien vom Markt zurückkauften als sie zur Einwerbung von Kapital neu emittierten. Ganz im Gegensatz zu der ursprünglichen Idee, Aktienemissionen als Finanzierungsinstrument für Investitionen zu nutzen, bringen Aktien den US-Unternehmen also per Saldo schon lange kein Geld mehr, sondern kosten sie welches, nämlich jene stetig steigenden Beträge, die für den Rückkauf eigener und den Kauf fremder Aktien (im Rahmen von Unternehmensübernahmen) verausgabt wurden und werden.

Zwischen 1983 und 1990 wurden ganze 72,5 Prozent, also die große Mehrzahl aller in den USA verkauften Aktien, nicht etwa von Haushalten, Banken, Hedgefonds oder dem Ausland nachgefragt, sondern von US-Produktionsunternehmen. Finanziert wurden diese Aktienkäufe teils aus einbehaltenen Gewinnen, zum größeren Teil jedoch über Schulden, und sie waren wesentlich verantwortlich für den hohen Verschuldungsgrad, der die amerikanische Privatwirtschaft bereits zu Beginn der 90er Jahre kennzeichnete. Die nächste Welle von Aktienrückkäufen fand im Rahmen des Börsenbooms in der zweiten Hälfte der 90er Jahre statt und hat diesen wesentlich angetrieben. Allein zwischen 1994 und 1998 gaben amerikanische Unternehmen (ohne den Finanzsektor) mehr als eine halbe Billion Dollar netto – das heißt, nach Abzug der Emissionen – zur Finanzierung von Aktienkäufen aus. Gut die Hälfte der zu dieser Zeit aufgenommenen Neuschulden der Unternehmen in Höhe von 1.035 Milliarden Dollar wurde für diesen Irrsinn aus dem Fenster geworfen. Diese Aktivitäten setzten sich auch nach dem Platzen der Internet-Blase ungebrochen fort. Zwischen 2000 und 2004 verpulverten US-Unternehmen noch einmal unglaubliche 422 Milliarden Dollar für den Rückkauf eigener Aktien. Und erneut wurden zur Bezahlung dieser Käufe in großem Stil Schulden aufgetürmt.

So verhalfen die US-Unternehmen dem Dow Jones zu immer neuen Höhenflügen und der Oberschicht zu Cash ohne Ende, den sie selbst mit steigender Verschuldung bezahlten. Begünstigt wurde dieses aberwitzige Modell durch die US-Steuergesetzgebung, die realisierte Kursgewinne lange Zeit deutlich niedriger besteuerte als Dividenden, und die den Unternehmen umgekehrt gestattete, Zinszahlungen in Gänze von der Steuer abzusetzen.

Sehen wir uns noch einmal genauer an, was hier wirklich geschehen ist. Angenommen, General Motors macht in einem Jahr 1 Milliarde Dollar Gewinn und schüttet diese Milliarde an seine Aktionäre aus. Wenn der Marktwert aller GM-Aktien gerade bei 20 Milliarden liegt, entspricht das einer Dividendenrendite von 5 Prozent. Die GM-Aktionäre sind also am Jahresende um 1 Milliarde reicher und können damit machen, was sie wollen: sich mit dem Luxuskreuzer durch die Südsee schippern lassen, der Freundin Diamanten um den Hals hängen oder neue Aktien und andere Wertpapiere kaufen. Hier sind die Verhältnisse übersichtlich. Die Beschäftigten des Unternehmens erwirtschaften einen Gewinn, der in Form von Dividenden an die Aktionäre fließt. Je höher der Gewinn, desto höher die Dividende und desto zufriedener die Aktionäre.

Es geht aber auch anders. General Motors kann die Dividende auch ausfallen lassen und die Milliarde dazu nutzen, jedem GM-Aktionär einen gewissen Teil seiner GM-Aktien abzukaufen. Die Aktionäre erhalten die 1 Milliarde Dollar Gewinn jetzt auch, aber nicht als Dividende, sondern als Erlös aus Aktienverkäufen. Wenn Veräußerungsgewinne steuerfrei sind während Dividenden besteuert werden, haben sie netto in diesem Fall sogar mehr in der Tasche. Zugleich dürfte die Nachfrage von General Motors nach eigenen Aktien in dieser Größenordnung den Marktwert aller GM-Aktien kräftig nach oben treiben. Die GM-Aktionäre haben so zwar einen Teil ihres Portefeuilles an das Unternehmen verkauft, aber sehr wahrscheinlich am Ende wertmäßig ein größeres GM-Aktiendepot als vor der ganzen Transaktion. Da es für sie sachlich keinen Unterschied macht, ob ihre Einnahmen aus Dividenden oder realisierten Kursgewinnen stammen, können sie also rundum zufrieden sein.

Für die Statistik allerdings ist der Unterschied zwischen Dividenden und realisierten Kursgewinnen erheblich. Dividenden sind Einkommen. Werden sie erneut in Wertpapieren angelegt, zählt das als Ersparnis. Realisierte Kursgewinne sind nach der volkswirtschaftlichen Statistik kein Einkommen und ihre Wiederanlage in Finanztiteln deshalb auch keine Ersparnis. Wird indessen auch nur ein Bruchteil dieses Geldes – also beispielsweise die oben erwähnten 3 bis 5 Prozent – am Ende konsumiert, schlägt das statistisch als Absenkung der Sparquote zu Buche, obwohl Haushalte, die 95 bis 97 Prozent ihrer Einnahmen wieder auf die Finanzmärkte schieben, natürlich in Wahrheit hyperaktive Sparer sind.

In einer Wirtschaft, in der die Oberschicht wachsende Teile ihrer Einnahmen aus realisierten Spekulationsgewinnen statt aus Dividendenausschüttungen oder Zinsen bezieht, wird deren tatsächliche Einkommenssituation in der Statistik also gravierend unterschätzt. Wenn wir allein die Aktienkäufe der Unternehmen und des Auslands zusammenrechnen, hat die amerikanische upper class also in den zurückliegenden zweieinhalb Jahrzehnten noch ungleich mehr Geld auf ihre Konten geschleust als die offiziellen Statistiken über ihre Einkommensentwicklung, die wir oben zitiert haben, ausweisen. Diese unvorstellbare Geldflut hat einen exzessiven Luxusrausch ermöglicht, während große Teile der Einnamen zugleich auf die Finanzmärkte zurückflossen und dort die spekulative Blase weiter aufgebläht haben.

In den meisten europäischen Ländern fehlte den oberen Zehntausend lange Zeit diese Möglichkeit zu Billioneneinnahmen jenseits der Einkommensstatistik. In Deutschland etwa waren Aktienrückkäufe von Unternehmen bis 1998 verboten. Auch eine hohe Auslandsnachfrage, die Kursgewinne zu realisieren gestattete, gab es hier erst seit Ende der 90er Jahre. Natürlich hat auch die europäische Oberschicht zunehmend auf dem internationalen Börsenparkett mitspekuliert und ist dabei alles andere als ärmer geworden. Nur die Dimension des Ganzen blieb immer eine andere als in den Vereinigten Staaten.

Weshalb der Luxuskonsum jenseits des Atlantik in dieser Form zum konjunkturtreibenden Faktor werden konnte, hatte auch damit zu tun, aus welcher Quelle die Unternehmen ihre Aktienrückkäufe finanzierten. Denn, wie erwähnt, dienten diese keineswegs nur der steuersparenden Gewinnausschüttung, sondern wurden primär über Schulden finanziert.

214

> Für unser Beispiel hieße das: General Motors macht 1 Milliarde Gewinn und schüttet diesen in Dividenden aus. Zugleich besorgt sich das Unternehmen auf dem Kapitalmarkt einen Kredit in Höhe von ebenfalls 1 Milliarde und kauft damit einen Teil seiner Aktien zurück.
>
> Jetzt geht es den GM-Aktionären natürlich noch viel besser als in den oben geschilderten Fällen. Immerhin erhalten sie jetzt insgesamt doppelt so viel Cash von dem Unternehmen, nämlich 2 Milliarden Dollar, und wenn wir davon ausgehen, dass sie einen erheblichen Teil davon wiederum in neuen Aktien – sei es von GM oder anderen Unternehmen – investieren, dürfte auch der Kursauftrieb noch stärker ausfallen als zuvor.

Wichtig ist unter dem Gesichtspunkt von Nachfrage und Konsum dabei Folgendes: Ein Unternehmen, das Gewinne in Form von Dividenden oder auch Aktienrückkäufen an seine Anteilseigner weitergibt, verteilt Einkommen um, das von seinen Beschäftigten tatsächlich erwirtschaftet wurde. Ein Unternehmen hingegen, das seinen Aktionären Geld ausschüttet, das es sich selbst auf dem Kreditmarkt besorgt hat, erhöht die Aktienrendite, ohne die Produktion und die Gewinne dafür steigern zu müssen und damit auch, ohne auf wachsende Nachfrage angewiesen zu sein. Was hier tatsächlich ausgeschüttet wird, sind Ansprüche auf künftige Gewinne, die noch gar nicht erarbeitet wurden. Denn aus diesen künftigen Gewinnen müsste das Unternehmen, so es dazu in der Lage ist und nicht vorher Bankrott geht, irgendwann Zins und Tilgung der Schulden leisten. Fließt auch nur ein Bruchteil dieses ausgeschütteten Geldes tatsächlich in den Konsum, wirkt das ebenso expansiv und nachfragestimulierend wie die Schaffung kreditfinanzierter Konsumenten- oder Staatsnachfrage.

Allerdings gibt es zwei nicht unerhebliche Unterschiede: Zum einen verschulden sich bei diesem eigentümlichen Kreislauf nicht die, die das Geld letztlich ausgeben, also die Aktionäre, die vielmehr im Verlaufe dieses für sie hochkomfortablen Prozesses immer reicher und vermögender werden und zugleich immer mehr konsumieren können. Und zum anderen wird ein übergroßer Teil dieser Kredite direkt in den spekulativen Finanzkreislauf einge-speist, ohne je auch nur einmal für den Kauf irgendeines realen Gutes verausgabt worden zu sein. Die Relation zwischen Schul-densumme und realem Nachfrageeffekt ist hier also besonders ungünstig.

Und selbstverständlich läßt sich auch dieser Verschuldungs-kreislauf nicht unbegrenzt weitertreiben. Je mehr die Unterneh-men ihre Neuverschuldung über Dividendenausschüttungen oder Aktienrückkäufe direkt an die Aktionäre weiterreichen statt sie produktiv zu investieren, desto weniger entstehen in diesem Pro-zess tatsächlich neue Produktionskapazitäten, aus denen die Zinsen und Tilgungen am Ende auch bezahlt werden können. Desto wahrscheinlicher ist daher Überschuldung und Konkurs des Un-ternehmens, zumal wenn dann noch ein Wirtschaftsabschwung die Gewinne spürbar dezimiert.

Tatsächlich haben wir genau das bereits einmal erlebt, nämlich in der US-Rezession zu Beginn der 90er Jahre, als sehr viele Un-ternehmen untergingen, die sich zuvor über sogenannte Junk Bonds hoch verschuldet hatten, um Übernahmen und Aktien-käufe zu stemmen. Allerdings war die Größenordnung des Schul-denproblems volkswirtschaftlich mit der heutigen in keiner Weise vergleichbar.

Auch das Modell, die Konsumlust der oberen Zehntausend über wachsende Unternehmensschulden anzuheizen, hat daher alle Potentiale, seine Dynamik ins Gegenteil zu verkehren. Dass es am Ende weniger die Aktionäre als die Beschäftigten der betroffe-nen Unternehmen sein werden, die eine solche Umkehrung mit Jobverlust und einem dramatischen Einschnitt in ihren Lebens-standard auszubaden haben, versteht sich.

Finanzmonopoly statt Investitionen

Die amerikanischen Unternehmen (und später auch sehr viele eu-ropäische) haben natürlich nicht deshalb ihre Gewinne und ihre Neuverschuldung für Aktienkäufe und Dividendenausschüttun-gen verpulvert statt sie produktiv zu investieren, weil sie den ma-kroökonomischen Effekt steigender Konsumausgaben der oberen Zehntausend im Auge hatten. Das zentrale Ziel der Unterneh-mensstrategien seit Beginn der 80er Jahre bestand vielmehr darin, die Rendite auf das eingesetzte Kapital zu erhöhen. Die Marktbereinigung durch Übernahmen und Fusionen war ein wesentliches Mittel zu diesem Zweck, und die Stützung steigender Aktienkurse durch Rückkäufe und hohe Ausschüttungen hatte in diesem Zusammenhang eine doppelte Funktion: Zum einen, die feindliche Übernahme des eigenen Unternehmens zu erschweren, und zum anderen, über hochbewertete Aktien eine effektive Währung zu erhalten, mit der andere Unternehmen aufgekauft werden konnten.

Tatsächlich wurde mit dem Rückkauf eigener Aktien die kurzfristige Aktienrendite, die sich aus Dividenden und Kursgewinnen zusammensetzt, für die Anleger oft mehr gesteigert als eine gleich hohe reale Investition das vermocht hätte. Aus dem selben Grund lenkten Produktionsunternehmen ihre Mittel generell immer stärker in Finanz- anstelle von Sachinvestitionen, da erstere in dem gegebenen Marktumfeld in der Regel höhere, schnellere und risikoärmere Renditen versprachen und so dabei halfen, Gewinn und Kapitalrendite des Gesamtkonzerns wieder nach oben zu treiben.

Sehen wir uns die einzelnen Facetten dieser Unternehmensstrategie zur Wiedererhöhung der Kapitalrenditen und ihre Folgen näher an. Wir haben oben gezeigt, dass das verarbeitende Gewerbe der Industrieländer bereits Mitte der 70er Jahre mit hohen Kapazitäten und schrumpfenden Gewinnmargen zu kämpfen hatte. An dieser Situation änderte sich auch im Verlaufe der 80er Jahre wenig, eher im Gegenteil. Die neoliberale Wende hin zu Lohndrückerei und Steuerdumping entlastete die Firmen zwar auf der Kostenseite, ergab aber umso weniger Gründe, die Produktionskapazitäten in den klassischen Massengütersektoren aufzustocken. Der forsche Eintritt japanischer (und später auch südostasiatischer) Unternehmen in den Weltmarkt machte den amerikanischen und europäischen Konzernen zusätzliche Konkurrenz und verschärfte das Problem von Überkapazitäten und schwindender Rentabilität.

In dieser Situation war zur Steigerung der Rendite nicht Kapazitätserweiterung, sondern Kapitalzerstörung angesagt. Dem dienten die zahllosen Unternehmensübernahmen und Fusionen, die immer zur Folge hatten, dass vorhandene Kapazitäten stillgelegt sowie Beschäftigte entlassen wurden und am Ende Unternehmen mit geringeren Fixkosten und weniger Konkurrenzdruck einen größeren Markt abdecken konnten.

Die erste große Übernahmewelle in den USA tobte Ende der 80er Jahre und wurde über den boomenden Junk-Bond-Markt finanziert. Sein Zusammenbruch an der Schwelle der 90er Jahre löste ein massenhaftes Sterben überschuldeter Unternehmen aus und bewirkte über diesen Weg eine zusätzliche Marktbereinigung. Die nächste Fusionswelle folgte in der zweiten Hälfte der 90er Jahre, flaute nach der Jahrtausendwende leicht ab und erlebte ab 2005 noch einmal einen beispiellosen Aufschwung. In Europa waren nationale und multinationale Großfusionen vor allem das – politisch erwünschte und ausdrücklich geförderte – Resultat des mit dem Maastrichtvertrag geschaffenen gemeinsamen EU-Binnenmarktes. Im Ergebnis gibt es diesseits und jenseits des Atlantik immer weniger große Wirtschaftskonzerne, die immer größere Teile des Weltmarktes mit ihren Erzeugnissen beliefern, durch geschickte Steuerarbitrage und Produktionsverlagerungen in Billiglohnstandorte Kosten sparen und inzwischen auch wieder deutlich höhere Renditen erzielen als zu Beginn der 80er Jahre.

Mit der Fusionswelle der 80er Jahre kam in den USA erstmals eine Art von Unternehmensaufkäufen in Mode, die sich in Europa in den 90er Jahren ebenfalls wachsender Beliebtheit erfreute: die feindliche Übernahme. Anders als im Falle einer vom Management beider Unternehmen vereinbarten Fusion schluckt bei einer feindlichen Übernahme ein Unternehmen ein anderes ausdrücklich gegen den Willen der Betriebsleitung. (Was goldene Handschläge und Abfindungen wie die 60 Millionen, die der einstige Mannesmann-Chef Esser von Vodafone kassierte, nicht ausschließt, aber auch nicht zwingend vorsieht.) Heute sind feindliche Übernahmen nicht nur unter Unternehmen der gleichen Sparte üblich. Sie waren und sind auch eine der Formen, in der Private-Equity-Haie sich ihrer Opfer bemächtigen, und sie haben fast immer die rücksichtslose Ausplünderung und oft auch Zerschlagung des übernommenen Unternehmens zur Folge.

Ein Marktumfeld, in dem solche unfreiwilligen Übernahmen möglich sind, hat zwingende Auswirkungen auf die Prioritäten, unter denen Aktiengesellschaften geführt werden. Denn Übernahmekandidaten sind immer Unternehmen, die wegen niedriger Kurse billig scheinen, nicht solche, deren Marktbewertung über ihrem realem Vermögenswert liegt. Die Aufrechterhaltung und Pflege hoher Aktienkurse bekommt also auch aus diesem Grund einen zentralen Stellenwert. Die an sich absurde Strategie, Unternehmensaktien auf Pump zurückzukaufen, um die Kurse hochzutreiben, hat in diesem Kontext durchaus ihre Logik.

Natürlich ist die Furcht vor feindlichen Übernahmen, die nicht nur für die Beschäftigten, sondern auch für das Management unangenehme Konsequenzen haben können, bei weitem nicht die einzige Ursache für die bornierte Fixierung auf steigende Aktienkurse. Weitere Gründe sind der bereits im letzten Kapitel besprochene Druck der Pensions-, Hedge- und Investmentfonds als neuer Großanleger und natürlich auch das Eigeninteresse eines durch Aktienoptionen geköderten Managements, für das steigende Kurse die wichtigste persönliche Einnahmequelle geworden sind. Aber die durchaus reale Bedrohung selbst großer Unternehmen, im Falle sinkender Marktbewertung von einem Übernahmepiraten geschluckt zu werden, spielt bei der Unterwerfung unter das Diktat der Börsenkurse in jedem Fall eine wichtige Rolle.

Aktienrückkäufe kommen bei den Shareholdern auch deshalb gut an, weil sie – zumindest in Zeiten aufstrebender Börsen – den Wert aller Aktien des betreffenden Unternehmens in der Regel um deutlich mehr erhöhen als um den Betrag, der für den Rückkauf aufgewandt wurde. Sie steigern also überproportional die Aktienrendite und damit die zentrale Messgröße, an der sich die Attraktivität eines Aktienengagements bemisst. Eine hohe Aktienrendite hat zudem einen selbstverstärkenden Effekt, weil sie Anteile an dem betreffenden Unternehmen interessant macht und auf diesem Weg für zusätzliche Nachfrage sorgt. So zahlen sich Aktienrückkäufe für den kurzfristig orientierten Anleger in den meisten Fällen tatsächlich mehr aus als die Investition des gleichen Betrags in neue Anlagen und Sachkapital. Nüchtern vorgerechnet hat das schon in den 80er Jahren der damalige Chef des Unternehmens General DataCom Industries: »Wenn ich 10 Prozent der Aktien zurückkaufe und damit den Gewinn-Anteil um 10 Prozent erhöhe, kostet das zur Zeit 6,7 Millionen Dollar. Um den gleichen Effekt durch Investitionen zu erzielen, müßte ich 10 bis 15 Millionen Dollar ausgeben.«[45]

Es versteht sich, dass die Anreize, die ein solches System setzt, zutiefst produktions- und innovationsfeindlich sind. Denn in Unternehmen, in denen immer größere Teile der – sei es aus Gewinn oder Kreditaufnahme – verfügbaren Mittel für völlig unproduktive Zwecke wie den Aufkauf fremder oder den Rückkauf eigener Aktien vergeudet werden, bleibt in der Regel nicht nur für die Erweiterung von Kapazitäten, sondern auch für Investitionen in technische Neurungen oder Forschung und Entwicklung immer weniger übrig. So haben amerikanische Produktionsunternehmen zwischen 1984 und 1989 im Schnitt 184 Milliarden Dollar jährlich für die Übernahme anderer Firmen ausgegeben, aber weniger als die Hälfte dessen, nämlich 84 Milliarden Dollar, für Investitionen in ihr Anlagevermögen. Nur 21 Prozent der Neuverschuldung der Unternehmen wurden für investive Zwecke verwandt.

Die Übernahmen in den 90er Jahren wurden in erster Linie über Aktientausch und weniger über Kredit finanziert. Dafür trat jetzt aber die Strategie, den Kurs der eigenen Aktien durch schuldenfinanzierte Rückkäufe hochzutreiben und so eine hochbewertete Währung zur Bezahlung von Unternehmensübernahmen zu erhalten, erst recht in den Mittelpunkt. Teure Aktien als Zahlmittel spielten auch im Zuge der Internet-Blase eine wichtige Rolle: Kleine Dotcom-Firmen mit völlig überbewerteten Aktien konnten auf diese Weise weit größere und gewinnträchtigere Unternehmen einkaufen. Solche Übernahmen zahlten sich betriebswirtschaftlich natürlich aus, denn am Ende stiegen durch die Übernahme Umsatz und Gewinn des Unternehmens weit mehr, als es mit einer realen Investition in gleicher Höhe möglich gewesen wäre. Der später wenig ruhmvoll untergegangene Telekomriese WorldCom beispielsweise hat eine solche Strategie über Jahre außerordentlich erfolgreich praktiziert. Als die Kurse einbrachen, blieb dann allerdings nur noch der Betrug, um den Gewinn nach oben zu manipulieren.

In den meisten europäischen Ländern und auch in Deutschland wurden feindliche Übernahmen und Aktienrückkäufe erst in den späten 90er Jahren legalisiert, nahmen fortan aber auch hier erheblich zu. Mit denselben Folgen wie in den USA: die Börsen brummten, während real immer weniger investiert wurde. Selbst die EZB kommt in einer Studie aus dem Jahr 2007 zu dem Ergebnis, dass die europäischen Unternehmen, die in den letzten Jahren eigene Aktien zurückgekauft haben, im Schnitt deutlich weniger investiert haben als andere Firmen. Kehrseite und Konsequenz dieser Unternehmensstrategie ist somit ein immer höheres Kartenhaus fiktiver Werte, das sich über einer stagnierenden oder sogar schrumpfenden Produktionsbasis auftürmt.

Fiktive Gewinne

Zum Aufbau dieses Kartenhauses haben allerdings nicht nur die Käufe eigener und fremder Aktien beigetragen. Zu den Strategien der großen Konzerne, ihre Gewinne und Kapitalrenditen in dem seit Beginn der 80er Jahre gegebenen Umfeld wieder anzuheben, gehörte eine generell verstärkte Konzentration auf Finanzinvestitionen aller Art, die höhere, schnellere und scheinbar risikofreiere Renditen zu gewährleisten schienen als mühsame Investitionen in neue Technologien oder innovative Produkte. Auch in dieser Strategie zunehmender Finanzialisierung sind die amerikanischen Produktionskonzerne den europäischen um etwa zehn Jahre vorausgegangen. Die verheerenden Auwirkungen auf die produktive Substanz der Volkswirtschaft lassen sich daher zwar nicht allein, aber am ausgeprägtesten in den Vereinigten Staaten besichtigen.

So haben die amerikanischen Unternehmen des Nicht-Finanzsektors bereits in den 80er Jahren nicht allein ihre Schulden erhöht, sondern zugleich damit begonnen, sich in immer größerem Umfang Finanzportfolios zusammenzukaufen, deren Zinsen, Dividenden und realisierte Kursgewinne in wachsendem Maße zum Unternehmensgewinn beitrugen. Viele Unternehmen des verarbeitenden Gewerbes legten sich auch reine Finanztöchter zu, und zwar nicht nur solche, die als Autobanken oder Leasinggesellschaften ihr Kerngeschäft unterstützen, sondern auch spekulationsfreudige Finanzvehikel, die mit dem eigentlichen Geschäftsfeld des Konzerns nicht das geringste zu tun haben. Hatte die Relation von Sachkapital zu Finanzvermögen amerikanischer Produktionsunternehmen in den 50er Jahren noch bei vier zu eins gelegen, war im Jahr 2000 ein Gleichstand zwischen beiden erreicht.

Viele US-Einzelhandelsketten erwirtschaften mittlerweile größere Teile ihres Jahresgewinns mit den von ihnen vergebenen Plastikkärtchen und Ratenkrediten als mit den Gütern, die bei ihnen tatsächlich über den Ladentisch gehen. Die Autobauer General Motors und Ford erzielten jahrelang höhere Einnahmen mit Konsumenten- und sogar Hypothekenkrediten als mit dem Verkauf ihrer Kraftfahrzeuge. Bei dem Elektronikhersteller General Electric steuert die Finanztochter GE Capital, die in der Vergangenheit von Subprime-Hypotheken bis zu Finanzwetten in internationalen Wertpapieren nahezu kein Geschäftsfeld ausgelassen hat, seit Jahren etwa die Hälfte des Konzerngewinns bei. Von Analysten wurde das Unternehmen daher auch schon als »gigantischer Hedge-Fonds, der auch Kühlschränke herstellt« bezeichnet. Das einstige Vorzeigeunternehmen des New Economy-Booms, Enron, das sich vor seinem schmählichen Abgang von einem langweiligen Gasversorger in eine hochkomplexe Tradingfirma verwandelt hatte, die auf Zukunftsmärkten mit Wasser, Elektrizität, Gas, Öl und DSL-Anschlüssen handelte und ihre Gewinne durch den Einsatz von Derivaten hebelte, lag also ganz im Trend. Enron brach zusammen, weil es sich verzockt hatte und vielleicht auch ein bißchen weit gegangen war, aber nicht, weil sein Geschäftsmodell besonders ungewöhnlich gewesen wäre. Viel irdischer und produktionsnäher dürfte die Gewinnerzielung in den meisten amerikanischen Konzernen heute nicht mehr sein, und die europäischen sind auf dem gleichen fatalen Wege.

Das Streben nach Wiederherstellung der Kapitalrenditen hat also nicht allein – über schuldenfinanzierte Ausschüttungen und Aktienkäufe – zum Anheizen der Kredit- und Spekulationsblase beigetragen. Vielmehr haben Produktionskonzerne und deren Anleger gleichzeitig von der Existenz der Spekulationsblase profitiert, weil auch sie immer größere Teile ihrer Gewinne statt mit der Erzeugung realer Güter mit Luftbuchungen in einer aufgeblähten Finanzsphäre erwirtschaftet haben und ihre Renditen so in einem Grade steigern konnten, wie es allein aus der profitablen Nachfrage auf realen Märkten nicht möglich gewesen wäre.

Die Finanzialisierung der Produktionsunternehmen bedeutet also, dass auch sie an der schönen Scheinwelt fiktiver Finanzeinkommen und Gewinne teilhaben und eine statistisch wachsende Wertschöpfung etwa im verarbeitenden Gewerbe längst nicht mehr heißen muss, dass tatsächlich mehr Güter und damit auch mehr verteilbarer Reichtum produziert werden.

Bluff und Schwindel überall

Mit dem Stellenwert der Finanzakrobatik wuchs und wächst natürlich auch die Fähigkeit, Zahlungsströme zu manipulieren, künftige Gewinne vorwegzunehmen und das Konzernergebnis hoch- oder auch runter zu rechnen, je nachdem ob es sich bei dem Addressaten um den Aktionär oder das Finanzamt handelt.

Wir haben oben gesehen, dass schon das einfache Mittel schuldenfinanzierter Aktienrückkäufe dem Unternehmen gestattet, mehr Geld an die Aktionäre weiter zu geben, als es real verdient hat. Das gleiche gilt für schuldenfinanzierte Dividendenausschüttungen, zu denen viele Firmen von den *Private Equity*-Haien gezwungen wurden. In beiden Fällen werden künftige Gewinne, die erst noch erwirtschaftet werden müssen, bereits vorab verteilt. Nichts anderes hatte auch Enron einst gemacht, nur mit diffizileren Mitteln. In diesem Fall waren es Finanzderivate, die dazu dienten, die künftigen (und daher vorerst kostenfreien) Umsätze aus dem Verkauf von Strom und Gas in die Gegenwart vorzuverlegen und so die Gewinne nach oben zu treiben.

Alle diese Strategien erhöhen selbstverständlich die aktuelle Rendite im Unternehmen und tragen dazu bei, dass es von den Analysten gelobt und den Aktionären geliebt wird. Für die Stabilität des betreffenden Unternehmens ergibt sich allerdings ein doppeltes Problem: Zum einen gerät diese in akute Gefahr, wenn die vorweggenommenen Gewinne am Ende wegen eines Wirtschaftsabschwungs oder aus welchen Gründen auch immer gar nicht verdient werden. Dann droht der Bankrott der Firma, selbst wenn diese den Abschwung an sich ohne rote Zahlen überstanden hätte. Die jetzt beginnende Rezession beispielsweise wird wohl vielen Unternehmen, die von den Heuschrecken in hohe Schulden getrieben wurden, die Existenz kosten, obwohl diese sie sonst ganz gut hätten überleben können. Die wirtschaftliche Abwärtsdynamik wird also durch solche Konstruktionen zusätzlich verstärkt. Aber selbst wo die Gewinne stabil bleiben, kann in Zukunft natürlich nicht mehr ausgeschüttet werden, was bereits ausgeschüttet ist. Dieses Modell erzeugt also einen steten Druck, Gewinn und Rendite nicht nur konstant zu halten, sondern um jeden Preis immer weiter nach oben zu treiben.

Zum Thema Bluff, Schwindel und Manipulation gehören allerdings nicht nur die Bilanzierungskünste der Unternehmen. Ein Exkurs über die Qualität der offiziellen Daten, anhand derer immerhin über so wichtige Größen wie die Entwicklung der Produktivität oder das Wirtschaftswachstum einer Volkswirtschaft geurteilt wird, läßt sich an dieser Stelle nicht vermeiden. Der Hinweis, dass Statistiken verfälschen und mit Vorsicht zu genießen sind, ist natürlich nicht sonderlich neu und wirkt fast schon peinlich. Hier geht es aber nicht um den Normalfall statistischer Manipulation, den es schon immer und in jedem Land der Welt gab und gibt. Es geht um Datenverzerrungen in einer Größenordnung, die eine Stagnation in einen Boom umlügen können oder in einer Rezession erstaunliches Wachstum ausweisen. Es geht also um Statistiken, die die Realität in einer Weise verändern, dass die wirklichen Entwicklungen kaum noch erkennbar sind.

Das in den Vereinigten Staaten entwickelte und inzwischen auch von den europäischen Statistikern angewandte Wundermittel, das diesen außergewöhnlichen Grad an Verfälschung ermöglicht, heißt hedonische Preismessung. Seit Beginn der modernen Volkswirtschaftsstatistik werden Daten bekanntlich zum einen nominal, also in aktuellen Preisen, und zum anderen inflationsbereinigt ausgewiesen. Das Herausrechnen des Preiseffekts soll dabei eigentlich helfen, ein realistischeres Bild der Lage zu zeichnen. Wenn eine Wirtschaft in einem Jahr nominal um 10 Prozent wächst, kann das nämlich einen respektablen Aufschwung ebenso wiederspiegeln wie eine tiefe Depression. Die ganze Frage ist, ob tatsächlich 10 Prozent mehr Computer verkauft und Urlaubsreisen gebucht wurden, oder ob alles einfach nur um 10 Prozent teurer geworden ist. Liegt die Inflationsrate bei 2 Prozent, ist eine Wirtschaft mit nominal 10 Prozent Wachstum offensichtlich in Bestform. Sind die Preise dagegen im Schnitt um 15 Prozent gestiegen, stehen 10 Prozent Nominalwachstum für eine tiefe Rezession. Auch eine Lohnerhöhung um 10 Prozent ist in Zeiten stabiler Preise natürlich eine andere Sache als in einem Umfeld galoppierender Inflation.

Unser Urteil über den Zustand einer Volkswirtschaft hängt also entscheidend von der offiziell ausgewiesenen Inflationsrate ab. Früher wurde Inflation einfach dadurch gemessen, dass ein bestimmter Warenkorb zugrunde gelegt und dessen Preisveränderung beobachtet wurde. Auch dieses Verfahren war nicht frei von Problemen, weil immer wieder neue Waren auftauchen und sich außerdem über die Jahre die Gewichte verändern. Aber im Großen und Ganzen konnte man mit den so berechneten Inflationsraten ganz gut arbeiten.

Seit den 90er Jahren setzte sich in den USA ein neues Verfahren durch, eben die hedonische Preismessung. Sie erhebt den Anspruch, Qualitätsveränderungen bei der Messung der Inflation zu berücksichtigen. Wohnungen, in die mit der Zeit neue Heizungsanlagen oder bessere Wärmedämmung eingebaut wurden, dürfen damit also auch immer teurer werden, und ihre Mieten gelten trotzdem als preisstabil. Oder Autos, die von ABS bis Airbag immer neue Finessen enthalten, können durchaus auch zu immer höheren Preisen verkauft werden und haben trotzdem eine offizielle Preissteigerung von Null. Da die meisten Produkte ihre Gebrauchseigenschaften im Zeitverlauf verbessern, heißt das schlicht: Steigende Preise werden auf elegante Weise zum Verschwinden gebracht. Da mit den Preisen meist auch die Umsätze in den betreffenden Waren nach oben gehen, erscheint dann das gesamte Umsatzwachstum als Zunahme des realen Konsums.

Es geht sogar noch absurder: Wenn die Statistiker der Meinung sind, dass die Qualitätssteigerungen höher sind als die Preissteigerungen, übersteigt das preisbereinigte Wachstum sogar das nominale. Also angenommen, Autos werden im Jahr um 5 Prozent teuer, enthalten aber immer mehr technischen Schnickschnack, von dem die Statistiker meinen, dass er auch eine zehnprozentige Preissteigerung rechtfertigen würde. Zugleich mögen exakt so viele Autos gekauft werden wie im Vorjahr. Dann weist die hedonische Statistik eine Zunahme der realen Konsumausgaben für Kraftfahrzeuge in Höhe von 10 Prozent aus, obschon kein einziges zusätzliches Auto verkauft wurde.

Natürlich können Qualitätsverbesserungen den Lebensstandard erhöhen. Das Problem ist nur, dass sie sich nicht messen und quantifizieren lassen und die Wundertüte der hedonischen Preismessung daher Tür und Tor für die willkürlichste Manipulation der statistischen Daten öffnet. Denn wenn eine Volkswirtschaft gut dastehen soll, beispielsweise um ihre Aktien, Anleihen und Schrottpapiere attraktiv zu machen, liegt es natürlich nahe, möglichst viele Preissteigerungen in Qualitätsveränderungen umzudeuten und so die Inflationsrate künstlich nach unten und das reale Wachstum nach oben zu rechnen. Genau davon wurde und wird ausgiebig Gebrauch gemacht.

Beispielsweise hält sich bis heute die Legende, in der zweiten Hälfte der 90er Jahre habe in den USA nicht nur eine Blase an den Aktienmärkten, sondern auch ein Investitionsboom im Bereich der neuen Technologien stattgefunden. Sehen wir uns die statistischen Daten über preisbereinigte High-Tech-Investitionen für diesen Zeitraum an, erfahren wir, dass diese sich innerhalb von gut zehn Jahren verfünffacht haben. Das ist eindrucksvoll und sieht tatsächlich nach Boom aus. Sehen wir uns freilich die Entwicklung der nominalen Investitionsausgaben in diesem Bereich an, schmilzt die Zunahme auf weniger als die Hälfte. Tatsächlich kommt der »Boom« im preisbereinigten Verlauf vor allem daher, dass ausgefeiltere Softwarepakete und leistungsfähigere Computer fiktiv in zusätzliche Ausgaben umgerechnet und diese auf die wirklichen Ausgaben für Computer und Software aufgeschlagen wurden.

Auch die Entwicklung der gesamten Anlageinvestitionen während der 90er Jahre nimmt sich ohne hedonische »Preisbereinigung« deutlich bescheidener aus. Die Grafik auf dieser Seite gibt den indexierten Verlauf (1990 = 1) der amerikanischen Anlageinvestitionen in drei verschiedenen Messungen wieder. Nominal, das heißt zu je aktuellen Preisen, »preisbereinigt« mit dem hedonischen Wunderkasten und schließlich inflationsbereinigt, indem der (freilich auch, aber nicht so stark hedonisch manipulierte) BIP-Deflator zugrunde gelegt wird. Es spricht viel dafür, dass die untere Kurve dem realen Verlauf am nächsten kommt. Die hedonische Preismessung weist die Investitionsdynamik also fast anderthalb Mal so hoch aus, als sie vermutlich gewesen ist.

Der amerikanische »Konsumboom« der letzten fünfzehn Jahre wird mit dem gleichen Trick gnadenlos überzeichnet. Das be-

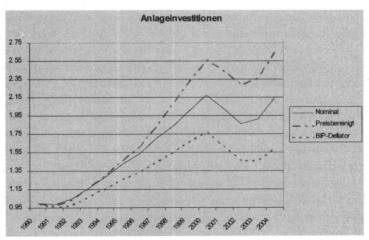

Quelle: NIPA

226

trifft vor allem den Konsum langlebiger Gebrauchsgüter wie Elektroartikel, Haushaltsgeräte oder auch Einrichtungsgegenstände, die nach der allgemeinen Annahme in den zurückliegenden Jahren von den amerikanischen Konsumenten exzessiv gekauft wurden. Wir haben oben bereits anhand der Daten des amerikanischen Consumption Expenditure Survey gesehen, dass von einem Konsumrausch der Mittelschichten in Bezug auf diese Güter keine Rede sein kann. Nach der amerikanischen Makro-Statistik allerdings sind die realen Ausgaben für langlebige Gebrauchsgüter zwischen 1990 und 2004 um das zweieinhalbfache gestiegen, was eine jährliche Wachstumsrate von über 17 Prozent ergibt. Dass allein der exzessivste Luxusrausch der oberen 20 Prozent eine derartige Steigerung zu Wege gebracht haben könnte, scheint erstaunlich, denn das bedeutet, dass diese ihre Ausgaben für derlei Erzeugnisse in jedem Jahr annähernd verdoppelt haben müssten.

Aber auch hier lohnt es, genauer hinzusehen. Ein erheblicher Teil des »Booms« ist nämlich wiederum allein der hedonischen Trickkiste entsprungen. Die nominalen Ausgaben der US-Amerikaner für langlebige Gebrauchsgüter haben sich im selben Zeitraum nur knapp verdoppelt. Und da davon auszugehen ist, dass auch bei Autos, DVD-Playern, Kühlschränken und Gardinenstangen in den USA keine Preisstabilität herrschte, dürften die realen Käufe noch weit weniger zugenommen haben. Legen wir den offiziellen Konsumentenpreisindex (CPI) zugrunde, bleibt von dem wunderbaren »Boom« gerade noch eine Steigerung der Ausgaben für langlebige Konsumgüter um 3,5 Prozent im Jahr, wie die Grafik auf der folgenden Seite bezeugt.

Ähnlich »solide« sind übrigens auch die Daten, auf die sich die Legende vom »Produktivitätswunder« USA mit einem jährlichen Produktivitätswachstum von über 4 Prozent in der zweiten Hälfte der 90er Jahre stützte. Ein Wunder dabei war höchstens, wie gut es immer wieder funktionierte, mit solchen Daten internationale Anlagegelder in US-Spekulationsblasen zu locken und damit die immer größeren Leistungsbilanzdefizite zu finanzieren.

Eine jüngste Kapriole haben die hedonischen Preismesser beim Ausweis der Wachstumsdaten für das zweite Quartal 2008 geschlagen. Man erinnert sich: Bass erstaunt erfuhr die Welt, die die US-Wirtschaft längst in einer Rezession wähnte, dass selbige um

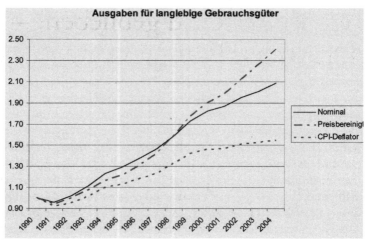

Quelle: NIPA

propere 3,3 Prozent gewachsen war. Der Zweck, den diese Meldung erreichen sollte, erfüllte sich prompt: Die Börsen drehten ins Plus, amerikanische Aktien und auch die internationaler Exporteure waren wieder gefragt. Lange freilich hielt der Spuk nicht an. Aber dass der hedonische Wunderkasten immerhin in der Lage war, aus einer fallenden Beschäftigung, einem Rückgang der Neubauten um 11 Prozent und einem Einbruch der Autoverkäufe um 25 Prozent eine volkswirtschaftliche Wachstumsrate von 3,3 Prozent hervorzuzaubern, zeigt, auf was man sich in Zukunft noch gefasst machen kann.

Wer im übrigen bei der amerikanischen Behörde *Bureau of Economic Analysis* (BEA), die für die entsprechenden Statistiken verantwortlich zeichnet, höflich nachfragt, ob denn auch Inflationsdaten ohne hedonische Bearbeitung erhältlich wären, bekommt eine ebenso kurze wie barsche Antwort: »BEA does not publish that information.« Sie werden wissen warum.

Wir wollen das Thema an dieser Stelle nicht weiter vertiefen. In jedem Fall spricht viel dafür, dass der Zustand der amerikanischen Realwirtschaft noch sehr viel schlimmer und verrotteter ist als allgemein angenommen wird. Und für Europa, wo der hedonische Irrsinn in den letzten Jahren ebenfalls von vielen Ländern übernommen wurde, gilt in abgeschwächter Form das gleiche.

Wo ist das Geld geblieben? –
Die stillen Profiteure

Die verschiedenen Strategien zur Wiederherstellung der Kapitalrenditen haben, wie im letzten Abschnitt gezeigt, eine gewaltige
Schuldenblase produziert, die jetzt zu platzen droht. Die vielen
Billionen, die sich in dieser Kernschmelze anscheinend aufgelöst
und nur einen trüben Fallout toxischer Papiere und vergifteter
Bankbilanzen zurückgelassen haben, sind allerdings nicht einfach
weg. Vielmehr gilt auch in der hochkomplexen verwinkelten und
verschrobenen Finanzwelt unserer Tage: Geld verschwindet nicht;
es wechselt immer nur den Besitzer. Was dem einen fehlt, hat sich
zuverlässig ein anderer unter den Nagel gerissen. Nur ist es heute
im Vergleich zu früher viel schwerer überschaubar wer.

Wer zu spät kommt ...?

Zunächst einmal profitieren von einer Spekulationsblase natürlich
immer die, die rechtzeitig ausgestiegen sind. Das galt schon für
John Laws Mississippi-Papiere und natürlich auch für die japanische Börse vor 1990 oder die Aktien der Dotcom-Bubble vor dem
Frühjahr 2000. Und es galt für das Geschäft mit Subprime-Hypotheken vor 2007. Wer nicht bis zum Knall blieb, konnte mit all
dem jeweils sehr reich geworden sein.

Die drei Gründer des mittlerweile Pleite gegangenen Subpri-
me-Finanziers New Century etwa haben allein durch den Verkauf von Aktien des Unternehmens zwischen 2004 und 2006 ein
Vermögen von mehr als 40 Millionen Dollar aufgehäuft. Darüber
hinaus kassierten sie Dividenden, Gehälter und Boni. Während
die Steuerzahler in aller Welt heute für Schrottpapiere blechen,
denen nicht zuletzt die von New Century vergebenen Subprime-
Hypotheken zugrunde liegen, haben die genannten drei damit ein
Vermögen gemacht, von dem sie den Rest ihres Lebens zehren
können. Oder nehmen wir die Aktionäre von Lehman Brothers,

die jahrelang in Dividenden aus jenem Verbriefungs- und Spekulationsirrsinn gebadet wurden, mit dem heute keiner mehr zu tun gehabt haben möchte. Wer die Dividenden kassiert und sein Lehmann-Portefeuille im Frühjahr 2007 aufgelöst hat, dürfte das Brokerhaus in bester Erinnerung behalten. Selbst der Pleite-Hedgefonds LTCM, dessen Crash 1998 die Fed auf den Plan rief, hat viele seiner Anleger reich und glücklich gemacht. Wer seit der Gründung 1994 dabei war, hatte in nur drei Jahren sein Vermögen verdoppelt und nur ein kleiner Teil der am Jahresende 1997 ausgeschütteten 2,7 Milliarden Dollar wurde dann erneut angelegt und verspielt. Wie gewonnen, so zerronnen hieß es dagegen für viele Gründer kleiner Dotcom-Firmen, die sich auf dem Gipfel des New Economy-Booms als Millionäre fühlen konnten und wenig später wieder Stellenanzeigen studieren mussten.

Ist das globale Finanzkasino also einfach ein Glücksspiel, brutal und gerecht, in dem jeder sehr viel gewinnen, aber auch alles verlieren kann, und bei dem es nur darauf ankommt, mit glücklichem Händchen auf die richtige Karte zu setzen? Dagegen spricht einiges. Glücksspiele sind Nullsummenspiele, bei denen die vorhandenen Einsätze nach dem Prinzip von Zufall oder auch Geschick immer neu verteilt werden. Auf den globalen Finanzmärkten dagegen wird augenscheinlich von Jahr zu Jahr mehr verteilt. Und es sieht auch ganz nach gezinkten Würfeln aus, denn einige gewinnen auffallend häufig.

Vermögensblase und Einkommen

Tatsächlich hat sich parallel zum Aufblähen öffentlicher und privater Schulden in den zurückliegenden drei Jahrzehnten auf den globalen Finanzmärkten eine gewaltige Vermögensblase aufgetürmt. Lag ihr Volumen 1980 bei gerade 12 Billionen Dollar, hatte es sich bis 2006 auf 167 Billionen Dollar vervielfacht. Obwohl beim Platzen jeder kleineren und größeren Blase immer auch Vermögen vernichtet wird, gab es noch keinen Crash, der dieses stetige Wachstum des gesamten Finanzvermögens gestoppt oder gar seine Umkehr eingeleitet hätte. Derzeit liegen die Vermögensansprüche der Geldbesitzer bei dem annähernd Vierfachen der jährlichen globalen Wirtschaftsleistung. Das heißt, wenn alle plötzlich auf die Idee kämen, ihre Konten zu plündern und dafür Designermode, Couchgarnituren oder Hightech-Fernsehgeräte zu kaufen, wären diese Güter gar nicht vorhanden und eine dramatische Geldentwertung die notwendige Folge. Auf dem weltweiten Vermögensmarkt wird also faktisch mit ungedeckten Schecks gehandelt.

Was große Vermögen so erstrebenswert macht, ist allerdings gar nicht die Aussicht, sie irgendwann aufessen zu können. Ihr Wert liegt vielmehr in den grandiosen Einnahmen, die sie ihren Inhabern völlig leistungsfrei und unbehelligt von den Zumutungen des Arbeitsalltags gewähren. Zählt man Dividenden, Zinseinkommen und realisierte Kapitalgewinne zusammen, ist der Anteil dieser Einnahmen an der volkswirtschaftlichen Wertschöpfung seit Mitte der 70er Jahre in allen OECD-Ländern steil angestiegen. Dieser Anstieg war sowohl Folge als auch selbst wieder Ursache der explosionsartigen Vermehrung des Geldvermögens: Folge, weil ein größeres Vermögen eben auch mehr Einnahmen bringt, und Ursache, weil ein erheblicher Teil dieser Einnahmen gleichfalls nicht konsumiert, sondern erneut angelegt wurde. Das ist die Kehrseite der Ponzi-Finanzierungen von Schulden, die uns in den letzten Kapiteln auf den verschiedensten Ebenen immer wieder begegnet sind.

Diese Selbstvermehrung großer Geldvermögen gestattet ihren Inhabern, immer größere Ansprüche auf die volkswirtschaftliche Wertschöpfung in ihrer Hand zu konzentrieren. Auch wenn diese Ansprüche zum Teil nur nominal sind, also im Ernst gar nicht eingelöst werden könnten, hat dieser Mechanismus realwirtschaftliche Auswirkungen. Wir haben in den vorangegangenen Kapiteln beispielsweise mehrfach auf die Wechselwirkung zwischen steigenden Börsenkursen und immer höheren Ausschüttungen hingewiesen: Je höher die Kurse, desto mehr Geld müssen die Unternehmen an die Anleger weiterreichen, um die Aktienrendite wenigstens konstant zu halten. Und je mehr verdientes oder auch nur geborgtes Geld sie auf diese Weise aus der Hand geben, desto weniger verbleibt ihnen für reale Investitionen. Die Kluft zwischen den Einkommensansprüchen der Shareholder und dem realen Wachstum der Produktion wird damit immer größer.

Wir haben außerdem gesehen, dass mit den verwalteten Kapitalmassen auch Einfluss und Macht der Finanzindustrie, der Banken, Hedge- und Investmentfonds stetig angewachsen sind. Und

zwar sowohl in bezug auf die Steuerung der Unternehmensführung als auch der gesellschaftlichen Entwicklung insgesamt.
Die Art und Weise, wie die Politik heute mit Steuerbillionen versucht, das morsche Finanzgebäude am Einsturz zu hindern, ist nur
ein erneuter Beleg für die Vorherschaft dieser Interessen.

Als Schluss aus all dem ergibt sich: Profiteure der Finanz- und
Schuldenblase der letzten Jahrzehnte sind diejenigen, die Geldvermögen besitzen. Sie profitieren als Aktionäre von der Fixierung
der Unternehmen auf steigene Börsenkurse und hohe Ausschüttungen. Sie profitieren von der Schuldenblase, die ihnen immer
neue, sich scheinbar nie erschöpfende Anlagemöglichkeiten und
Einnahmen verschafft. Und sie profitieren von der gesellschaftlich
erzwungenen Umverteilung zulasten von Löhnen, Sozialleistungen und öffentlichen Ausgaben, weil die brutale Kürzung in
all diesen Bereichen die Voraussetzung schnell wachsender realer
Finanzeinkommen in einer Situation niedrigen oder stagnierenden realwirtschaftlichen Wachstums ist.

Müssen wir also alle einfach ein bißchen mehr sparen, um auch
auf der Siegerseite zu stehen? Nun, die wichtigste Voraussetzung
für freudiges Sparen sind hohe Einkommen. Otto Normalverbraucher mit 2.000 Euro netto im Monat wird sich im Leben kein
Millionenvermögen zusammensparen, selbst wenn er seinen Konsum auf das gerade Überlebensnotwendige beschränkt. Sparen ist
ein Luxusgut, das man sich leisten können muss. Tatsächlich
wuchs und wächst die persönliche Sparquote in allen Ländern und
zu allen Zeiten mit dem persönlichen Einkommen. Besonders
hohe Einkommen freilich beziehen in der heutigen Welt die, die
ihr Geld für sich arbeiten lassen statt selbst zu malochen. Insofern
ist es kein Zufall, dass nur ein verschwindender Teil der weltweiten
Geldvermögen auf gespartes Arbeitseinkommen zurückgeht und
nahezu alle wirklich großen Vermögen entweder aus Erbschaften
resultieren oder aus der Wiederanlage von Einnahmen aus bereits
vorhandenem Vermögen. Eine Studie über die Geldvermögens-
bildung in den USA beispielsweise kommt zu dem Schluss, dass
etwa 80 Prozent des gesamten amerikanischen Finanzvermögens
letztlich auf vererbtes Geld zurückgehen[46]. Das dürfte in Europa
nicht wesentlich anders sein.

Dass große Vermögen die Eigenschaft haben, auch besonders
hohe Einkommen zu generieren und sich so selbst verstärken, ist

232

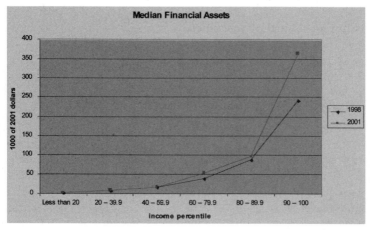

Quelle: SCF 2001; Bruttovermögen aller Familien mit Vermögen

ein wesentlicher Grund dafür, warum die Geldvermögen noch wesentlich ungleicher verteilt sind als die Einkommen. Die obenstehende Grafik gibt einen Überblick über die Verteilung der Finanzvermögen in den einzelnen Einkommensgruppen (Perzentilen) in den USA in den Jahren 1998 und 2001.

Aus dem Verlauf beider Linien geht nicht nur die überproportionale Vermögenskonzentration bei den oberen 10 Prozent der Bevölkerung hervor, sondern auch das weit überproportionale Vermögenswachstum dieser reichsten Gruppe zwischen 1998 und 2001. Interessant ist, dass das Platzen der Internet-Blase, das nicht wenige zu spät hineingelockte Kleinanleger um ihre Ersparnisse brachte, den Vermögen der oberen Zehntausend offensichtlich nicht nur nichts anhaben konnte, sondern diese im geschilderten Zeitraum vielmehr extrem zulegen konnten. Die untere Hälfte der Bevölkerung hingegen hatte 2001 gar nichts und die Mittelschichten nur sehr wenig mehr als 1998.

Das Geldvermögen konzentriert sich also in sehr wenigen Händen. Typischerweise haben in den OECD-Ländern die unteren 50 Prozent aller Familien kein relevantes Vermögen, während die reichsten 1 Prozent etwa die Hälfte des vorhandenen Finanzvermögens besitzen. Das sind jene bereits erwähnten Leute, die das Brokerhaus Merrill Lynch in seinem jährlich erscheinenden »World Wealth Report« als *High Net Worth Individuals* (HNWI) bezeichnet und deren Eigenschaft darin besteht, dass sie über mehr als 1 Million Dollar Geldvermögen verfügen. In Deutschland gab es Ende 2007 etwas mehr als achthunderttausend Personen, die in dieser komfortablen Lage waren. 2007 zählte Merrill Lynch weltweit 10,1 Millionen HNWI, die zusammen ein Geldvermögen von 40,7 Billionen Dollar dirigierten, knapp die Hälfte der gesamten Geldvermögen privater Haushalte.

Damit sind die Vermögen heute noch stärker konzentriert als 1929, das lange Zeit als warnendes Beispiel für einen perversen Grad an Vermögenskonzentration gegolten hat. Damals verfügten die reichsten 1 Prozent in den USA über knapp 40 Prozent des gesamten Geldvermögens.

Diese Millionäre und Multimillionäre, vor denen jedes Bankhaus den roten Teppich ausrollt, sind natürlich auch die mit Abstand größten Halter von Aktienpaketen und damit auch Hauptprofiteure der Orientierung auf Börsenkurs, Aktienrendite und wachsende Ausschüttungen. In Deutschland etwa konzentrieren sich 70 Prozent aller privat gehaltenen Aktien in den Händen dieser oberen 1 Prozent. Insgesamt haben in der Bundesrepublik gerade einmal zehn Millionen Menschen, also knapp 8 Prozent der Bevölkerung, überhaupt Aktien in ihrem Depot. In den USA ist die Aktionärsquote zwar mit 20 Prozent mehr als doppelt so hoch, aber die wirklich großen Aktienpakete liegen ähnlich konzentriert in wenigen Händen.

Innerhalb der Gruppe der HNWI gibt es allerdings noch einen besonders exklusiven Club: Die *Ultra High Net Worth Individuals* (UHNWI), die mehr als 30 Millionen Dollar Cash auf die Waage bringen. Diese UHNWIs – derzeit weltweit etwa hunderttausend an der Zahl – sind der globale Geldadel und Hauptprofiteur des heutigen Finanzkapitalismus. Sie konnten ihre Vermögen und Einkommen in den zurückliegenden dreißig Jahren explosionsartig vermehren und haben weit mehr von den Umverteilungen und dem Renditewahn profitiert hat als irgendeine andere Gruppe der Bevölkerung. Der Chef der globalen Vermögensverwaltung der JP Morgan Private Bank schreibt diesen Superreichen sogar den Zugriff auf 30 bis 40 Prozent der globalen Geldvermögen zu.[47]

Generell gilt für die globale Vermögenspyramide die banale Weisheit: Je größer das Vermögen, desto schneller wächst es. Die

Vermögen der High Net Worth Individuals wachsen ungleich schneller als das Geldvermögen aller Haushalte. Und die Ultra High Net Worth Individuals sind ebenfalls ultra, was das Tempo ihrer Vermögensexplosion anbetrifft. 2007 beispielsweise ist das globale Finanzvermögen der HNWI um 9,4 Prozent gestiegen, während die UHNWI ihre Reichtümer im selben Jahr um 14,5 Prozent steigern konnten. Über den Zuwachs der Geldvermögen aller Haushalte in jenem Jahr gibt es bisher wenig verlässliche Zahlen. In Deutschland lag er bei 5 Prozent, ein Wachstum, das natürlich wesentlich von den Vermögenssprüngen an der oberen Spitze getragen und getrieben wurde.

Aber auch innerhalb der Gruppe der Ultra High Net Worth Individuals gibt es noch Differenzierungen. Die Créme de la Créme dieses globalen Geldadels stellen weltweit etwa eintausend Milliardäre, über deren Vermögensentwicklung die Forbes-Liste Auskunft gibt. Diese Milliardäre toppen selbst den Vermögenszuwachs der UHNWI noch einmal deutlich, denn ihre Milliardenvermögen haben 2007 um satte 35 Prozent zugelegt. Interessant an diesen Zahlen ist nicht zuletzt, dass sie sich auf 2007 beziehen, also das Jahr, in dem die globale Finanz- und Wirtschaftskrise ihren Anfang nahm. Im Unterschied zu den Finanzen der öffentlichen Haushalte, die die Finanzmarktunruhen bereits damals zu ruinieren begannen, haben sie relevante Spuren im Vermögenszuwachs der Reichsten offenkundig nicht hinterlassen

Dass die Vermögen umso schneller wachsen, je größer sie sind, geht auch aus den Forbes-Daten für die USA der Jahre 1995 bis 1998 hervor. So ist in diesem Zeitraum das Vermögen der 400 reichsten US-Amerikaner preisbereinigt von 379 Milliarden Dollar auf 740 Milliarden Dollar angestiegen, eine Steigerung um immerhin 95 Prozent. Aber selbst das waren noch Peanuts im Vergleich zu der Vermögensteigerung der reichsten zehn Multimilliardäre, die sich in diesem Zeitraum auf 270 Prozent belief.[48]

Wer von dem heutigen Kapitalismus am Ende profitiert, zeigt sich im Übrigen auch in der Realwirtschaft. Stagnation, dümpelnden Umsatzzahlen und Finanzialisierung der Massengüterhersteller steht seit Jahren eine einzigartige Prosperität der Luxusgüterproduzenten gegenüber. Je höher in der Vermögenshierarchie deren Zielgruppe, desto üppiger dieser Boom. So wurden nach Angaben der Unternehmensberatung Bain 2006 weltweit für 159

Milliarden Euro Luxusgüter verkauft. Das waren 9 Prozent mehr als 2005 und fast 50 Prozent mehr als zur Jahrtausendwende. Auch 2007 verbuchten die diversen Luxussegmente Rekordumsätze. Richemont, einer der weltgrößten Luxusgüterhersteller, dessen Klientel sich überwiegend aus der Gruppe der Ultra High Net Worth Individuals rekrutiert, hat seine Umsätze selbst im letzten Quartal 2007 noch einmal um 14 Prozent gesteigert. Da war die Finanzmarktkrise bereits in vollem Gange und die britische Bank Northern Rock erlebte einen Run verängstigter Kleinsparer.

Der Renditehunger wachsender Vermögen erzwingt eine immer rüdere Einkommensumverteilung zugunsten ihrer Inhaber. Zugleich gilt: Weil die Finanzvermögen sich in wenigen Händen konzentrieren, bedeuten überproportionale Vermögenseinkommen immer auch wachsende Einkommensungleichheit. Tatsächlich hat sich der Gini-Koeffizient der Einkommensverteilung, einer der wichtigsten Maßstäbe zur Ermittlung von Ungleichheit, seit Beginn der 80er Jahre weltweit deutlich erhöht, besonders drastisch in den westlichen Industriestaaten. Das geht aus einer Studie der Ökonomen Galbraith und Kum hervor, in der sie die Konzentration der Einkommen anhand verschiedener Indikatoren ermitteln[49]. Die Grafik gibt die von Galbraith und Kum berechnete Entwicklung des Gini-Koeffizienten der Einkommensverteilung für unterschiedliche Ländergruppen wieder. Der Kurvenverlauf ist

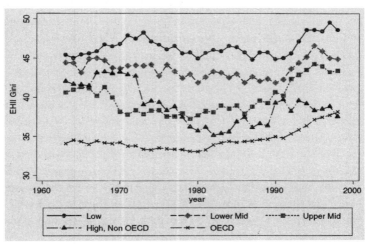

Quelle: Galbraith, Kum (2005)

besonders steil für die OECD-Länder seit Beginn der 90er Jahre, hier ist also die Einkommensungleichheit dramatisch angestiegen. Auch diese Grafik läßt deutliche Schlüsse im Hinblick auf die Profiteure der Entwicklungen der letzten zwanzig Jahre zu.

Neutral betrachtet ist es für den Lebensstandard eines UHNWI natürlich völlig irrelevant, ob sein Vermögen sich jährlich um 2, 5 oder 20 Prozent oder aber gar nicht vermehrt. Er kann so oder so bei Richemont einkaufen und er wird immer nur einen verschwindend geringen Teil seines Vermögens für den Kauf realer Güter ausgeben. Dessen ungeachtet wird er sein Geld – selbständig oder mit Hilfe von Banken, Hedgefonds und anderen Kapitalsammlern – immer wieder genau dahin bewegen, wo es maximale Erträge bringt.

Im Zentrum des ganzen globalen Finanzkarussells steht also kein sinnvolleres Ziel als das, die Vermögen aberwitzig reicher Familien immer weiter aufzublähen und damit ausgerechnet die immer wohlhabender zu machen, die bereits heute mehr besitzen als sie, ihre Kinder und Enkel in den nächsten einhundert Jahren je konsumieren können. Die Mittel zum Zweck in diesem bizarren Spiel reichen von Lohndrückerei, Steuerdumping, Entlassungen und Betriebsschließungen über reduzierte Investitionen und minimierte Forschung bis hin zur ökonomischen oder auch militärischen Erpressung ganzer Länder, zu Aggressionskriegen und Besatzerregimen im internationalen Maßstab. Ergebnisse sind schleppende Produktivitätsentwicklung, sinkende Lebensqualität von Milliarden Menschen, brachgelegte oder zerstörte wirtschaftliche Kapazitäten, himmelschreiende soziale Gegensätze und zunehmende Armut.

Dieser Wahnsinn hat Methode, denn er folgt aus der Logik einer Wirtschaftsordnung, deren einziger Motor die Erzielung privater Profite ist. Über gewisse Zeiten und unter bestimmten Voraussetzungen hat dieser Motor dazu beigetragen, die Ökonomie produktiver und so die Gesellschaft insgesamt reicher zu machen, auch wenn dieser Reichtum seit jeher ungleich verteilt wurde. Der heutige Finanzkapitalismus hingegen hat die kreative und produktive Zerstörung im Schumpeterschen[50] Sinn endgültig durch die Zerstörung von Kreativität, Produktivität und Wohlstand ersetzt.

Fußnoten

43 *International Herald Tribune,* 6. September 1999
44 Charles P. Kindleberger, Manias, Panics, and Crashes. A History of Financial Crises (Fifth Ed. 2005)
45 *Handelsblatt,* 17. November 1987
46 Kotlikoff, L. J., Summers, L. H., The Role of Intergenerational Transfers in Aggregate Capital Accumulation, (Journal of Political Economy, 1981, vol. 89, no. 4)
47 *Financial Times,* 7. Juli 2004
48 Arthur B. Cernickel, An Examination of Changes in the Distribution of Wealth. From 1989 to 1998: Evidence from the Survey of Consumer Finances, 2000
49 Galbraith, J.K., Kum, H., Estimating the Inequality of Household Incomes: A Statistical Approach to the Creation of a Dense and Consistent Global Data Set; Review of Income and Wealth, Series 51, Number 1, March 2005
50 Joseph Schumpeter, österreichischer Nationalökonom. Vertrat die Theorie, dass das Profitstreben immer wieder zur »kreativen Zerstörung« vorhandener Produktionsanlagen und etablierter Technologien führt und der Kapitalismus daher Innovation und technologischen Fortschritt befördere.
51 *Financial Times Deutschland,* 7. Mai 2008

Résumé

Zentrales Ziel der neoliberalen Politik wie der Strategien der großen Konzerne seit Beginn der 80er Jahre war die Wiedererhöhung der privaten Kapitalrendite, des wichtigsten Motors jeder kapitalistischen Ökonomie. Das setzte neben der Reduzierung der Produktionskosten vor allem die Schaffung profitabler Nachfrage voraus.

Das Streben nach steigenden Renditen hat auf verschiedenen Kanälen dazu beigetragen, über einer stagnierenden Realwirtschaft eine immer gewaltigere Kreditblase aufzupumpen. Ein Kanal war und ist die Verschuldung der Staaten, die in den meisten Ländern schon lange mit der Dynamik einer Ponzi-Finanzierung wächst. Der zweite Kanal waren neoliberales Lohndumping und die gleichzeitige Schaffung von Rahmenbedingungen für eine immer exzessivere Konsumentenverschuldung, um den Nachfrageeinbruch auszugleichen. Der dritte Kanal sind weltwirtschaftliche Ungleichgewichte, die mit der forcierten Exportstrategie einiger Länder und dem riesigen Schwarzen Loch in der US-amerikanischen Leistungsbilanz entstanden sind. Ein vierter Kanal ist die aberwitzige Verwendung der verfügbaren Mittel in den großen Wirtschaftskonzernen, in denen schuldenfinanzierte Übernahmen und Aktienrückkaufprogramme sowie die Teilnahme am internationalen Finanzmonopoly reale Investitionen in neue Anlagen und Technologien sowie innovative Forschung und Entwicklung zunehmend ersetzt haben.

Insgesamt haben die US-amerikanischen Verbraucher und Unternehmen ihre Verschuldung allein in den letzten zehn Jahren um gigantische 13,6 Billionen Dollar oder von 122 auf 170 Prozent des Bruttoinlandsproduktes gesteigert. Die amerikanischen Staatsschulden sind mittlerweile über die Grenze von 10 Billionen Dollar hinausgewachsen. Auch die Schulden von Firmen und Konsumenten im Euro-Land haben sich deutlich erhöht und entsprechen inzwischen gut 143 Prozent der Wirtschaftsleistung.[51] Die Verschuldung der europäischen Staaten wird nicht zuletzt von der aktuellen Finanzkrise zusätzlich nach oben getrieben. Profiteur dieser Entwicklung war und ist die schmale Schicht der Multimillionäre und Milliardäre.

Heute hat die globale Schuldenblase eine Größenordnung erreicht, von der schwer vorstellbar ist, dass sie sich noch lange weiter ausdehnen lässt. Zumal dem rasanten Wachstum der Verschuldung kein auch nur annähernd adäquates Wirtschaftswachstum gegenübersteht, aus dem wenigstens die Zinsen gezahlt werden könnten. Denn die endlosen Kredite, die die deregulierten Finanzmärkte so bereitwillig ausspien, wurden eben überwiegend nicht produktiv investiert, sondern im besten Fall aufgegessen und verkonsumiert, im schlechteren verspekuliert und im schlimmsten in Raketen, Panzer und Kriege gesteckt. Die Zinsen können daher nur entweder durch immer neue Kredite oder durch Umverteilung vorhandenen Einkommens aufgebracht werden. Ersteres würde das Problem nur in die Zukunft verlagern und weiter vergrößern und letzteres dürfte schnell an die Grenze dessen stoßen, was umverteilbar ist.

Die zusammenbrechenden Finanzpaläste an der Wall Street, in London, München und sicher auch bald Frankfurt sind daher nur ein äußeres Indiz eines viel tieferen und fundamentaleren Bankrotts: dem des globalen Wirtschaftssystems in seiner heutigen Form.

Ausblick

Vorauszusagen, wie die Welt in wenigen Jahren aussehen wird, war selten so schwierig wie heute. Im Grunde scheint nur eines sicher: dass es eine einfache Fortschreibung der Politik der letzten Jahre nicht geben wird. Wir sehen vier mögliche Entwicklungsszenarien, die uns in den nächsten Jahren bevorstehen könnten und deren Eintrittswahrscheinlichkeit weniger von den ökonomischen Daten als von den gesellschaftlichen Kräfteverhältnissen abhängt.

Das *erste Szenario* ist das unwahrscheinlichste, aber selbst das ist nicht ausgeschlossen. Es besteht darin, dass es der Politik gelingt, mit großen Rettungspaketen, viel Steuergeld und noch mehr öffentlicher Neuverschuldung die Situation auf den Finanzmärkten wieder recht und schlecht zu stabilisieren, ähnlich, wie es nach dem Platzen der Dotcom-Blase schon einmal geschehen ist. Auch damals schon gab es ein ungeheures Krisenpotential in Form binnen- und weltwirtschaftlicher Ungleichgewichte. Auch damals schon wurde allseits erwartet, dass der hochverschuldete amerikanische Verbraucher seine Schulden nicht mehr ausweiten kann und daher seinen Konsum einschränken muss, dass die USA in eine tiefe Rezession abgleiten und so auch als Konjunkturtreiber der Exportwirtschaften in Europa und Südostasien ausfallen, dass einbrechende Aktienmärkte und Unternehmenspleiten die Banken weltweit in ernsthafte Probleme bringen werden.

Es kam, wie wir heute wissen, anders. Die Rezession verlief kurz und flach. Bushs aggressiver Aufrüstungs- und Kriegskurs nach dem September 2001 beflügelte den zentralen Wirtschaftszweig der USA, die Rüstungsindustrie, und verschaffte ihr zusätzliche Milliardenaufträge. Der boomende Hypothekenmarkt, die Explosion der Subprime-Kredite und das prosperierende Verbriefungsunwesen sorgten für satte Gewinne an der Wall Street und vor allem für das nicht mehr für möglich Gehaltene: eine weitere Erhöhung der US-Konsumentenschulden. Der Zusammenbruch wurde so noch einmal abgefangen. Der Preis war ein erneutes drastisches Aufblähen der Kreditblase sowohl über den öffentlichen wie über private Wege.

Eine ähnliche Entwicklung wäre theoretisch auch jetzt wieder möglich. Das würde bedeuten, dass die Staaten den Finanzinstituten einen so großen Teil ihrer Verluste abnehmen, dass ihr Überleben gesichert wird und sie den Rest dank aufgeweichter Bilanzierungsregeln über einen sehr langen Zeitraum schrittweise abschreiben können, dass dank universeller Staatsgarantien der Interbankenmarkt wieder zu funktionieren beginnt und dass einige unerlässliche Re-Regulierungen die schlimmsten Spekulationsexzesse auf den Finanzmärkten fortan verhindern. Die Weltwirtschaft würde nach diesem Szenario zwar in eine Rezession fallen, die öffentliche Hand allerdings sowohl in Europa als auch in den USA durch große schuldenfinanzierte Ausgabenprogramme die Abwärtsspirale bremsen. Bald würden dadurch tatsächlich wieder erste Zeichen einer leichten wirtschaftlichen Erholung erkennbar werden, die mit den virtuosen Techniken der heutigen Statistik zu einem drallen Aufschwung hochstilisiert werden könnten. Diese Scheinwelt würde die Börsen erneut stimulieren, die Aktienkurse nach oben treiben und im Finanzbereich wieder für (vor allem fiktive) Einkommen und Gewinne sorgen. Zwar würde die reale Wirtschaft über Jahre kaum noch wachsen und die Lebensverhältnisse der großen Mehrheit der Menschen würden sich weiter verschlechtern. Aber dem Anschein nach wäre alles wieder einmal nicht so schlimm gekommen, wie man befürchtet hatte.

Natürlich würde dieses erste Szenario bedeuten, dass die Ungleichgewichte weiter verschärft, die Kluft zwischen Finanzblase und Realwirtschaft noch mehr vertieft und sämtliche Probleme vergrößert und lediglich in die Zukunft verlagert würden. Ausgeschlossen ist das aber nicht. Denn es gibt eben keine natürliche Grenze von Ponzi-Finanzierungen und daher auch keine für private, öffentliche oder auch internationale Schulden. Um das amerikanische Leistungsbilanzdefizit auch nur eines Jahres in Gold zu bezahlen, wäre gegenwärtig das Fünfzehnfache der globalen Jahresproduktion dieses Edelmetalls vonnöten. Aber weil die USA nicht in Gold zahlen müssen, sondern auf Kredit einkaufen, hängt ihr Konsum nur davon ab, wie lange sie wachsenden Kredit gewährt bekommen. An sich gibt es keinen Grund, warum sie nicht auch im Gegenwert von dreißig oder fünfzig Gold-Jahresproduktionen Güter und Dienste importieren könnten.

Das gleiche gilt für die Staatsschulden. Würden die Vereinigten Staaten oder auch die Bundesrepublik je in die Situation geraten, die den großen Investmentbanken im Herbst 2008 das Genick gebrochen hat: dass nämlich die Kapitalmärkte ihnen die Refinanzierung ihrer Schulden verweigern, wären sie in Kürze ebenso bankrott wie Lehman Brothers. Schon heute wäre kaum ein Industriestaat in der Lage, seine auslaufenden Anleihen mit Steuergeld zu bezahlen, von der Gesamtverschuldung nicht zu reden. Der Unterschied zwischen Lehman und den USA oder auch zwischen dem Kleinstaat Island und der Bundesrepublik Deutschland ist einfach nur, dass die jeweils letzteren als nahezu grenzenlos kreditfähig gelten und daher vorerst immer neues (und immer mehr) Geld erhalten. Sollte sich das jemals ändern, wäre das globale Finanzsystem in seiner jetzigen Form am Ende und Schulden wie Geldvermögen würden entwertet.

Im ersten Szenario würde diese Entwertung aufgeschoben, im zweiten, dem wir uns jetzt zuwenden, würde sie Teile der Vermögensblase treffen.

Das *zweite Szenario* läuft letztlich auf eine japanische oder lateinamerikanische Lösung im globalen Maßstab hinaus. Dem Platzen der japanischen Börsen- und Immobilienblase 1989 folgte eine bis heute anhaltende Periode ökonomischer Stagnation und Destruktion, sinkender Bösenkurse, sozialisierter Bankverluste und deutlich verschlechterter Lebensbedingungen für die meisten Japaner. In noch brutalerer Form war dies in Lateinamerika nach Ausbruch der Schuldenkrise 1982 der Fall. Hier bluteten Millionen Menschen mit zerstörten Lebensperspektiven, Armut und Hunger dafür, dass die Wirtschaft ihrer Länder die Einkommensansprüche der internationalen Kreditgeber und Vermögenseigner weiter bedienen konnte.

Auf die globale Ebene übertragen würde das bedeuten: Der billionenschwere Fallout der Kreditblase wird auch in diesem Szenario durch Verstaatlichungen und Übernahme der Papiere zu großen Teilen dem Steuerzahler aufgebürdet. Anders als im ersten Szenario geht das allerdings im zweiten nicht einher mit einem grenzenlosen weiteren Aufblähen der Schuldenblase, sondern mit drastischen Kürzungen aller anderen öffentlichen Ausgaben – sei es für Soziales oder Investitionen –, um die Kreditwürdigkeit der öffentlichen Hand zu erhalten. Eine in diesem Fall unvermeidliche tiefe weltweite Rezession würde viele Unternehmen in den Bankrott und die Arbeitslosigkeit nach oben treiben. Die Banken würden damit noch mehr Verluste machen, ihre Kreditvergabe trotz Staatshilfe dramatisch einschränken und so den Abschwung verstärken. Teile der Vermögensblase würden so durch Börsencrashs und Unternehmenspleiten entwertet, andere vielleicht durch einen rapiden Wertverfall des Dollar. Denn unter diesen Bedingungen ist es unwahrscheinlich, dass die großen Zentralbanken der früheren Exportländer weiterhin bereit sein würden, den USA uneingeschränkt Kredit zu gewähren.

Wenn dieses zweite Szenario eintritt, stehen uns Jahre wirtschaftlichen Niedergangs bevor, in denen die Renditen zu gering sind, um zu Investitionen zu ermutigen und die Unternehmen ihre Gewinne benötigen, um Schulden abzuzahlen und den Börsenkurs auf niedrigem Niveau zu stabilisieren. Während immer mehr Steuergeld in die Abzahlung von Zins- und Zinseszins der Staatsschulden fließt, würden öffentliche Infrastruktur, Bildung und Kultur dem Verfall preisgegeben.

Dass der Kapitalismus zu einer solchen nachhaltigen Zerstörung der produktiven Kapazitäten einer Volkswirtschaft fähig ist, hat er in Japan und in Lateinamerika bewiesen. Verlorene Jahrzehnte auf globaler Ebene sind kein unwahrscheinliches Szenario. Zumal die Weltwirtschaft, anders als Japan oder Lateinamerika, keinen Export-Anker hat, an dem sie sich wieder hochziehen könnte.

Möglich ist daher auch, dass der schleichende Niedergang früher oder später in eine sich selbst verstärkende Abwärtsspirale umschlägt, die die Dimension der Weltwirtschaftskrise von 1930 erreicht oder sogar in den Schatten stellt.

Das wäre das *dritte Szenario*. Es würde bedeuten, dass sinkende Löhne und Staatsausgaben den globalen Absatz so weit nach unten drücken, dass sie Unternehmen und Banken massenhaft in die Pleite zwingen, was wiederum Löhne und Steuereinnahmen weiter dezimiert. Dass die Börsen in die Tiefe rauschen, und irgendwann auch die Staaten nur noch die Wahl haben, ihren Bankrott zu erklären oder ihre Schulden durch Inflationierung der eigenen Währung zu entwerten, was letztlich auf das gleiche hinausläuft. In diesem dritten Szenario würde die Schulden- und Vermögensblase tatsächlich vernichtet. Dabei würden allerdings vor allem die Kleinsparer und Mittelschichten ruiniert und dieses Szenario eröffnet keineswegs per se die Chance und das Potential für einen progressiven Neuanfang.

Letzterer ist vielmehr in jedem größeren Land aus jedem der vorgenannten drei Szenarien heraus möglich, wenn die politischen und gesellschaftlichen Kräfteverhältnisse so weit nach links verschoben werden, dass die Überwindung des Kapitalismus von einem programmatischen Fernziel zur politischen Tagesaufgabe werden kann. Das wäre das *vierte Szenario*. Ein wirklicher Neuanfang, der nicht gleich wieder die Saat neuer Finanzblasen und Krisen in sich trägt, verlangt die demokratisch kontrollierte Entwertung der Vermögens- und Schuldenblase in einer Form, die die oberen Zehntausend, aber nicht die große Mehrheit der Menschen trifft. Wir haben im letzten Kapitel gesehen, dass die reichsten 1 Prozent in den Industrieländern in der Regel etwa die Hälfte des gesamten Geldvermögens ihr eigen nennen. Würden diese Finanzvermögen von mehr als einer Million Euro abgeschöpft, wären die Schulden der Staaten auf einen Schlag getilgt und öffentlicher Aktienbesitz und Einflussrechte könnten in wesentlichen Bereichen der Wirtschaft hergestellt werden.

Eine Wirtschaftsordnung, in der nicht die Maximierung der Kapitalrendite, sondern demokratisch gesetzte Maßstäbe über Investitionen, Arbeitsplätze, Forschung und Wachstum entscheiden, ist keine verträumte Utopie, sondern eine reale Alternative zum Finanzkapitalismus unserer Zeit. Sie wäre nicht nur sozial gerechter, sie könnte auch ungleich reicher, produktiver und umweltbewußter sein. Der Umstand, dass es eine solche Ordnung bisher nicht gegeben hat, spricht nicht gegen ihre Möglichkeit. In der Geschichte entsteht immer Neues. Es muss nur genügend Menschen und ausreichend starke politische Kräfte geben, die dieses Neue wollen und für seine Durchsetzung kämpfen.

Die Überwindung des Kapitalismus bedeutet nicht die Abschaffung von privatem Produktiveigentum, sondern dessen Beschränkung auf jene Bereiche der Wirtschaft, in denen es keine ökonomische oder gesellschaftliche Macht gebären kann. Wo kein Unternehmen stark genug ist, Preise und Umfang des Angebots zu diktieren, wo Zulieferer und Abnehmer sich auf gleichem Level begegnen und starke Sozialgesetze Kostensenkung zulasten der Beschäftigten sowie strikte Umweltauflagen Raubbau verhindern, kann der Stachel von Eigeninteresse und Gewinn durchaus Innovation und technologischen Fortschritt fördern.

Banken, Versicherungen, Schlüsselindustrien und viele Dienstleistungen dagegen verlangen ein hohes Kapitalminimum. In solchen Bereichen dominieren nicht innovative Kleinunternehmen, sondern etablierte Großkonzerne mit vielfach globalem Handlungsradius. Konzerne, die zu groß sind, um zu scheitern: Zu groß, als dass der Staat sie im Falle gravierender Fehlentscheidungen einfach untergehen lassen könnte, weil die Konsequenzen für die gesamte Wirtschaft einschneidend wären. Sind solche Unternehmen in privater Hand, führt das immer wieder zu der unerträglichen Situation, dass die Gewinne privatisiert, die Verluste hingegen der Allgemeinheit aufgebürdet werden.

Es geht aber nicht nur um Sozialisierung der Gewinne. Es geht auch um neue Prioritäten des Wirtschaftens. Öffentliches Eigentum an den Finanzinstituten etwa ist eine wichtige Bedingung dafür, dass auch Einkommensärmere ein Konto zu guten Konditionen und kleinere Unternehmen zinsgünstige Kredite erhalten, dass die Ersparnisse der regionalen Entwicklung zugute kommen statt in hochkomplexen Derivaten verzockt zu werden, auch wenn letztere ungleich höhere Renditen zu versprechen scheinen.

Öffentliches Eigentum als solches ist noch keine Garantie anderer Prioritäten. Öffentliche Banken brauchen klare Vorgaben, die sie auf gemeinwohlorientiertes statt renditefixiertes Wirtschaften und eine gemeinnützige Gewinnverwendung festlegen. Werden sie kommerzialisiert und auf Rendite getrimmt, wie es in Deutschland in den letzten Jahren mit den Landesbanken geschehen ist, wird ihr Geschäftsmodell dem der Privatbanken immer ähnlicher. Kleine Möchte-gern-Merril-Lynchs aus Düsseldorf, München oder Leipzig braucht man tatsächlich nicht in öffentlicher Hand. Aber nur öffentliches Eigentum kann dafür sorgen, dass eine Eigenkapitalrendite von 25 Prozent gar kein erstrebenswertes Ziel mehr ist.

Auch die Grundversorgung der Menschen mit essentiellen Leistungen wie Energie, Wasser und Mobilität, oder Wohnen, Gesundheit und Bildung darf nicht privaten Profitjägern überlassen werden. Denn profitorientierte Unternehmen umwerben und privilegieren den Wohlhabenden und ignorieren den Finanzschwachen. Eben deshalb haben alle Privatisierungen letztlich den Reichen genutzt und waren verheerend für die Ärmeren.

Der Finanzsektor, Kernbereiche der Wirtschaft und die Daseinsvorsorge gehören daher in öffentliches Eigentum und brauchen demokratische Kontrolle. Sie brauchen starke Mitbestimmungsrechte der Belegschaften als Korrektiv zu den Entscheidungen der Betriebsleitung. Sie brauche Leistungsanreize, die ressourcensparendes, innovatives und kundenorientiertes, aber auch soziales Verhalten belohnen. Öffentliche Unternehmen können durch entsprechende Anreize in gleicher Weise zu betriebswirtschaftlicher Effizienz gezwungen werden wie private. Aber im Unterschied zu letzteren sind sie nicht sklavisch an die Erfüllung kurzfristiger Renditeerwartungen gebunden. Ihnen droht kein Wertverfall der Aktien und keine feindliche Übernahme. Sie können investieren statt immer höhere Dividenden auszuschütten. Beschäftigte öffentlicher Unternehmen mit umfassender Mitbestimmung brauchen keine Angst vor Betriebsverlagerungen ins Ausland zu haben und sind nicht erpressbar. Gewinne öffentlicher Unternehmen stärken die öffentlichen Einnahmen und kommen damit der Allgemeinheit und nicht nur einer kleinen Schicht von Shareholdern zugute. Öffentliches Eigentum eröffnet Spielraum für Demokratie: in der Wirtschaft und in der Gesellschaft.

Es gab selten ein System, das so wenige Profiteure und so viele Verlierer hatte wie der heutige Kapitalismus. Es gibt keinen Grund, sich mit ihm und in ihm einzurichten.

Der Spekulationswahn und die wirtschaftlichen Fehlentwicklungen des beginnenden zwanzigsten Jahrhunderts haben, wie wir heute wissen, nicht allein zum Zusammenbruch des Finanzsystems und zu einer verheerenden Weltwirtschaftskrise geführt, in deren Verlauf Millionen Menschen alles verloren, was sie sich an bescheidenem Wohlstand zuvor erarbeitet hatten. Die wirtschaftliche Katastrophe hatte politische Folgen. Sie brachte in Europa brutale faschistische Diktaturen an die Macht, die über ein Jahrzehnt lang – und in einigen Ländern noch wesentlich länger – jeden Widerspruch und Widerstand im Blut erstickten. Und sie führte zu einem mörderischen Weltkrieg um die Neuaufteilung der knapper gewordenen Ressourcen, der die

Erde in ein großes Schlachtfeld verwandelte, übersät von Toten, gezeichnet von Grausamkeiten und unvorstellbarem Leid.

Geschichte wiederholt sich nur dann nicht, wenn man aus ihr klug wird und, solange es noch nicht zu spät ist, denen mit aller Kraft widersteht, die auch hundert Jahre später zu der gleichen Unterdrückung und den gleichen Verbrechen fähig wären, wenn nur das noch Profit verspricht. Die Überwindung des Kapitalismus ist nicht nur eine Frage von Produktion und Verteilung. Sie könnte sehr schnell wieder zu dem werden, was sie zu Luxemburgs Zeit und in den Jahren danach schon einmal war: eine Frage von Zivilisation oder Barbarei. Damals siegte die Barbarei.

Wir sollten nicht darauf warten, ob sie es wieder tut.

Glossar

ABS: siehe Asset Backed Securities

Aktienrendite: Größe zur Bewertung des Anlageerfolges eines Aktienengagements; während die Dividendenrendite das Verhältnis der Dividende zum gegenwärtigen Kurs beschreibt, berücksichtigt die Aktienrendite sowohl die angefallenen Dividenden als auch die eingetretenen Kurssteigerungen oder -verluste

Anleihe: Schuldverschreibung von Unternehmen oder Staaten mit fester Verzinsung

Arbitrage: Risikofreies Ausnutzen unterschiedlicher Preise von Wertpapieren oder Waren durch gleichzeitigen Kauf und Verkauf auf unterschiedlichen Märkten

Assets: Vermögensgüter

Asset Backed Commercial Paper (ABCP): Kurzfristige Finanzierungsinstrumente von Zweckgesellschaften, deren Portfolio mit speziellen Vermögenswerten, z. B. verbrieften Hypothekarkrediten, unterlegt ist

Asset Backed Securities (ABS): Wertpapiere, die durch einen Pool gleichartiger Vermögenswerte (assets; z. B. Hypotheken, Leasingforderungen, Kreditkartenforderungen) gesichert sind

Baisse: Preisrückgang an einem Markt; an der Aktienbörse ab einem Rückgang von 20 Prozent unter den letzten Höchststand

Basispunkt: ein Basispunkt = 0,01 Prozent

BIP: Bruttoinlandsprodukt

BIP-Deflator: Preisindex zur Messung der Inflationsrate des Bruttoinlandsprodukts

Bretton Woods: Währungssystem mit festen Wechselkursen von 1945 bis 1971. Der Wert des Dollar war in Gold fixiert und für Zentralbanken in Gold eintauschbar

Bubble: Finanzmarktblase durch spekulative Übersteigerung des Wertes bestimmter Papiere oder Waren

Carry Trades: Investoren nehmen in einem Land mit niedrigen Zinsen Kredite auf, um damit Finanzprodukte in einer Hochzinswährung zu kaufen

CEX: Consumption Expenditure Survey. US-amerikanisches Panel zur Untersuchung des Konsumverhaltens amerikanischer Haushalte.

CDO: siehe Collateralised Debt Obligation

CDS: siehe Credit-Default Swap

Collateralised Debt Obligation (CDO): Pools aus Krediten werden in eine Zweckgesellschaft eingebracht; diese zerlegt das Portfolio in mehrere Teile (Tranchen), die das Risiko von Zahlungsausfällen in unterschiedlichem Grad abfangen und an Investoren verkauft werden; meist drei Tranchen: Equity, Mezzanine, Senior
    synthetische CDO: in diesem Fall werden nicht die Kredite, sondern nur das Kreditrisiko über Credit Default Swaps auf die Zweckgesellschaft übertragen

Conduit: siehe Structured Investment Vehicle

Commercial Paper: Geldmarktpapiere zur Beschaffung kurzfristiger Gelder

CPI: Consumer Price Index, Preisindex zur Messung der Inflation bei Konsumgütern

Credit-Default Swap (CDS): Kreditderivat: Versicherung gegen Zahlungsausfall einzelner Kreditnehmer oder eines Indexes. Mit dem Abschluss eines CDS verpflichtet sich der Sicherungsgeber bei Eintritt eines bestimmten Ereignisses eine Ausgleichszahlung an den Sicherungsnehmer zu leisten; im Gegenzug erhält er vom Sicherungsnehmer eine Prämie

Derivate: Finanzielle Verträge, deren Wert von der Kurs- oder Preisveränderung anderer Finanztitel abgeleitet wird

Emission: Platzieren neuer Wertpapiere am Markt

Euribor: Zinssatz auf dem europäischen Interbanken-Geldmarkt

EZB: Europäische Zentralbank

Fannie Mae: Federal National Mortgage Association; US-amerikanischer Hypothekenfinanzierer; inzwischen verstaatlicht

Fed: Federal Reserve, US-Zentralbank

Freddie Mac: Federal Home Loan Mortgage Corporation; US-amerikanischer Hypothekenfinanzierer; inzwischen verstaatlicht

Future: Verbindliches Termingeschäft über die Lieferung oder Abnahme eines bestimmten Wertpapiers zu einem fixen Zeitpunkt in der Zukunft zu einem bei Vertragsabschluss festgelegten Preis

Geierfonds: Investmentfonds (Hedgefonds), der auf den Kauf von faulen Krediten oder Wertpapieren von Unternehmen oder Staaten am Rande der Zahlungsunfähigkeit spezialisiert ist

Geldmarkt: Markt, auf dem mit kurzfristigem (bis zwölf Monate) Geld (Tagesgeld, Termingeld, kurzfristige Papiere) gehandelt wird

Gini-Koeffizient: Mass zur Ermittlung der Verteilung von Einkommen oder Vermögen. Je höher der Gini-Koeffizient, desto ungleicher die Verteilung.

Hausse: allgemeiner Preisanstieg an einem Markt, vor allem an der Aktienbörse

Hedgefonds: spezielle Art von Investmentfonds, die durch eine spekulative Anlagestrategie gekennzeichnet sind; bieten dadurch die Chance auf sehr hohe Renditen, sind aber auch mit hohen Risiken behaftet; typisch für Hedgefonds ist der Einsatz von Derivaten und Leerverkäufen.

High Net Worth Indidividual (HNWI): Personen, deren Netto-Finanzvermögen 1 Million Dollar übersteigt

Investmentbank: Banken, deren Schwerpunkt im Handel mit Wertpapieren, der Unterstützung von Unternehmen bei Kapital-aufnahmen (Börsengänge), Übernahmen und Fusionen sowie der Betreuung anderer Finanzinvestoren (Pensionsfonds, Hedgefonds) liegt. Investmentbanken nehmen keine Spareinlagen entgegen und haben im Normalfall auch keinen Zugang zu Zentralbankgeld

Junk Bond: Risikoreiche Unternehmensanleihen mit einem Rating unterhalb BBB

Kapitalmarkt: Oberbegriff für alle Märkte, auf denen langfristige Kredite und Beteiligungskapital gehandelt werden

Kredit: In diesem Buch wird unter Kredit jede Übertragung von Geldkapital an Unternehmen, Privatpersonen oder öffentliche Körperschaften verstanden, die zu einem Schuldner-Gläubiger-Verhältnis führt. Zur Kreditvergabe zählen daher nicht nur Bank-Kredite im engeren Sinn, sondern auch der Kauf von Anleihen, Pfandbriefen, Geldmarktpapieren oder anderen kurz- oder lang-fristigen Schuldverschreibungen.

Leerverkauf: Verkauf von Wertpapieren oder Waren, die sich nicht im Besitz des Verkäufers befinden, sondern nur geliehen wurden

Leverage (Hebel): Bewegung großer Summen mit relativ gerin-gem Kapitaleinsatz entweder durch Kreditfinanzierung oder durch Derivate

Leveraged Buyout (LBO): Kreditfinanzierte Unternehmensübernahme durch eine Private-Equity-Firma

Libor: Durchschnittssatz für Interbankenkredite am Finanzplatz London

Mortgage Backed Securities (MBS): durch Hypotheken besicherte Wertpapiere

NIPA: National Income and Product Accounts, US-amerikanische Volkswirtschaftsstatistik

Option: Finanzderivat, das seinem Käufer das Recht gibt, ein Wertpapier oder ein Produkt zu einem späteren Zeitpunkt (oder innerhalb eines Zeitraums) zu einem vorher vereinbarten Preis zu kaufen oder zu verkaufen

Over the Counter (OTC): Finanzmarktgeschäfte, die nicht über eine Börse abgewickelt werden, sondern direkt zwischen zwei Vertragspartnern

Ponzi, Charles: italienischer Geschäftsmann, lebte Anfang des 20. Jahrhunderts hauptsächlich in den USA und Canada. Hat durch ein finanzielles Schneeballsystem vermögende Anleger um etwa 150 Millionen Dollar gebracht, eine für damalige Verhältnisse außerordentliche Summe.

Ponzi-Finanzierung: Kredite, bei denen nicht nur die Tilgung, sondern auch ein Teil oder die gesamten Zinszahlungen durch jeweils neue Kredite finanziert werden (müssen)

Private Equity: Private Kapitalbeteiligungsgesellschaft; investiert mit hohem Fremdkapitalanteil in bereits bestehende Unternehmen

Rating: Von Ratingagenturen vorgenommene Schuldner-Einstufung nach Bonitätsgraden. Höchste Bonitätsnote: AAA. Wichtigste Ratingagenturen: Standard & Poor's (S&P), Moody's, Fitch

Schneeballsystem: Geschäftsmodell, das zum Funktionieren eine ständig wachsende Zahl von Teilnehmern benötigt. Gewinne entstehen ausschließlich dadurch, dass neue Teilnehmer einsteigen und Geld investieren

Sovereign Wealth Fonds: Staatsfonds; meist ausgestattet mit Währungsreserven der Zentralbank oder Einnahmen aus Rohstoffverkäufen

Spread: Renditeaufschlag von Unternehmen oder Staaten mit höherem Kreditrisiko gegenüber liquiden Staatsanleihen bester Bonität mit gleicher Laufzeit

Subprime-Kredit: Darlehen an Schuldner minderer Bonität; vor allem: Subprime-Hypotheken

Structured Investment Vehicle (SIV): Conduit bzw. Zweckgesellschaft einer Bank zur Auslagerung von Krediten und Kreditrisiken. SIV investieren meist in ein Portfolio von Asset Backed Securities, die sie durch die Ausgabe kurzfristiger Geldmarktpapiere (ABCP) finanzieren. In der Regel haftet die arrangierende Bank in Form von Liquiditätslinien im Falle der Zahlungsunfähigkeit ihrer SIVs

Survey of Consumer Finances (SCF): Survey of Consumer Finances, US-amerikanisches Panel zur Untersuchung des Sparverhaltens amerikanischer Haushalte

Ultra High Net Worth Inidividual (UHNWI): Person, deren Netto-Finanzvermögen 30 Millionen Dollar übersteigt

Universalbank: Banken die sowohl im Einlagen- und Kreditgeschäft als auch im Investmentbanking (Wertpapierhandel auf eigene und fremde Rechnung, Betreuung von Unternehmensübernahmen und -fusionen) engagiert sind

Verbriefung: Umwandlung von Forderungen aller Art in handelbare Wertpapiere

Sahra Wagenknecht

Kapitalismus im Koma
Eine sozialistische Diagnose

In analytisch fundierten, nicht selten sarkastischen und ironischen Beiträgen durchleuchtet die marxistische Publizistin aktuelle wirtschaftliche Interessenkämpfe, spürt den Motiven lautstark bestrittener oder eher im Verborgenen ausgetragener Konflikte nach. Das Spektrum der Themen reicht von der Rolle der Sozialdemokratie bei der profitdiktierten Umgestaltung Europas über die Teuro-Debatte und Deflationsgefahren bis zur Krise in Argentinien und zu den Folgen aktueller US-Kriegspolitik. Es geht um Sozialraub und Widerstand, um Rente und Gesundheit und um die internationalen Finanzmärkte. Verblüffend konkret und realistisch beschreibt die Autorin eine Zukunft Europas, die in Reichweite scheint und doch durch einen Wall mächtiger Interessen von der Gegenwart getrennt ist.

160 Seiten, brosch.
ISBN 3-360-01050-7

www.das-neue-berlin.de

edition ost

Sahra Wagenknecht
(Herausgeberin)

Armut und Reichtum heute

Wohin führen Mindestlohnpolitik, Lohn- und Streikverzicht und Arbeitszeitverlängerung? Wie stark sind die Gewerkschaften noch und wie stark sind die Unternehmerverbände schon? Wie sehen die Strukturen des Reichtums und die Ausmaße der Armut in Deutschland und Europa aus? Wer sind die »Akteure der Geldmacht«, welche Ursachen hat die soziale Polarisierung? Sahra Wagenknecht und weitere Autoren geben einen Überblick über die Entwicklung der letzten 15 Jahre und liefern eine kritische, mit aufschlußreichen Statistiken unterlegte Bestandsaufnahme. Die Ursachenanalyse führt zum neoliberalen Politikmodell, das die politischen Entscheidungen in Europa spätestens seit Mitte der achtziger Jahre unangefochten bestimmt und von machtvollen Wirtschaftslobbys auf der politischen Ebene durchgesetzt wird.

284 Seiten, brosch.
ISBN 978-3-360-01084-1

www.das-neue-berlin.de

edition ost